中国社会科学院
老年科研基金资助

长汀客家话初记

饶长溶 ◎ 著

中国社会科学出版社

图书在版编目(CIP)数据

长汀客家话初记/饶长溶著. —北京：中国社会科学出版社，2016.4
ISBN 978 - 7 - 5161 - 7856 - 0

Ⅰ.①长⋯　Ⅱ.①饶⋯　Ⅲ.①客家话—研究—长汀县　Ⅳ.①H176

中国版本图书馆 CIP 数据核字(2016)第 063195 号

出 版 人	赵剑英
责任编辑	张　林
特约编辑	文一鸥
责任校对	高建春
责任印制	戴　宽

出　　版	中国社会科学出版社
社　　址	北京鼓楼西大街甲 158 号
邮　　编	100720
网　　址	http://www.csspw.cn
发 行 部	010 - 84083685
门 市 部	010 - 84029450
经　　销	新华书店及其他书店

印　　刷	北京明恒达印务有限公司
装　　订	廊坊市广阳区广增装订厂
版　　次	2016 年 4 月第 1 版
印　　次	2016 年 4 月第 1 次印刷

开　　本	710×1000　1/16
印　　张	15
插　　页	2
字　　数	283 千字
定　　价	56.00 元

凡购买中国社会科学出版社图书,如有质量问题请与本社营销中心联系调换
电话:010 - 84083683

前　言

　　语言是人类社会最重要的交际工具，是文化的载体。它随着社会发展变化而发展变化，但不随朝代的变更而消亡。语言没有阶级性。语言经过文字等书写符号的描写纪录，可以不受时间、空间的限制进行流传、远播，以至成为人类社会发展变化的见证，珍贵的历史文物。

　　方言是语言的地域分支，是该语言的变体。长汀客家话属于汉语南部的客方言支裔，它有自己独特的发展演变情况，大概形成于唐五代以后赵宋年间以古汀州为中心的闽粤赣交界地区。

　　长汀又名汀州，为唐中叶建制以来至民国汀属各州、郡、路府的治所。它是客家人早期聚散中心地区，有"客家首府"之称；与之紧相联的，广东梅州是客家人明清以后的聚散地，有"客家都会"之称。

　　处在古汀州地区南北两方的中心，长汀客家话往北可以同宁化、清流、归化（今明溪）话交谈，往南能够与上杭、武干、永定人通话（只与连城话语音距离大些，初见通话有点困难），长汀客家话一般作为闽西客家方言（汀州片）的代表点。

　　20世纪60年代初，国内福建省汉语方言概况编写组在《福建省汉语方言研究概况》里对长汀客家话进行过调查研究。80年代以来，李如龙、蓝小玲、罗美珍、邓晓华等先后发表著作，对长汀客家话进行研究讨论。

　　本书作者是土生土长的长汀客家人，1952年秋22岁考上大学才离开家乡。80年代以后，或协助家乡编写方言志，或核查方言材料、开座谈会，三几年回老家一趟，重温或学习长汀客家话。我手写我口。作者自家既是方言合作人，又是调查者，这种调查的方式，有利也有弊，要多留意它的不客观、不周全等弊端。

　　我们调查研究方言的知识和方法主要是大学毕业后边干边学习得来的。作者感谢张为纲、钟旭元老师语言课教学的引导，在广州华南师院中文系二年级起，就开始对当时推广普通话、文字改革、汉语方言调查等问题讨论感兴趣，并开始学记自己的方言语音系统。1956年9月大学毕业，分配到北京中科院语言研究所，第二天，就高高兴兴来到和平里教育部与语言所合办的普通话语音班（第二期）接受丁声树先生为首的专家教学组教育，主要教学北京语音、音韵学及古今语音对应规律，国际音标、方言调查等一系列基础知识和技能的训练。在班上自己被指定为小组的发音人，让组员记长汀客家话，并对长汀话语音系统做了初步整理。

1957 年 2 月语音班结业，回到语言所，开始习研语法，写语法文章。70 年代中期开始在《中国语文》杂志社从事杂志编辑工作，摸爬滚打，忙忙碌碌二三十年后，依旧忘不了汀江水，客家情，80 年代开始记录整理发表长汀客家话的文章。

退休后的 1993 年，同乡学友、民族研究所的罗美珍邀我并联络黄雪贞作为发起人，邀请国内一些同行，于 1993 年在福建龙岩召开了首届客家方言学术研讨会，会上成立联络组，组织客家方言研究中心。此后大体两年一次举行客家方言研讨会，会后出版客家方言研讨会论文集。2012 年 8 月蓝玉英在成都已负责举行第十届研讨会。笔者客家话文字相当一部分是提交给历届客家方言研讨会的。

本书名为"初记"，取得是原始的意思。首先是文内所记尽量保持乡土气息，原汁原味。比如：记词、用语上，我们用"斫猪肉""斫鸭"，不用"买猪肉""买鸭"；用"作豆腐""作田"，不用"做豆腐""种田"，说"对你唔起"，不用"对不起你"。其次是，文章所记是初始的，不够精炼、系统化，还有待于进一步补充和完善。不过，我们的调查研究工作始终贯彻开掘事实为主的务实求真精神。

我们的调查研究工作主要放在开发新事例，揭示新现象上，用丰厚的事实给分析、考察客家话特点及其发展变化提供依据。

历史的经验值得注意。重事实的方言调查作品仍然颇受欢迎。发表于八九十年代我们一些文章，已经受到相当的关注，或引用，或引起讨论。

比如一些有例证的词语，像凌冰、坛场、回、撒、搭俫子，已经在一些文字中被称引。比如：《长汀客家方言的连读变调》一文，由于具有"异常丰富"的连读变调，1987 年《中国语文》发表以后就受到国内外学者的关注，多位学者在其著作中加以称引，2000 年香港城市大学陈渊泉组织研究小组以生成音系学理论框架探讨长汀客家话与连读变调的方向问题，发表文章《客家方言连读变调：语料及初步分析》（2003 年），台湾师范大学英语系林惠珊也做了研究《长汀客家话的连读变调现象》（《台湾清华学报》2007 年），日本一位女硕士研究生还亲自到长汀县红山乡（原四都楼子坝）调查该点客家方言及其连读变调。

又比如：我们 1989 年在《修饰成分后见小集》一文里曾多角度揭示讨论正反问逆向叠合变调现象：

　　a. V＋唔［　］＋V?　　（田里）种 ^{54} 唔 ^{24} 种 ^{54} 菜?
　　b. V ^{24}＋V?　　　　　（田里）种 ^{24} 种 ^{54} 菜?

b 式不同于 a 式，字面上脱落否定词"唔"［不］，"唔"读阳平调 24（古入声）。说 b 式时，相叠的前字，不论它原属哪个词类，一律要读成调值为 24 的变调（声母、韵母不变）。阴去字"种"，长汀话调值 54，当它在正反问中相叠后，作为前字则变调为 24。"V"在这里代表动词或形容词成分。当时就指出，这种逆向叠合变调现象不仅长汀客家话，瑶畲语也存在。（见陈其光《畲语在苗瑶语族中的地位》一文，《语言研究》1984 年第 1 期，武汉）其后，项梦冰发表了《连城（新泉）话的反复问句》（见《方言》1990 年，第 126—184 页）、谢留文发表《于都方言语音、语法的几个特点》一文也提及此类反复问句（见《乡音传真情——首届客家方言学术研讨会专集》，《客家纵横》（增刊），1994 年）。

　　再举一个务真求实的事例。

　　长汀客家话双音节 XA 式状态形容词如"雪白""嫡亲""滚圆""聒硬"，众多读者、写家以至语法学家，认为后一个中心成分是形容词语素，前一个成分是无意义或意义不明（或相当于"很"）的缀加成分，比如"嫡亲""聒硬"大概是"很亲""很硬"的意思。经过调查研究，我们发现很可能这是个误区，五六十年前被一些语言学家误导了。他们对一些语言现象有过人的敏锐观察力，"见微知著"，但是，在这个问题上很可能是"以偏概全"，超前做了论断。其实，它们是偏正式状态形容词前成分，名、动、形等都是有意义的语素，"雪白"是像雪那样白，嫡亲是如嫡正（血缘）那样亲，滚圆是有如滚动那样圆，等等。这种状态形容词相当一部分，还有前成分重叠 XXA 式，如雪雪白、嫡嫡亲、滚滚圆，同时，其中相当一部分还有其同义变换重叠式 AXX 哩，如：白雪雪哩、亲嫡嫡哩。如果以上分析，同义变换可以成立的话，我们觉得 AXX 哩可以看做正偏式状态形容词，XX 多是有实义的语素重叠，表示多量，它是"A 得如何如何"的意思。"白雪雪哩"就是"白得像很多雪那样"，"亲嫡嫡哩"就是"亲得很嫡正那样"，"圆滚滚哩"就是"圆得如同不断滚动那样"。

　　我们觉得，XXA 重叠式与 AXX 哩重叠式，或可看成重叠成分相反而又同义对应的状态形容词形式，二者的关系是：

基式	XA	雪白	AX	白雪
重叠式	XXA	雪雪白	AXX 哩	白雪雪哩

　　这种看法，实际是保守的，回归 XA 状态形容词的原本面目，但是，对

当今时尚流行的观点，也够有挑战性了。

收入本书的论文一共24篇，有总的介绍，如长汀客家文化以及方言分片，专题文字大体分为语音、语法、词汇等内容。内容不是很系统，有点"命题作文"的性质，哪个方便先写哪个，写作跨度比较大。作者本着严肃的学术态度进行多年的调查和描写，可以说这是一部来自田野调查的、有新意的、能映射客家话特性的论文集。方言记写是一种历史和文化的责任，本书饱含记写者的情愫，是作者对生养自己的家乡的一份感激报告。这些文章结集出版的好处是，内容比较全面，方便阅读和传播。希望有兴趣的读者和笔者一起研讨。

整理者说明：这个"前言"是根据作者遗稿整理而成。作者病中把整理前言的工作交付给我，告诉我这个前言没有写完，希望我帮助写成。手稿是十几张散碎的纸片，每一张上面有写得很草的一些片段。在整理过程中，我没有做任何增补，尽量寻找这些散碎文字的内在联系，把它们忠实地连缀起来，以保持作者本人思想和语言的原貌。　　　　　　　　　　　——张伯江

目　录

长汀客家人

长汀（又名汀州），地处福建西部，是闽赣粤边区的要冲。东邻连城，南连上杭、武平，西边跟江西瑞金、石城县交界，北面与宁化、清流接壤。全县面积 3 099 平方公里，现有城关、河田等 17 个乡镇，人口 393 685 人（1986 年 1 月统计数字）。城关人口 42 974 人，占全县人口的 10.9%。全县绝大多数为汉族，有少量的畲族等少数民族。一般算作纯客家县。

一　长汀建置沿革

长汀始于西晋太康三年（公元 282 年）所设新罗县。唐开元二十四年（公元 736 年）置汀州，领长汀、黄连、龙岩三县（晋新罗县地）。天宝元年（公元 742 年）改为临汀郡，乾元元年（公元 758 年）复为汀州，大历十二年（公元 777 年）析龙岩属漳州。宋时汀州改为临汀郡。淳化五年（公元 994 年）以上杭、武平二场并为县，领县四。元符元年（公元 1098 年）析长汀、宁化置清流县，领县五。绍兴三年（公元 1133 年）增连城县（本长汀莲城堡），领县六：长汀、宁化、上杭、武平、清流、连城。元朝为汀州路，仍领六县。明朝为汀州府，增归化（明溪，今属三明市）、永定两县，清沿明制。从唐至清以至民国，长汀县均为州、郡、路、府以及专员公署所在地，为闽西的政治、经济、文化中心。

长汀县发展变化的历史跟汀州紧密相连，本文讨论问题主要用的是汀州史料，有必要时长汀单讲。

二　长汀居民的系属

史有长汀，一般认为始于西晋太康三年（公元 282 年）。

"及（三国）吴置建安郡，统县七：建安、吴兴、东平、建阳、将乐、邵武、延平。户四千三百。"

"及晋平吴……分建安立晋安郡，统县八：原丰、新罗、宛平、同安、侯官、罗江、晋安、温麻。户四千三百。"[①]其中新罗县即其后的汀州（和龙岩）。

当时的居民，建安、晋安两郡都记的四千三百户。新罗县最多，大概为其八分之一，不到五百五十户。他们是什么民系？下边结合唐时情形一起探讨。

正式置州，是在唐朝中叶。"唐开元二十四年（公元 736 年）开福、抚二州山峒，置汀州。"②

先贤对唐时"开福、抚二州山峒"有注释：

"今考州南境，旧为新罗县（当指龙岩地，笔者），隶泉州。""北与石城、南丰、将乐、建宁、泰宁为邻，南丰隶抚州，而（将乐、建宁、泰宁辖于邵武，隋朝的邵武隶于抚州，括号内文字为笔者所加，下同）建（州）郡犹未（置）郡，（以上）诸县，非抚即福。时闽中，只福（州）、建（安）、泉（州）三郡尔。故以（抚、福）二州言。而四山崇峻，盘亘交锁，其民狞犷，郡盗屡作，当时谓之山洞，故宜。"③

当时那里的居民是这么来的：唐开元时福州长史唐循忠，于潮州北、虔州（即赣州）东、福州西光龙洞检责得避役百姓三千余户，奏置州，因长汀溪以为名。④

置汀州以前，潮州以北、虔州以东、福州以西（还有光龙洞）这块四山崇峻、盘亘交锁的地带，大概统治者权力还不易触及，就成为逃租避役民众求生的好去处。但是，这些逃避户还是被搜罗起来做了汀州的居民。

不妨简要回溯一下福建初始沿革。汀州，周时为七闽之地，春秋时，勾践灭吴，兼闽而有之，是为闽越。无诸、摇皆其后也。秦灭诸侯，置闽中郡。汉高帝五年（公元前 202 年）立无诸显闽越王，王闽中。孝惠三年（公元前 192 年）以摇功多无诸，更封东海王，都东瓯。汉武帝元封元年（公元前 110 年）取闽越，徙其人于江淮，空其地。其逃亡者，自立为东冶。东汉建武三年（公元 27 年）改为侯官都尉，属会稽郡。三国吴永安三年（公元 260 年）以南部为建安郡。晋太康三年析建安郡地晋安郡。⑤

看来，西晋建安、晋安两郡居民，恐怕主要是那些没有被徙于江淮而逃亡的闽越人，以及一部东汉末、东吴、晋时征战迁移入闽的中原汉人及其后裔。分散到新罗县那有限的居民或许包括这两类人。

历经东晋、南北朝、隋至唐三百多年，福建又有了发展，计有福、建安、邵武、泉、漳、汀六个州、军。人口增加了不少，成员也发生了变化。主要是又有两次中原汉人南下入闽。一次是永嘉之乱北人大播迁。"永嘉之乱，衣冠南渡，如闽者入族。"⑥另一次是唐初，河南光州固始人陈政父子领兵入闽，镇压民乱。唐"总章二年（公元 669 年），泉潮间蛮獠啸乱""（陈元光）随父（陈政）领兵入闽。父卒（仪凤二年，公元 677 年）代领其众，会广寇陈谦连结洞蛮苗自成、雷万兴等进攻潮阳，陷之。守帅不能制，元光以轻骑讨平之。"⑦据说，陈氏父子率领了一百二十三个将领，后来又调了五十八姓军校来增援。⑧

　　这两次入闽的中原汉人，主要恐怕是活动于福州、建安、泉州一带，对这一带政治经济和闽语的形成发展（陈元光军兵、屯军于九龙江流域）都起着重要作用。而对汀州，或许没有太大的影响。因为汀州真正建制，在唐开元二十四年（公元736年），居民多是躲到闽赣粤三角地带的逃亡户，最多不过像前面谈到的是少量逃跑的从中原来的散兵游勇。

　　比较重要的恐怕是《唐记》所载的唐昭宗乾宁元年（公元894年）"黄连峒蛮二万围汀州"⑨。黄连峒在宁化县南。这围汀州（应含州治长汀）的二万"蛮"，大概可以表明汀州那时住有（苗）蛮这样的少数民族。当时汀州已设置一百四十八年。

　　至此，似乎可以说，公元736年置汀州时，那三千逃户，其中可能有：（1）闽越族人；（2）没被徙于江淮的中原汉人及其后裔；（3）随陈氏父子入闽的逃兵；（4）围汀州的黄连峒（苗）蛮的先民。闽越族人和（苗）蛮人的关系，是至今仍在争论的问题。

　　唐末五代可能是中原汉人避乱到江南，又辗转逃难开始进入汀州的时期，即学者论及的客家先民第二次大迁移阶段。

　　至于客家先民第一次大迁移，则是在西晋末年永嘉之乱以后。著名的客家研究先驱罗香林教授指出，永嘉之乱以后，中原汉族避难转徙分为三个支派，五个播迁时期。⑩

　　西晋怀帝永嘉元年（公元307年），匈奴刘渊等少数民族征战争夺中原之后，中原汉族一部分士宦、"流民"开始了第一次大迁移大逃亡，其中第二支派的一部分侨民，从目前读到的史料看，大概最远已到达当时芜湖、鄱阳湖、豫章郡一带。这些并州、司州、豫州（今山西、河北、河南一带的州县）的"流人""侨民"并未到达闽西。请看：

　　"自中原离乱，遗黎南渡，并侨置牧司在广陵、丹徒、南城，非旧土地。及胡寇南侵，淮南百姓皆渡江。成帝初，苏峻、祖约为乱于江淮，胡寇又大至，百姓南渡者较多，乃于江南侨立淮南郡及诸县，又于寻阳侨置松滋郡，遥隶扬州。咸康四年（公元338年）侨置魏郡、广川、高阳、堂邑等诸郡……是时上党百姓南渡，侨立上党郡为四县，寄居芜湖。"⑪

　　"永嘉之后，司州沦没刘聪。聪以洛阳为荆州，及石勒，复以为司州。元帝渡江，亦侨置司州于徐，非本所也。后以弘农人流寓寻阳者侨立为弘农郡。"⑫

　　迫使客家先民第二次大迁徙的重要原因很可能是黄巢起义带来的战乱。

　　唐乾符二年（公元875年），先由王仙芝后由黄巢领头的农民起义军，自黄河流域的河南等地打到长江以南、南东海边，以至广州，又从广州经桂、湘、鄂、赣，回到中原，攻占长安。黄巢起义军起事不久，就经由江西进入福建。

"巢度藩镇不一……转寇浙东……将众踰江西，破虔、吉、饶、信等州，因刊山开道七百里，直趋建州。

"……巢入闽，俘民绐称儒者，皆释，时六年（公元 879 年）三月也。僄路围福州，观察史韦岫战不胜，弃城遁，……是时闽地诸州皆没，……巢陷桂管，进寇广州……" ⑬

其后又一次经江西上饶北上。

"其十月……止不追，故巢得复整，攻鄂州……巢畏袭，转掠江西，再入饶、信、杭州，众至二十万。攻临安……" ⑭

这种来回的南北征战，又一次驱赶黄河流域中原或者难民众往江淮、长江以南各州县辗转奔窜；同时也很可能逼迫一部分第一次侨居江南的移民后裔，为躲避战乱，再往南逃命谋生。

有可能进入闽西的恐怕主要是第一次大迁徙中第二支派和第三支派的一部分移民的后代，比如，芜湖、寻阳、虔州以至苏浙一带的汉人后代；或者还包括来自中原、江淮一带的新难民。地处闽西的汀州，紧邻江西，又置州不久，地广人稀，谋生不难。客家人有的家谱记载了其先民辗转迁徙的经历。

"……唐时我祖由江西雩都避乱，迁汀州宁化石壁寨……" ⑮

"……而南来之祖，则溯始于唐之末年，有宗室李孟，因避黄巢之乱，由长安迁于汴梁，继迁福建宁化石壁乡。……" ⑯

黄巢战乱之后不久，唐朝沦亡，出现五代纷争的局面。寿州人王绪于中和元年（公元 881 年）自称将军，攻陷光州，并以固始县佐王潮为军正，率领光、寿二州五千兵，渡江入赣，自南康转至闽中，于光启元年（公元 885 年）攻陷汀州、漳州。绪性猜忌，不久被王潮擒杀。王潮为福建观察使，其弟审知，于梁开平三年（公元 909 年）被封为闽王。公元 933 年，闽王王延钧（王审知次子）称帝，国号闽。其后继承人多次内乱，最终为南唐王朝所灭。⑰

这回跟随王绪、王潮入闽的光州、寿州一带的中原汉人，除丧亡者外，大概相当一部分留在了福建，成为唐末以后的福建居民。其中可能有些没有追随二王他们去漳州等地的官兵也成了汀州的居民。一些族谱记下了其祖先奔波南下进入汀州的事实。

"……五代时，其族小半随王潮入居福建汀州。……" ⑱

不过，从汀州在唐末五代发展的实际情形看，那时迁入汀州的客家先民可能是成批的，但恐怕不一定是大量的。因为汀州晚唐时间户口明显下降，跟宋初户口数相差太悬殊。比较：

开元二十四年（公元 736 年）户 3 000 余

元和八年（公元 813 年）户 2 618

据《元和郡县图志》，晚唐时期，福州、泉州、建州户口数都比开元年间下降。[19]请比较：

	福州	泉州	建州
开元年间户	31 067	50 754	20 800
元和年间户	19 455	35 571	15 480

从全局来说，晚唐户口下降，这是中唐以来重税和安史之乱灾害的结果。其后又经黄巢起义战祸，一些州县户口短时期不易增长。

成批的数量多的客家先民到达汀州，恐怕是宋朝，特别是南宋时期。汀州客家民系可能也在该时期形成。

第一，赵宋于公元 960 年推翻了后周，结束了五代十国割据的局面，重新统一了大江南北，建立了中央集权封建帝国。但是，辽、金的南侵，赵宋朝廷昏庸腐败和妥协苟安，政治经济重心逐渐南移长江下游，甚至偏于东南一隅。这个时期，江南、东南各州郡县人口得到大发展。

第二，赵宋时期，外族入侵和农民起义几乎没有间断。宋辽"澶渊"交兵，宋夏和战，金兵频频南侵，益州起义，方腊农民起义，钟相、杨幺起义等，这些战乱严重地打击了赵宋朝廷政权，同时也造成了无数农民的破产，难民流离失所，举家成族奔逃，酿成了历史上流民第三次大播迁浪潮。

"乾道八年（公元 1172 年）十二月，以徽、饶二州民流者众，罢守官。"

"理宗嘉熙元年（公元 1237 年）正月，诏：两淮、荆襄之民，避地江南，沿（长）江州县，间有招集振恤，尚虑思惠不周，流离失所，江阴、镇江、建宁、太平、池、江、兴、国、鄂、岳、江陵境内流民，计口给米，期十日竣事以闻。"[20]

众多南迁的难民中大概至少包括两类，一类是宋以后中原和江淮一带南逃的新移民；一类是永嘉之乱后第一次大迁徙寓民江南的汉人后裔。这些受赋税、战乱逼迫的难民，逃到了新的居住地，在宋时一般就叫作客户。

宋时的主户和客户，已不再是依照土著和客籍划分，而是以土地（或）资产的有无来划分。主户分五等，一、二、三等都占有不等的土地（或）资产，叫上户；四、五等是仅有少量田地或无田地的自耕农或半自耕农，叫下户。客户，除了少数侨居外地的小工商外，主要是佃农。[21]

五代军阀混战和辽兵南侵期间，北方的农民就已有不少逃往南方，成为佃客。宋朝初年，各个地区主客户存在一些差异。比如，河北路（唐天宝时的河北道）还有一百五十万户，宋太宗时下降为六十万户，其中客户占三分之一。东南五路和广南东、西路地区（大致相当于唐代江南、岭南二道）户数超过唐天宝时的两倍，成为人口最为集中的地区。……荆、湖南北路、福建路也都是客户较多的地区，占总户数一半左右。㉒

第三，宋时的临汀郡（汀州）具有得天独厚容纳南下客家先民的条件。

1. 汀州地处边陲，比较偏僻，交通不太方便，但是，相对来说战乱少些，比较安宁，是颠沛流离后的流民得以栖身之所。这个闽赣粤交界地，易于流动，留去比较自由。

2. 汀州开发不久，满山木竹，地广人稀，气候宜人，汀江自北而南，经由数县汇流入海，大有水利可用。这里便于劳动生产，繁衍生息。

3. 民风淳朴，勤劳节俭，乐善好施，刚毅任侠。如此的人和环境是天然的居留所在。

当然，最主要的恐怕还是当时政治动荡、经济衰败，宋季重心高度南移，而闽赣接壤，便于客家先民经浙、赣至汀州留驻。

请看临汀郡在宋时特别是南宋末年人口增长、郡县发展的事实。

1. 宋元丰三年（公元1080年）主户66 157，客户15 297，比唐贞元年间（公元785年—公元805年）杜佑《通典》载户口5 330，数目多了十几倍。到庆元年间（公元1195年—公元1201年）主客户已达到208 570户，后经绍定二年（公元1229年）汀州民众贩运私盐结伙闹事，于绍兴四年被郡守陈韡镇压下去，战乱饥馑流亡，户口几乎减半。到了开庆元年（公元1259年）只有主户102 714，客户47 617，总人口321 180。㉓

2. 宋末的临汀郡，人口骤增，郡县建制扩大，所辖增至六个县：长汀、宁化、上杭、武平、清流、莲城。郡所长汀，城堡营寨，廨舍邮驿，书院社学，寺观禅塔，颇具规模。坊里墟市，兴旺发达。"阛阓繁阜，不减江、浙、中州"，"诸邑境旷山辽，聚落星散"㉔。

3. 近年来对长汀居民情况做了些查询，其结果是，乡村人口一般同姓氏聚族而居，比较稳定，一般的户有绵延二十几世的，个别的户更久远，已达三十世。由此推算，有些住户可能在汀延续了七八百年，他们的祖先到达长汀的时间相当于南宋时期。㉕

4. 汀州经过宋时三百年的开拓、发展，人口成倍地增长，在这期间，由于经济、战乱、人事等种种因素，难免会北来南往地流动，相当一部分客家先民继续南迁，到达粤东北兴宁、梅县一带，从而又形成了所谓客家先民的第三次大迁徙。

从目前得到的史料看，客家先民宋时进入汀州，大概是分期分批的。在时间上恐怕是断断续续的，在路线上或许不止是经由虔州、雩都、宁都，也可能经由临川、南丰、广昌，甚或经由邵武军的泰宁、建宁，这几条路线都可以到达宁化、长汀等县。因而，进入汀州的客家民系中途停留和辗转的州县，可能有所不同。

一些族谱记载了客家祖先迁徙的经历。

"……惇，官封鲁国公。宋政和壬辰年，（由南丰）徙福建宁化县石壁下居焉。生子仲辉，辉子桢孙、佑孙，因宋元兵扰，不能安居，由宁化徙广东长乐（今五华县）家焉。"

"宋末其族人有世居永丰之名曰四郎者，父为福建汀州推官，丁世变，因家于汀之八角楼，及四郎复迁于潮之神泉乡，即今之大埔境。"

"故陈氏郡望称颍川。宋末，中原士族，纷纷南随帝播迁。有陈魁者率其族众九十三人，移民福建汀州（府）之宁化、上杭，其曾孙有孟二郎、孟三郎，由闽迁粤之程乡（今梅县），逐渐散布于大埔、兴宁、长乐、龙川等处。"㉖

三 汀州的少数民族及其与客家人的关系

（一）汀州初建时，似乎就住着苗畲等少数民族

"唐时初置汀州，徙内地民居之，而本土之苗，仍杂处其间，今汀人呼曰畲客。"㉗

唐昭宗乾宁元年（公元894年）汀州宁化县南"黄连峒蛮二万围汀州"。

"宋宝庆三年（公元1227年）诏：汀、赣、吉、建昌蛮獠窃发，经扰郡县复赋一年"㉘。

"元至元十四年（宋末，景炎二年，公元1277年）十月……既而（文）天祥复取汀州。兵出兴国，连破城围赣州。时张世杰以元军既退，亦会师讨蒲寿庚于泉州、汀漳诸路。剧盗陈吊眼及许夫人所统诸山峒畲军皆会，兵势稍振。"㉙

"至元十六年五月……夏四……诏谕漳、泉、汀、邵武等处，暨八十四畲，官吏军民，若能举众来降，官吏例加迁赏，军民安堵如故。"㉚

汀州一带，闽越人、苗、蛮、蛮獠、畲，它们之间是什么关系，学者们仍在论争。有的认为蛮、越关系密切。畲族祖先称为"蛮獠"，畲族是古代百越的后裔。有的认为，苗、瑶、畲三族关系密切，畲族、瑶族同源于"武陵蛮"，畲族是武陵蛮的后裔。本文不拟参与讨论，只想指出汀州历来住有闽越、苗、畲这样少数民族的事实，他们同唐以前入闽散在汀州的汉人，以及唐末宋朝以后到达汀州的客家人一起生活过。

有学者考证，畲（shē）族的名称，最早见于南宋末年刘克庄《后村先生大全集》卷九三，《漳州谕畲》："畲民不悦（役），畲田不税，其来久矣。""西畲来龙溪，……南畲来漳浦，其地西通潮、梅，北通汀、赣。……二畲皆刀耕火耘，崖栖谷汲。"㉛

中唐以来，汀州苗、蛮人大概为数不少，黄连峒蛮围汀州，一次就两万。唐宋以来，他们不断爆发反剥削、反迫害的抗争，但都被历代统治者残酷地镇压下去了。

苗、畲族人经不起统治者横征暴敛，残酷压迫，历年来，人口大量死亡，也有一部分外逃，辗转流亡至其他州县。现今江西东北部铅山、贵溪两县的畲族，据说是明朝中期从长汀一带迁徙过去的。㉜福建的畲族现今已大多集中于闽东北一带。

还有一部分畲族人留居汀州一带，其中相当数量已跟客家先辈互相融合了。因为唐末、赵宋以来，数量众多的客家先民涌入汀州，他们从中原带来的生产方式（比如工具、技术）、生产关系都比较先进，文化程度较高，还有那种强烈的宗族意识，畲族人跟客家人在同一社会环境里生活，难免要来往，进行物质的精神的交流，在长期的彼此交往过程中（或许还包括通婚，还由于客家人人多势众），就有可能逐渐难分彼此，从而融合为客家人。今天长汀县也还有一些畲族后裔，他们多住在乡村，比如长汀馆前的黄泥湖村，他们大都跟客家人杂处，说客家话，生活方式也同客家人差不多。

（二）长汀客家人风俗习惯和语言多少还留有跟畲族交融过的迹象

畲，长汀话跟"斜"同音，念 [ts'ia²⁴] 阳平。称畲族人为畲客。现今一些村子的地名还带"畲"字，比如，上畲、下畲、畲心（在宣成乡）、韩屋畲、姜畲坑（在四都乡）。虽然刀耕火种，烧榛种田，新田曰畲，但是，作为地名，也许可以反映当年的居民身份和一定的文化层次，可以看作民系历史的遗迹。

新中国成立前，约40年代，长汀城里常举行一些迎神赛会，其中包括在城内五通庙前大坪哩由民间举办的"上刀梯"活动，几乎一两年举办一次。在竖起的一根高大木杆上，左右梯式插上带把的弯刀（宰猪刀），身着彩色衫裤的表演者双手抱杆，两脚踩刀而上，爬到杆顶上表演多种惊险动作。其活动方式跟（比如1991年3月中央电视台播放的）苗族"上刀山"几乎毫无二致。

新中国成立前甚至成立后，有的乡村娶亲时，还实行类似的抢婚制。有轿不坐，有自行车不骑，要新郎到女家背新娘回家，有的背几十里也不嫌远。这种风俗是汉族古风的遗留，还是跟苗畲少数民族婚俗有关？

长汀客家话，说某人少见多怪，叫"畲精"（如说"畲精般哩"），骂人有外心，不可靠，胳膊肘往外拐，曰"五姓贼人"（如说"你才係五姓贼人"）。这两个词语，都含有歧视畲民的客家宗派意识。所谓"畲精"，可能是指畲民多居山野，见识稀少，遇上新鲜事物，不免产生好奇，露出稀罕的表情或动作，而被高大自居的个别客家人取笑为"少见多怪"；同时它又把畲族人跟"精怪""妖精"联系起来，显然包含轻蔑的意味。所谓"五姓贼人"，可能是指畲族五姓氏族，一般说"盘、蓝、雷、钟"等（罗香林教授说五姓指"雷、蓝、茅、赖、盘"）。㉝

长汀客家人可能在跟畲族人结交过程中有过物资钱财等纠纷，比如畲族人有过"拦路索新人钱"的行为，㉞客家人认为不可信赖，有如"贼人"；或者客家人畲族人之间真的有过通婚关系（民族之间杂处乡里，长时期交往，婚姻关系似乎在所难免），比如客家人娶了畲族女为儿媳，认为儿媳不可靠，有诸如不顾家、吃里扒外向着娘家的行为，而称畲族人为不可信赖、不可交往的"贼人"。这同样是客家人保守排外的宗族观念的表现。

长汀客家话指示代词近指的"这"，念上声，有两读。一般念 [ni⁴²]（长汀话跟"女"同音），㉟也念 [ti⁴²]（跟"姓李"的"李"同音）。北京话念去声 [tʂɤ⁵¹]，声韵调相去甚远。而广东省博罗畲语的指示代词"这"，声韵似乎可以跟长汀话比较：

	长汀客家话	博罗畲语
这个（指事物）	ni⁴²ke³/ti⁴²ke³	nti⁵⁵ntaŋ³³
这里（指处所）	ni⁴²ko³/ti⁴²ko³	ntja⁵⁵hɔ³³
这样（指性状）	nioŋ⁴²/ti⁴²ioŋ²¹	nten⁵³tu³³

博罗畲语鼻塞音 [nt]、[ntj] 鼻音与塞音结合得比较紧，塞音成分较明显，初听有点像 [t-][tj-]，惠东畲语则相反，鼻音成分较明显，有些人已丢失了塞音成分，而读 [n-]、[nj-]。㊱

苗语、壮语的读音跟长汀音也接近，这里暂且从略。

从另一面说，在客家人畲族人彼此接触过程中，畲语也可能会受到长汀客家话的影响。那么，这里似乎在这方面存在一个究竟谁影响谁的问题。因此，我们只是比较一下，提供某些迹象，至于得出最后的结论，恐怕还要有更丰富的材料，还要做更多的研究工作。

四　汀州客家民系形成、苦难以及客家再迁徙

从总的看，南宋时期，汀州人口大幅增长，他们有历经迁徙后的共同语客家话（见《长汀方言及其分片》一文），他们生产生活方式、文化崇尚等大都源于中原汉民族，汀州客家民系似乎到此基本上形成。

南宋后期经济日益衰败，战乱频仍，汀州一带人口膨胀，一部分客家人只好出外罗食，四处谋生逃奔，从而又开始了客家人第三次主要由闽赣往粤东，粤北梅州、韶州一带的长期迁徙。

（一）汀州自宋以来，经济上，民众受尽了赋税盘剥压榨之苦，被迫逃亡，突出表现在经界和食盐这两个问题上

经界即丈量田地，给农田划界，按田亩纳税。经界历时多年不重新丈量，就会导致"经界不分，井地不均，谷禄不平"。"有大家（大户）多膏腴而输税轻，小户守硗瘠而输税重者，不均之患，莫此为甚。"淳熙十三年（公元1186年）以次的郡守、地方官，常为此事申报朝廷：

"向来经界不行久矣，税籍益不可考。富家典买田产，必抑令出产之人咸损税钱，然后肯售。贫民迫于不给，悉从其请。官司未免据契追纳，则不得不转徙流移，此常赋所以失陷。"

"绍兴间，本路（福建路）八州已经界者五，惟漳、泉、汀以何白旗等作过之后，朝廷恐其重扰，权行住罢。漳、泉从来富庶，未见其病；独临汀凋瘵，受病最深。今若不行经界，臣恐十年之后，官民俱病，不可为矣！"㊲

食盐事件主要包括食何处盐、行盐钞等问题。

"止缘变法之初，四州（汀、建、剑、邵武）客钞辄令通行，而汀州最远，汀民未及搬贩，而三州之贩盐已番钞入汀，侵夺其额，汀钞发泄，以致少缓，官吏取以借口，破坏其法。"㊳

汀州之民，苦不堪言，有些人只好铤而走险，或贩私盐，或聚众闹事，反抗戕害百姓的暴政。

"江西则虔州地连广南，而福建之汀州亦与虔接，虔盐弗善，汀故不产盐，二州民多盗贩广南盐以射利。每岁秋冬，恒数十百为群，持甲兵旗鼓，往来虔、汀、漳、潮、循、梅、惠、广八州之地。所至劫人谷帛，掠人妇女，以巡捕吏卒斗格，则起为盗，狞阻险要，捕不能得，或赦其罪招之。"

"汀州人欲贩盐，辄然伐鼓山谷中……至是州县暂责耆保，有伐鼓者辄捕送，盗贩者稍稍畏缩。"㊴

屡次的反抗都招致更疯狂的逮捕、杀害，其结果是百姓严重伤亡损耗，

或者大流亡、大转移。元、明以后，反抗斗争不止，人口有时骤减，大幅丧失。

"至元二十五年（公元 1288 年）三月，汀、赣、畲贼千余人乱，讨平之。四月广东贼董贤举等七人皆称大老。聚众反剿，掠吉、赣、瑞、抚、龙、兴、南安、韶、雄、汀诸郡，连岁击之不能平。"[40]

"至正六年（公元 1346 年）六月，汀州连城县罗天麟、陈积万叛陷长汀县，福建元帅府……等讨之……六县皆为残破。"[41]

"明天顺七年（公元 1463 年），伍骥巡按福建，先是上杭贼起，骥闻立驰入汀州，调援兵四集。……归附者千七百余户。……贼首李宗政负固不服……连破十八案，俘斩八百余人，四境悉平。"[42]

"明正德四年（公元 1509 年）时汀州大帽山贼张时旺、黄镛、刘隆、李四仔等聚众称王，攻剽城邑，延及江西、广东之境，数年不靖，官军讨之辄败。……先后斩获五千人。"[43]

元明之间汀州户口下降的数字如下（长汀可得其中一大份）：

宋庆元年间（公元 1195—公元 1201 年）	主客户 208 570	口 453 231
元至元十五年（公元 1278 年）	户 41 423	口 238 127
明洪武二十四年（公元 1391 年）	户 63 000	口 290 977
崇祯六年（公元 1633 年）	户 35 688	口 210 300

（二）宋末元初战乱是闽赣边区客家人开始第三次大转移的另一个主要原因

宋末理宗死（公元 1260 年）后，几名末代帝王奔窜闽赣，苟延残喘，给闽赣粤边区百姓带来了兵荒马乱的苦难岁月。元至元十四年（公元 1277 年）正月，元兵破汀关。文天祥领兵走漳州，取梅州，取兴国，兵败，又取惠州，走海丰，于至正十五年十二月被执于五坡岭，以至公元 1279 年厓山宋室彻底覆亡。[44]这期间，闽赣粤边区的客家人因战乱而大批死亡；而另一些人因避战乱不得不再次从汀州赣州南迁，求生于相对来说开发稍晚比较安宁的粤东北一带或者分散到广东南部其他州县（包括先到粤东北一带的客家人）。

这次大转移，恐怕要包括两部分人。一部分是在闽西赣南比如汀州居住多年客家人的后代，一部分可能是宋末以后自北而南路经汀州或赣州到达粤东北的。

第三次客家民系大迁徙也经历了较长的时间，大概从宋末延续到明末。（明末清初和清末客家人口再次膨胀又引起第四、第五次迁徙，这里从略。）

　　一些族谱家谱记下了第三次迁徙的经历。

　　"三十九（世）淑玉公（原住江西石城县）……生四子曰：元、亨、利、贞。时值宋末，……元主起兵二十万，从建昌来……以是兄弟四人，行经宁化，……元公至惠州长乐（今五华）为一世基祖。""亨公字国通，迁福建汀州上杭后，迁惠州龙川县。"⑮

　　"宋景炎年间，有江西赣州之宁都谢新，随文信国勤王，收复梅州，任为梅州令尉，……新长子天佑……遂家于梅州之洪福乡。"⑯

　　明清两朝以至民国，汀州路改为汀州府、改为专员公署，长汀县为治所。公元 1368 年以后的五百年间，长汀客家人又经历了政治经济种种大变动，比如朝廷边疆对民众反抗的镇压，明末唐王朱遭受浩劫；清末太平军石达开部下石镇吉于咸丰七年（公元 1857 年）"率众数十万入汀窜瑞金，旋来旋去"，也让长汀人吃了战乱的恶果。这期间，长汀人还要经受无法抗拒的水旱风虫诸自然灾害，等等。真是频频灾难，客家人代代抗争。请看：

清汀州府 （县八）	顺治九年 （1652 年）	编审原额人户丁口 79 079 丁			《汀州府志》
道光九年（1829 年） 分查照保 甲门牌土著流寓民户 （屯户）口	长汀 60 541 494 575	宁化 67 111 329 240	清流 19 551 93 032	连城 1 736 104 394	《福建通志》汀州府合计： 户 256 110 口 1 547 534
	上杭 37 925 153 319	武平 15 577 121 679	明溪 29 482 115 614	永定 24 187 85 499	
1940 年　长汀县　户 30 916　口 193 562					《长汀县志》

　　从户口数字来看，元末明末大减之后也都有回升，明末清初大减，其后又大增起来。总的趋势到了清末民国人口还是大大地增加了。长汀社会在历代劳动群众含辛茹苦的开发建设下，向前发展了。长汀作为汀州府、专署的治所，政治、经济、交通、文教等各方面事业都随着时代的脚步有了较大的进展，并且成为闽西的中心。

附　注

① 见《晋书·地理志》。

② 见《旧唐书·地理志》。

③ 见《汀州府志》卷四十五。

④ 见李吉甫《地和郡县图志》。

⑤ 见《旧唐书·地理志》，《福建通志》。

⑥ 见《三山志》。引自《福建省汉语方言概况》上册。

⑦ 见福建《云霄厅志》卷一一。引自《畲族研究论文集》。

⑧ 见《福建省汉语方言概况》上册。

⑨ 见《资治通鉴》卷二五九。引自《畲族研究论文集》。

⑩ 见《客家研究导论》第二章。

⑪⑫ 见《晋书·地理志》第463、418页。

⑬⑭ 见《新唐书》卷二百二十五，第6454页以次。

⑮⑯ 兴宁《廖氏族谱》，《崇正同人系谱》李氏条。引自《客家研究导论》。

⑰ 见《隋唐五代史纲》第432页，《长汀县志》大事记。

⑱ 见《崇正同人系谱》卷二氏族沈氏条。引自《客家研究导论》。

⑲ 引自韩国磐《隋唐五代史纲》第322页。

⑳ 见《宋史》第676、812页。

㉑㉒ 参看蔡美彪等《中国通史》第五册，第34、35页。

㉓㉔ 见《临汀志》户口，坊里墟市。

㉕ 这里的事例引自我的朋友曹培基先生在编写长汀方言志稿时所提供的材料，谨此致谢。

㉖ 以上三条见兴宁黄陂《曾氏族谱》，《崇正同人系谱》卷二氏族饶氏条、陈氏条。引自《客家研究导论》第51页以次。

㉗ 见杨澜《临汀汇考》卷三。

㉘ 见《宋史》第792页。

㉙ 见《长汀县志》大事记。

㉚ 见《元史》第211页。

㉛ 见《畲族研究论文集》第20页。

㉜ 见《畲族研究论文集》。

㉝㉞ 见《客家研究导论》第75页以次。

㉟ 为了排字技术上的方便，本文的调值在音节的右上角用阿拉伯数字表示。

㊱ 见毛宗武、蒙朝吉《博罗畲语概述》，载《畲族研究论文集》。

㊲㊳ 见《临汀志》第176页以次。

㊴ 见《宋史·食货志》第4441页以次。

㊵㊶ 见《长汀县志》大事记。

㊷ 见《明史·伍骥传》。

㊸ 见《长汀县志》大事记。

㊹ 见《宋史》第938页以次。

㊺㊻ 兴宁黄陂《曾氏族谱》，《崇正同人系谱》卷二氏族氏条。引自《客家研究导论》第51、52页。

参考文献

蔡美彪等 1978 《中国通史》第五册，人民出版社。

长汀县博物馆主办 1983 《长汀县志》，长汀重刊。

陈文衡纂 彭衍堂修 道光十五年原本 《龙岩州志》，台湾成文出版社，1967年影印版，台湾。

杜 佑撰 1984 《通典》，中华书局，北京。

范文澜 1978 《中国通史》第三册，人民出版社。

房玄龄等撰 1974 《晋书》，中华书局，北京。

韩国磐 1979 《隋唐五代史纲》，人民出版社。

乐 史 光绪八年 《太平寰宇记》，金陵书局刻本。

李 绂等纂 曾曰瑛等修 同治六年刊本，台湾成文出版社，1967年影印版，台湾。

李吉甫撰 1937 《元和郡县图志》，商务印书馆丛书集成本。

刘 昫等撰 1975 《旧唐书》，中华书局，上海。

罗香林 1933 《客家研究导论》，兴宁希山书藏发行。

欧阳修等撰 1975 《新唐书》，中华书局，上海。

宋濂等撰 1976 《元史》，中华书局，北京。

施联朱主编 1987 《畲族研究论文集》，民族出版社。

脱脱等撰 1977 《宋史》，中华书局，北京。

魏 徵等撰 1973 《隋书》，中华书局，北京。

王 存等撰 1937 《元丰九域志》，商务印书馆 丛书集成本。

吴 泽主编 1990 《客家学研究》第2辑，上海人民出版社。

张建玉等撰 1974 《明史》，中华书局，北京。

赵尔巽等撰 1977 《清史稿》，中华书局，北京。

赵与沐纂 胡太初修 1990 《临汀志》，福建人民出版社。

周振鹤 游汝杰 1986 《方言与中国文化》，上海人民出版社。

（原载《汀州客家研究》第一辑，1993年）

客家精神说略*

> 客家人是个富于开拓进取精神的民系。开拓进取精神孕育于客家民系形成过程之中，客家人在开拓进取精神的鼓舞下发展壮大。
>
> ——献给心系乡土的海内外客家乡亲

客家精神，近些年来国内外一些学者进行过多方面的讨论，发表了很好的见解，不过，客家精神的范畴、客家精神的特性，似乎还没有得到较多的注意，本文拟就上述两个问题，试作一些粗略的探讨。

一　什么是客家精神？

关于客家精神，不妨从它的含义和层次性两方面来研讨。

（一）客家精神的含义

精神，是个哲学名词，一般跟物质相对，比如"物质文明"和"精神文明"。简单地说，精神是指意识、观念、思想作风。就个体而言，所谓精神，是一个人的意识、思维活动、心理状态及其表现；就群体而言，它是维系该群体生存的品质，制约该群体活动的观念、思想作风。

客家或客家人是汉民族里的一个民系，大约宋代形成于闽粤赣交界的地区；这个群体叫客家民系，或称作客家人、客家。

客家精神是指制约客家民系活动的意识、观念、思想作风，它一般指客家民系这个群体的精神。

（二）客家精神的层次性

客家民系跟操吴语的江浙一带的吴语民系（越海系）、操闽语的福建东南一带的闽语民系（闽海系）、操粤语的广东广西大部分地区的粤语民系（粤

---

* 本文初稿题为《试论开拓进取是客家人的主导精神》，曾在 1994 年 6 月 5 日北京客家海外联谊会举办的"客家精神"研讨会上宣读，听取意见。这次发表前做了一些修改，谨此致谢。

海系）一样都是汉民族属下民系。客家精神从属于汉民族精神，是汉民族精神的次范畴。客家精神跟汉民族精神大同小异，有同有异。客家精神本有其自身的特性，这正是应该重点讨论的课题。

对客家精神的理解，可能是多种多样的，就其类型而言，似乎可以大体分为专指的和多指的两类。

1. 专指的。认为客家精神专指主要的一种，它是基本的主导的精神，比如，开拓进取精神。

2. 多指的。客家精神是多种多项的，好几种精神平列在一起，比如，吃苦耐劳，开拓进取，孝悌仁爱，崇尚文教，侠肝义胆，乐善好施，团结奋斗，爱国爱家，它们统称为客家精神。

两类理解恐怕都不错，只是看问题的视角不同。

我们初步感觉，客家精神作为汉民族精神的次范畴，恐怕也应该有其层次性（范畴）：有上位和下位之分，存在主导与从属之别。客家人的主导精神，是维系客家民系生存和繁衍的基础，是客家人的脊梁。

二　客家人的开拓进取精神

在众多客家精神之中，客家人的开拓进取精神，很值得重视和研讨。它好像贯穿在客家精神里的一条红线，是核心，带动或影响其余的客家精神。以下分四个方面来讨论。

（一）什么是开拓进取精神？

开拓进取是指开辟新路，拓宽基业，努力发展，积极向前。开拓就意味着进取，要进取离不了开拓；开拓进取像是孪生兄弟，携手向前，兴旺发达。

客家人开拓进取精神主要表现如下：

1. 辗转迁徙，战天斗地，前仆后继，建设家园；

2. 不避险阻，不畏强暴，反抗压迫，抵御入侵，维护家庭宗族的昌盛；

3. 勤俭刚毅，苦度春秋，成就抱负，大量文臣武将、富豪贤达为宗族、民系创造事业；

4. 追求进步，善于接受新鲜事物，敢于与兄弟民族相处融合，振兴家乡。

可以看出，开拓进取精神的这些主要表现，都跟建功立业、繁荣社会经济紧密联系在一起；换句话说，客家人的开拓进取精神归根结底是为了客家民系、为了家国的生存与发展，这是它所要达到的根本目的，是主旨所在。

（二）开拓进取精神的成因

观念、作风是客观现实的反映，是一定社会经济条件的产物。客家人开拓进取精神的形成原因，恐怕要从形成、发展客家民系的社会经济中去寻找，要从与客家民系的存在紧密相联的历史和现实社会中去探求。

1. 多次的长期的迁徙生活，造就了客家先民和客家子民含辛茹苦、开拓进取的品性。

据罗香林教授考证，客家祖先经历过五次大播迁。①

从时间上看，西晋末年永嘉之乱（公元 307 年）以后，至南宋末叶前三次迁徙，前后约九百年属于客家先民相继南迁、演变发展成为一个独立民系的阶段；南宋末叶至清末及其以后，两次大播迁前后七八百年属于客家子民继续转徙扩散、客家民系繁荣壮大的阶段。

从空间上看，客家先民自中原黄河流域南迁，经过或驻留过包括今陕西、山西、河南、湖北、山东、江苏……十来个省的部分地区，其中似乎在江苏、浙江、安徽、江西，尤其是赣中、赣东南地面停留的时间较长，对客家民系的形成、发展起的作用较大。②

这五次大迁徙及其流寓地面，全是真切的事实，不仅正史上有详细的记载，从现今的一些语言现象也可以加以印证。

比如，古全浊声母字，不论平仄，今客家话大都念送气清音，例如，步 [p'–]，豆 [t'–]，造 [ts'–]，旧 [k'–] 或 [tɕ'i–]；今江西省不止是于都、宁都等地赣南客家念送气清音，抚州地区的临川话也大都念送气清音③。

古来母三四等一部分字，今闽西长汀、连城、上杭、武平等汀州客话多少不等地念成 [t–]，例如，李、里 [几里]、里 [襄背]、刘、林、领、凉、粮、龙、粒、六；今临川话念作 [t–] 的，比汀州客话多得多，诸如黎、理、类、聊、廖、敛、怜、亮、隆、猎、律、略、戮。④

粤东兴宁、梅县客话可能自身经过演变发展或有其他原因，上举古来母一部分字，今一般念 [l–] 不念 [t–]，但是它们的底层却似乎还保留了个别遗迹。比如，客家话方位词"襄背"（里面），梅县话、台湾美浓客家话以及桥本万太郎调查的《客家语基础语汇集》都念 [ti 背]。⑤

从民系的成分看，客家先民在辗转迁徙、演变形成客家民系的过程中，不仅同汉族内民系包括来自不同地区的客家先民相互之间发生过融合变化，还同少数民族（比如畲族）有过一定的交融关系。

"唐时初置汀州，徙内地民居之，而本土之苗仍杂处其间，今汀人呼曰畲客，漳平县有百家畲祠，踞龙岩、安溪、南靖、龙溪、漳平五县之交，是闽地之蛮，皆成畲也。"⑥唐昭宗乾宁元年（公元 894 年）汀州宁化县南"黄连峒蛮二万围汀州"。宋宝庆三年（公元 1227 年）诏："汀、赣、吉、建昌蛮獠窃发，经扰郡县复赋一年。"⑦自宋元至今，这些"古代百越"或"武陵蛮"的后裔，一部分已经同客家人等融合，一部分则散居在闽赣浙粤等一些地区。现今有些地区的畲族，如广东博罗、增城、惠东，仍保留了本民族的畲语，其他一些地区的畲族说的主要是与客家话大致相同的语言。我们现今的客家话，有些词语、语法现象，似乎同畲语、苗瑶语族语言有一定的联系。

词语方面，比如"母亲"，长汀客话面称"娓娓"或"姆娓"，梅县客话称"啊娓"。用"娓"称谓"母（亲）"，在汉语里似乎很少听见过，而畲语、苗瑶语则多用"娓"称呼。⑧比较：

长汀客话	me^1 me^1
梅县客话	a^1 mi^1
莲花（畲语）方言	a^1 me^6
罗浮（畲语）方言	a^1 mi^6
苗语（腊乙坪话）	a^1 mi$^{4/8}$⑨

语法方面，比如长汀客话动词或形容词用正（肯定）和反（否定）相叠方式提问，可以采取两种方式。一种是出现否定词"唔"，例如，做唔做[tso^{54} ŋ^{24} tso^{54}]？好唔好[hɔ^{42} ŋ^{24} hɔ^{42}]？一种是不出现否定词"唔"，相叠的前字不论原属哪个调类，一律改变念成"唔"字的阳平调调值 24，例如，做做［tso$^{54/24}$ tso^{54}］？好好［hɔ$^{42/24}$ hɔ^{42}］？"做"字原是念阴去 54，作为正反问相叠前字时，念成/24（斜线后的数字表示音变调值），"好"字原是念上声 42，作为相叠前字时，念成/24。⑩不仅长汀客话如此，福建连城（新泉）客话，江西于都客话都有同类现象。⑪而这种前字变调正反提问方式在现今畲语里也存在。

陈其光先生指出，畲语正反问有两种方式，一种是动词重叠中间加否定词"不"[a^{35}]。例如：

　　　　nuŋ^{31} a^{35} nuŋ^{31}　　　　吃不吃？

另一种是变调重叠表示疑问，例如：

　　　　nuŋ^{35} nuŋ^{31}　　　　吃吃？

否定词[a^{35}]往往轻读，甚至失落，当[a^{35}]失落时，它的声调仍然起作用，吞掉前面音节的声调，前字就变成了 35 调值，形成了有规律的变调重叠。⑫

总之，客家多次辗转的长期迁徙及其形成发展过程，情况极其错综复杂，经历是艰苦卓绝的。千百年来，客家人许多家庭宗族遭受了多少刚建立家园又饱受颠沛流离之苦，经过了几多九死一生的磨难！没有百折不回勇往直前的开拓进取精神，就不可能有现今如此繁荣昌盛的客家民系！

2. 社会经济问题的压迫，邻近群体的侵扰，宗族之间的争斗，锻炼了客家人奋发有为、开拓进取的素质。

赵宋年间，闽粤赣边区民众，经济上受尽了赋税盘剥压榨之苦。所谓食盐事件，集中反映了统治者的高压政策和客家民众敢于反迫害图生存的果断行动。

食盐事件主要包括食何处盐、行盐钞等问题。

"止缘变法之初，四州（汀、建、剑、邵武）客钞辄令通行，而汀州最远，汀民未及搬贩，而三州之贩盐已番钞入汀，侵夺其额，汀钞发泄，以致少缓，官吏取以借口，破坏其法。"

汀州之民，苦不堪言，有些人只好铤而走险，或贩私盐，或聚众闹事，反抗戕害百姓的暴政。

"江西则虔州地连广南，而福建之汀州亦与虔接，虔盐弗善，汀故不产盐，二州民多盗贩广南盐以射利。每岁秋冬，恒数十百为群，持甲兵旗鼓，往来虔、汀、漳、潮、循、梅、惠、广八州之地。所至劫人谷帛，掠人妇女，以巡捕吏卒斗格，则起为盗，狃阻险要，捕不能得，或赦其罪招之。"

"汀州人欲贩盐，辄然伐鼓山谷中……至是州县暂责耆保，有伐鼓者辄捕送，盗贩者稍稍畏缩。"⑬

客家民系跟相邻的闽语民系、粤语民系经常为生活地盘打冤家，甚至举族之间、民系之间械斗。明清以后广东客家人与粤语民系争斗尤为激烈。例如：

粤省广（州）惠（州）二属客家，又以人口日增，势力日扩，语言习俗不与其他邻居民系相同，引起邻居民系的恶感，渐有斗案发生……（清）嘉庆十三年（公元 1808 年）东莞、博罗士客械斗。

太平天国奠都南京后，不数年，广东西路的客家又复与本地广府系发生剧烈斗案，交相凌辱，多年不解……恩平、开平、鹤山、新宁（今台山）、高要等县的城池，屡为土匪攻扰，地方官无力捍御，乃募乡勇防守……是时，各地匪首及附匪无赖，多属本地系人……乃散布谰言，谓客人挟官铲土；土众惑之，……乘势杀掠客民，客民起而报复，寻衅焚烧，遂形成械斗局势。

其斗案始于咸丰六年（公元 1856 年），终于同治六年（公元 1867 年）相持亘十二年，双方死伤散亡人数，约五六十万。⑭

同相邻民系争斗，往往是不得已的，但这些争斗却更激励客家民系朝四处开拓进取的意向。

3. 闽粤赣交界地区，山多田少，地利有限，客家人口超常增长，经济形势要求向外开拓进取。

　　唐末两宋之际，闽粤赣交界区相对来说，战乱少些，比较安宁，便于颠沛流离的客家先民停留栖身。经过一二百年劳动生产、休养生息，人口繁衍猛增。南宁时期，汀州、虔州人口大膨胀。以汀州为例：

　　宋元丰年间（公元1078年—公元1086年）汀州主户66 157，客户15 297，比唐贞元年间（公元785年—公元805年）杜佑《通典》所载户口5 330，数目多了十几倍。再到宋庆元年间（公元1195年—公元1201年）主客户已达到208 570户，按当时每户平均人口数，乘以每户4.5口，则将近一百万人口。那时汀州府只领县六：长汀、宁化、上杭、武平、连城、清流，地利环境实在无法承受如此迅猛增长的人口，客家先民不得不往外开拓谋取生路。当时主要迁移充实粤东粤北地区。⑮

　　客家人于宋末至明初，大批量地转徙粤东粤北以后，又经过朱明至清初二百多年的生息，其后裔日益繁盛，还要加上陆续由闽西汀州往东往南来的移民，食用所需越来越浩大，而居住地面，生产供不应求，又只得向其他地面转移一部分人口。

　　清康熙年间，梅州惠州一部分客家子民经湖南湖北进入四川，雍正年间，惠州韶州梅州相当一部分客家人迁往粤中粤西，诸如花县、番禺、增城、东莞、恩平、台山等县，广西的武宣、桂平、陆川、平南、贵县等地，还有湖南的汝城、彬州、浏阳、平江以及台湾彰化，海南安定沙帽岭等地。⑯

　　这些接力棒似的传承、向外迁徙扩展，固然是为地利、社会经济需求所迫使，但是客家人也的确从中经受了人生品行的千锤百炼，铸造了自身不断开拓进取的精神。

（三）开拓进取是客家人的主导精神

　　1. 主导与从属的关系

　　主导是相对于从属而言，它们二者都是事物构造的成分或因素，各自在事物内部处于一定的地位。

　　主导是事物内部的基础或核心成分，一般起支配或统率作用。

　　主导与从属的关系，有如车轮的车轴与车辐的关系。

　　主导成分是中心成分、主要成分，如同车轮的车轴那样，往往专指某一种主要成分。

　　客家人的开拓进取精神，如前所述，是同客家人患难与共、生死相连的，随客家民系的形成发展而形成发展。可见，开拓进取是客家人生存繁盛的基础，是贯穿于客家人精神世界之中起主导作用的精神。

　　2. 客家精神应有主次范畴

　　客家人的精神可以描写为多种多样。有的学者认为有四种，比如，刻苦耐劳、刚强弘毅、辛勤创业、团结奋斗；有的学者认为有八种十种，比如，追求进步、爱国爱家、崇尚文教、敬业乐群、刻苦耐劳、勤俭持家、聪明勇敢、团结友爱等。

我们觉得，事物内部总有其一定量的成分，成分之间往往有主次关系，分上位和下位范畴。比如，客家人的刻苦耐劳精神是有口皆碑的，特别是客家妇女在农业生产、日常劳作中吃大苦耐大劳早已闻名于海内外，但是，刻苦耐劳毕竟只是平常生活中的一种品德，一种比较普遍的品性；对客家人来说，如果世世代代长期固守在那穷乡僻壤的一处地块上耕作刨食，由于地利有限，纠纷连绵，恐怕难于生存繁衍下去；正如上引历史事实所证明的那样，要减少纷至沓来的天灾人祸，就必须有发展的眼光，向外谋图更好的生存发展环境和条件，在开拓进取中更好地坚持发扬刻苦耐劳的精神。

总的来看，刻苦耐劳等客家人具有的比较一般的精神，也是汉民族其他民系可能具备的精神，唯独开拓进取才是反映客家人特性的主导精神。

（四）开拓进取精神的特性

客家人开拓进取精神的特殊性质，似乎可以归纳为连续性、抗争性、多向性，它们可以同汉民族其他民系的精神区别开来。

1. 连续性

客家人多次迁徙，世代相传不断开拓进取，形成了它特有的连续性。吴语民系、闽语民系、粤语民系虽然也有几次迁徙，移居周边地区或海外，但他们都是"先入为主"的民系，部分成员的迁移是短期的非连续的。比如，粤语民系主要是明末清初、清代中叶以后，两次大批量往广东西南部、广西以及东南亚海外播迁。闽语民系的形成大约不晚于唐代，他们早已及时地占据福建临海肥沃地区。宋元之际、明末以至清代三次比较大的移动，主要是迁往潮汕地区、广东徐闻地区、海南部分地区以及台湾甚至侨居海外。[17]唯独客家民系的迁徙是多次的辗转的交错的连绵不断的，前后达一千六百多年之久。

2. 抗争性

客家人在其形成发展的一千多年历史进程中，与大自然斗，与历代统治者的压迫斗，与邻居民系斗，与自身的落后保守观念斗，培养成自强不息的开拓进取精神，它饱含着极其可贵的勇于斗争、敢于胜利的抗争性。

这种从压迫的逆境中造就的抗争性，完全可以同其他民系精神区别开来。比如，闽语民系、粤语民系虽然经受了历代统治者的压迫，但他们大都没有或相对很少受到邻居民系大规模的压迫和骚扰。

3. 多向性

所谓多向性，是指开拓进取空间的多方位，出路的多头多面。

客家人的辗转迁移是多方位的，国内除了从闽粤赣交界大本营逐步扩散，还数量不等地转迁至广西、湖南、四川、海南、浙江、江西、安徽、台湾、香港等地区，也以各种方式、途径侨居海外，诸如，印尼、文莱、马来西亚、新加坡、泰国、菲律宾、越南、柬埔寨、印度、老挝、英国、法国、荷兰、挪威、美国、加拿大、秘鲁、毛里求斯、留尼旺、南非等国。[18]

据统计，客家人散居国内的地区数量和侨居国的数量以及客家侨民数量居其他民系之首，让其他民系望尘莫及。客家学研究先驱罗香林教授说得好，"客家一般精壮的男子多数都出外经营工商各业，或从事军政学各界的活动与服务，向外扩展的精神为国内任何民系所不及……"[19]

附　注

① 见罗香林《客家研究导论》，兴宁希山书藏发行，1933 年 2 月。

② 参看饶长溶《长汀客家人》，载《汀州客家研究》第 1 辑，福建长汀汀州客家研究会编，1993 年 7 月。

③④ 见罗常培《临川音系》，科学出版社 1958 年版。

⑤ 见杨时逢《台湾美浓客家方言》，中研院历史语言研究所集刊第四十二本，第 452 页；桥本万太郎《客家语基础语汇集》，东京外国语大学，1972 年。

⑥ 见杨澜《临汀汇考》卷三。

⑦ 见《宋史》792 页，脱脱等撰，中华书局 1975 年版，上海。

⑧ 参看罗美珍《客家语汇中反映的古文化遗迹以及与百越民族的文化关系》一文，载《汀州客家研究》第 1 辑，福建长汀汀州客家研究会编，1993 年 7 月。

⑨ 见毛宗武、蒙朝吉《畲语简志》，民族出版社 1980 年版；王辅世《苗语简志》，民族出版社 1985 年版。

⑩ 见黄顺炘、黄马金、邹子彬主编《客家风情》第四章"客家语言"，中国社会科学出版社 1993 年版。

⑪ 见谢留文《江西于都方言语音、语法的几个特点》，载《客家纵横》增刊，闽西客家学研究会编，1994 年 12 月，福建龙岩。

⑫ 见陈其光《畲语在苗瑶语族中的地位》一文，《语言研究》1984 年第 1 期。

⑬ 见《宋史·食货志》，第 4441 页以次。

⑭ 见赖际熙等纂《赤溪县志》卷八"赤溪开县事记——土客械斗起源及其蔓延"，转引自罗香林《客家研究导论》第一章。

⑮ 见南宋胡太初修，赵与沐纂《临汀志》，长汀县方志编委会整理，福建人民出版社 1990 年版。

⑯ 见罗香林《客家研究导论》。

⑰ 参看袁家骅等《汉语方言概要》，文字改革出版社 1983 年版。

⑱ 参看谢佐芝《客家迁徙与海外分布》，载《新加坡南洋客属总会六十周年纪念特刊》。

⑲ 见罗香林《客家研究导论》第 106 页。

（原载《北京客家》第 2 期，1994 年）

长汀方言及其分片*

长汀县位于福建省西部，全境面积 3 099.52 平方公里。现有城关、河田等 17 个乡镇，人口 401 246 人（1987 年统计数字），城关（汀州）镇人口44 190 人，约占全县人口总数的百分之十一。除少量的畲族等少数民族外，绝大部分为汉族，说长汀客家方言。

长汀又名汀州，为唐中叶建制以来至民国汀属各县州郡路府的治所。它处在古汀州地区南北两方的中心。长汀话往北可以同宁化、清流、明溪话交谈，往南能够与上杭、武平、永定人通话（只与连城话语音距离大些，初见面通话有些困难），加上交通、商业、文化等比较发达，长汀话一般作为闽西客家方言（汀州片）的代表点。

本文主要讨论长汀方言的特点和它的分片。

一　长汀方言的特点

长汀方言的特点，可以从语音、语汇、语法三个方面作简要的探讨。

（一）语音

长汀县现有 17 个乡镇：城关（汀州）镇、河田镇、馆前镇、童坊乡、新桥乡、铁长乡、庵杰乡、大同乡、策武乡、南山乡、涂坊乡、三洲乡、濯田乡、红山乡、四都乡、宣城乡、古城乡。1985 年以来，我们重点复查了城关话，简要地调查了有代表性的河田、涂坊、濯田、古城、馆前、童坊、策武七个乡镇话的语音[①]。

这里以城关话为代表，兼顾其他一些乡镇的话，谈谈长汀话音系的特点。

A. 先简介一下城关话的声调、声母、韵母[②]。

单字调 5 个，轻声在外：

---

　　*1991 年应朋友之约草成《长汀客家人及其客家话》一文，打成油印稿曾奉寄一部分给同行好友，听取教益。1993 年秋，欣逢家乡汀州建州千年庆典，《汀州客家研究》（第 1 辑）以《长汀客家人》为题采用了前一部分。本文为油印稿后一部分，这次发表时做了一些补充和修改。

阴平 33　　阳平 24　　阴上 42　　阴去 54　　阳去 21

声母 20 个，包括零声母在内：

p pʻ m f v t tʻ n l ts tsʻ s tʃ tʃʻ ʃ tɕ tɕʻ ɕ k kʻ ŋ h ∅

韵母 31 个，包括［ŋ̍］辅音自成音节在内：

ɿ ʅ　a e o ɔ ai ɔi　i ia ie io iɔ iɐi　u ua ue ui
iu əu au e ŋ̍　aŋ eŋ ɔŋ oŋ ŋ̍ iaŋ ieŋ iɔi iɔŋ　eĩ　uaŋ ueŋ ũ

B. 长汀话音系主要有以下几个特点：

1. 长汀城关话只有五个声调，平声、去声分阴阳以及上声，无入声。古清入和部分次浊入今归阳平，古全浊入和部分次浊入今归阳去。相当一部分古全浊和次浊上声字，今长汀话念阴平，现（据中国社会科学院《方言调查字表》（修订本），下同）列举如下：

坐 惰 祸 下底~ 户 苎 父 柱 在 弟 被~面 舐 徛 雉~鸡 抱 厚 妇新~ 臼 舅 淡 旱 断~绝 近 菌 动调~ 似 社 善~良 上~山

马 码三~布 野 买 里 裡 尾 有 酉 焰 懒 满 暖 忍 软 兖~州 两斤~ 痒 冷 领 岭 重轻~ 你

2. 古全浊塞音、塞擦音不论平仄，今长汀大多念送气清音，比如，步［pʻu 21］、道［tʻɔ 21］、舅［tɕʻiɐi 33］、贼［tsʻe 21］；也有少数字，今长汀念不送气清音，比如，藉~故［tsia 54］、毙［pi 54］、夺［tue 24］。

3. 古非组字一小部分，今长汀念［p pʻ m］，比如，"痱 发 粪 飞 放 捧 腹"今念［p-］，"扶 甫 讣 肥 饭 伏 缚"念［pʻ-］，"巫 舞 尾 蚊 袜"念［m-］。

4. 古来母三、四等字一小部分，今长汀念［t-］（含［t-］［l-］两读的），全部列举如下：滤 驴 隶 篱 狸 李 里 裡 鲤 刘 留 榴 帘 林 淋 笠 粒 鳞 邻 栗 凉 量~米 粮 两斤~ 两~个 辆 菱 力 领 岭 六 陆 龙 绿 录。

5. 除古城话外，今长汀话分［ts］组、［tʃ］组声母。古精、庄（照二）组，今长汀念［ts］组；古知、章（照三）组，今长汀念［tʃ］组，对应整齐。比如，"醮、爪"念［ts-］，"召、照"念［tʃ-］。

6. 长汀话分尖团音。古见组三、四等字，今长汀大都念舌面音［tɕi-］组，尤其是城关话几乎就是舌面前音，如，见［tɕiẽ 54］、翘［tɕʻiɔ 54］、香［ɕiɔŋ 33］；古精组三、四等字，今长汀念［tsi-］组细音，如，箭［tsiẽ 54］、俏［tsʻiɔ 54］、箱［siɔŋ 33］，界限分明。

7. 古晓匣母合口字，今长汀话大部分念［f-］，如火昏、华红，或念［v-］，如，歪、禾完横；但也有小部分今念［ɕi-］，如，靴、兄、玄，或念［h-］，如，灰、和~面。

8. 长汀话有［-ɔŋ］、［-iɔŋ］韵，它们为古宕江摄（"窗双"除外）全部舒声字，如，帮光江、良向。

9. 长汀话今念［–aŋ］、［–iaŋ］韵的字，它们为古梗摄大部分舒声字，比如，彭争成、病颈；或者为古咸、山摄一二等的舒声字，比如，耽减监、丹办雁都念［–aŋ］。

10. 除童坊乡、南山乡的官坊少量字外，今长汀话无撮口音［–y］（或［–u］），几古遇摄合口三等、山摄合口三四等臻、通、梗摄合口三等和三四等、见、晓、影组字，今长汀念［–i］，比如，居［tɕi ³³］、语［i⁴²］、元［iẽ ²⁴］、圈［tɕʻiẽ ³³］、君［tɕieŋ ³³］，或念［–e］，比如，去［he⁵⁴］、鱼［ŋe ²⁴］。

11. 今长汀话存在前鼻韵尾消亡或逐渐衰弱，出现鼻化音或增多鼻化音的趋势。比如，童坊、馆前等城关以北的话已经无前鼻韵尾［–n］，大多成后鼻韵尾［ŋ］，而有了鼻化韵［ũ］、［iẽ］，而［aŋ、eŋ、ɔŋ、oŋ］等韵的元音也不同程度地带上鼻化。紧邻城关南面的河田话也大部分失去了前鼻韵尾［–n］，而有了鼻化韵［ũ］、［iẽ］。长汀话似乎在全县有一个从北往南逐渐鼻化演变的过程。

（二）语汇

长汀话语汇的特点似乎主要表现在：（1）相当一部分词语迹近南方吴、赣、粤方言，但更饱含客家方言在其自身演变发展中所独具的特色，比如，"今晡、昨晡"说"晡"不说"天"，"上背、里背"说"背"不说"面"；"剧鸡、剧猪"说"剧"不说"宰、刣"；"赴墟、赴生赴死"说"赴"不说"赶"；说"天放"不说"忘记"；品貌佳好用"精"［tsiaŋ ³³］不用"美"，欲求（食物）用"猴"［həu ²⁴］不用"馋"。（2）保留了较多的单音节词，继承了相当一部分古词语特别是宋元明时期的某些词语，比如，"发鬃、发草"说"发"［pue²⁴］，不说"生、长"；"斫樵、斫猪肉"用"斫"［tʃo ²⁴］，不用"砍、买"；"罗人、罗食"用"（网）罗"，不用"捕、讨"；"减饭、减菜"用"减"［kaŋ ⁴²］，不用"拨、扒"等。下面简略解析几个一般文章中较少提及的词语，以见其特色。

凌冰［le²⁴ peŋ ³³］冰：妲己共纣王登台上而坐，望见河岸上冬月凌冰。（《全相武王伐纣平话》）

嬭嬭（妳妳）［neŋ ⁵⁴ neŋ ⁵⁴］儿女对母亲的昵称：嬭嬭十分惜人，只係死得特早｜［油葫芦］现如今爹爹妳妳都亡尽，但愿得哥哥嫂嫂休嗔忿。（《元曲·杀狗劝夫》）

坛场［tʻaŋ ²⁴ tʃoŋ ²⁴］所在；地方：寻个坛场坐下子｜只见道人挑得担到来，铺设坛场，摆放佛像供器，鼓钹钟磬，香灯花烛。（《水浒传》四十

五回）

会事个［vue²¹ sๅ²¹ ke⁵］懂事的，晓事的：撞到会事个妇娘，暗晡饭早早哩帮你做好嘞｜我今特来捉你，会事的下马受缚，免得脏手污脚。（同上，三十四回）

窦［təɯ⁵⁴］穴；窝：被窦里｜水窦里｜俄顷鸡唱，父诣厨作粥，牝猫适产五子于窦中。（《夷坚志》丙志"张二子"条）

汎浮［p'aŋ²¹ p'ɔ²⁴］（在水等面上）漂漂浮浮：（谜语）天汪［上］跌下一块樵，汎汎浮——鸭子。（《说文》"汎，浮也"。段注："邶风曰：'汎彼柏舟，亦汎其流。'上汎谓汎汎，浮貌也；下汎当作泛，浮也。'汎浮'古同音，而字有区别如此。"）（王力《同源字典》）

回［fe²⁴］通融；临时买：搭老伯回滴子葱来｜酒保道："小人这里只卖酒，要肉时，村里却才杀羊，若要，小人去回买。"呼延灼……道："你可回一脚羊肉与我煮了，就对付草料喂养我这匹马。……"酒保拿了银子自去买羊肉。……等了半晌，只见酒保提一脚羊肉归来，呼延灼便叫煮了，回三斤面来打饼，打两角酒来。（《水浒传》第五十七回）

畜（蓄）［tɕ'iəɯ²⁴］养；留；种：蓄头发｜蓄猪嫲｜蓄花｜蓄妻养孥，非无私有（《旧唐书·辛替否传》）｜有畜蜡嘴鸟衔纸牌算命者（《中国民俗方言谣谚丛刊初编·土风录》卷三）

宕［t'ɔŋ²¹］拖延；错过时机：宕来宕去，报考时间就宕过去嘞｜过也（《广韵》去声宕韵徒亡切）

撆［p'e²⁴］分离；撆下；完；掉（多用做动词的补语）：丢撆｜无撆｜尽撆｜那知府人等不敢抵敌，撆了李应、杜兴，逃命去了（《水浒传》第五十四回）｜只见车马往来，人如聚蚁，周得在人丛中丢撆了两个弟兄，潮也不看，一迳投到牛皮街那任珏家来。（《古今小说·任孝子烈性为神》卷三十八）

倘（儻）［t'ɔŋ⁴²］无意中亡失（相对于倘来：无意中得到）：倘撆一个细妹子｜猫牯又倘走黎｜前日倘来一只鸡公｜轩冕在身，非性命也，物之倘来寄者也（成云：儻者，意外忽来）。（见《庄子集解·缮性第十六》，王先谦注，中华书局1954年版）｜一曰自失貌（《集韵》上声，荡韵，坦朗切）。

搂［ləɯ²⁴］捞取：搂滴芋荷腌菜炒来食｜探取（《广韵》平声侯韵，落侯切）

放赦［piɔŋ⁵⁴ ʃa⁵⁴］赦免；释放：天光还要上班，无放赦你｜臣问帝诏遍天下，拘刷钟离昧、季布二人，至今不得；……莫若陛下放赦二人，决得其人（《前汉书平话》卷上）

惊怕［tɕiaŋ³³ p'a⁵⁴］怕；担心：惊怕会跌着｜惊怕你唔来｜妲己佯

落盏坠地，便着恶言骂詈冯氏。冯氏心中惊怕，又见妲己奏曰：如今妳母欺负子童（《全相武王伐纣平话·吕望兴周》）

雄［ɕioŋ²⁴］勇猛；强壮：细个草蜩斗起来野雄 ｜ 这八句诗题着黄河。黄河那里最雄？无过河中府（《董解元西厢记》卷一）

翕［ɕi²⁴］严实；紧密：瓶子盖哩唔曾盖翕 ｜ 敛也，合也（《广韵》入声缉韵，许及切）

溚［ta²⁴］潮湿的样子（一般不单用）：六月伏天溚黏个，身汗［上］润溚溚哩 ｜ 湿也（《集韵》入声合韵德合切）

一般般［i²⁴ paŋ³³ paŋ³³］一样；一般：老弟搭你一般般高 ｜ 你每家里也不少了穿的，也不少了吃的，你每如今也学老子一般般，做些好勾当，乡里取些和睦（明《刘仲璟遇恩录》，见刘坚《近代汉语读本》）

薄设设哩［pʼo²¹ ɕie²⁴ ɕie²⁴ le⁵⁴］薄薄儿（的），很薄的样子：一双目皮薄设设哩，十分好看 ｜ 说得他美甘甘枕头儿上双成，闪得我薄设设被窝儿里冷（《关汉卿戏剧集·诈妮子调风月》）

尽命［tsʼeŋ²¹ miaŋ²¹］使出全部劲儿；拼命：尽命做生意，赚到纸票讨老婆 ｜ 卢俊义便起身道："卢某得蒙救命上山，未能报效，今愿尽命向前，未知尊意如何？"（《水浒传》第六十一回）

为因［ue²⁴ ieŋ³³］因为：对唔住，衫裤唔曾做成，为因冻感嘞好几日 ｜ 原来这三位好汉，为因不见宋江回来，差几个能干的小喽啰下山，直来清风镇上探听……（《水浒传》第三十四回）

（三）语法

长汀话词法和句法跟普通话比较，有其特点，这里仅举同虚词有关的几种语法单位的用法，以显示其特色。

甲、用特定的助词（或叫后缀）或词语，表示动作的体貌。

1. **嘞**［le²⁴］阳平　用于动词或一些形容词之后表示动作或变化的完成。例如：

木生做嘞新衫	炳荣只坐嘞一刻子
老妹大起来嘞	天暗撒嘞时，你转来

2. **唎**［le²¹］阳去　用于语句末尾表示出现新情况或变化。例如：

落雨唎	老周哩壮即即哩唎
桃哩要烂撒唎	行唔动唎，歇下子唎
石长著嘞新衫唎	番匏大满黎唎，无大唎

3. "在"或"正在"[tʃeŋ⁵⁴ tsʻai⁵⁴]　用于动词前表示动作或变化的持续。例如:

你唔要紧喊, 秀秀在睡目。

李强正在洗浴, 一套子[一会儿]就出来见你。

4. "定嘞"[tʻeŋ²¹ le²⁴]或"稳嘞"[veŋ⁴² le²⁴]　放在动词之后表示动作、变化的持续。例如:

马水做定嘞事, 放下唔得。[马水正做着事, 不能放下。]

大嫂手无闲, 炒稳黎菜。[大嫂腾不出手来, 正炒着菜呢。]

或者动词前还加用"正(在)"。例如:

马水正在做定嘞事, 放下唔得。

5. 动作动词加"嘞", 用于存在句里, 表示动作完成后的持续状态。例如:

茶几汗放嘞一把茶壶。[茶几上放着一把茶壶。]

屋门口贴嘞门神菩萨。[屋门口贴着门神。]

6. "倒来"[tɔ⁴² lai³⁰]　用于连动式前项动词之后表示动作的持续方式。例如:

行倒来话　　　　抱倒来搞

挂倒来望, 唔要拿倒来望

"行倒来话"意思是"走着说", "行倒来"表示"话"的方式; "抱倒来搞"的"抱倒来"是"抱着"的意思, 是"搞"的方式。必须有"来", 长汀话一般不说"行倒话", "抱倒稿"。

用于祈使句时, 无须后项动词, 但也必须有"来"。例如:

(你)徛倒来![(你)站着!]

(你)拿倒来![(你)拿着!]

7. 助词啊[a³⁰]轻声　用于连动式前项动词之后——该式后项动词往往为"来、去、上、下、转、过"等"去来"义移动动词, 表示动作的持续方式。例如:

前回, 去福州, 车汗无座位咧, 只好徛啊去; 来归时人野松, 就坐啊转。

细妹子坐火车, 一路笑啊到厦门。

"徛啊去""笑啊到厦门"是说"站着去""笑着到厦门", "徛啊""笑啊"分别表示后一个移动动作"去"和"到厦门"的方式。

8. 用同一个动词重叠三次的方法，表示该动作正延续时又发生另一个动作。例如：

两个人搞笑，讲讲讲就骂起来嘞。[两个人讲着讲着，就骂起来了。]

王华唱唱唱，目汁流出来嘞。[王华唱着唱着，眼泪就流出来了。]

9. 过［ko⁵⁴］ 用于动词之后表示曾经发生或经历某事件。例如：

三步来过北京，还坐过飞机。

大舅见过嘞大蛇厮屎。[大舅见了世面。]

乙、常用的介词

1. 搭［ta24］跟；同；与用于动词或形容词之前介引对象给相关的动作。例如：

偓 搭你借一番谷笪。[我跟你借一张晒谷席。]

细癞子 [男孩] 搭伯婆睡。

2. 帮［poŋ³³］替 例如：

你帮老弟洗两床被窝。

荣生帮大伯顾下子店。[荣生替我顾顾店铺。]

3. 得［te²⁴］被；让 例如：

莲莲得火长打嘞一巴掌。[莲莲被火长打了一巴掌。]

红队得黄队打败嘞。[红队让黄队打败了。]

也有用于动词之后介词。

4. 当［toŋ³³］ 介引动作的朝往方向③。例如：

去馆前镇，从枫桥行当上。[前往馆前镇，从枫桥向上（游）走。]

下涂坊，自女角骑当转。[前往涂坊，从这里往回骑。]

5. 去［he⁵⁴］ 介引动作的朝往地点。例如：

五号汽车开去瑞金。[五号汽车开往瑞金。]

6. 得［he⁵⁴］ 介引动作的给予对象④。例如：

你帮三哥女封信送得老王。[你帮三哥把这封信送给老王。]

丙、常用的副词

1. 程度副词 用于形容词、心理动词或一些动宾结构之前：头一 [最]、唔晓儿 [极]、死 [极]、试过 [太]、了唔得 [非常]、係野 ［he²¹ ia²⁴→ha²⁴］[十分]。例如：

头一好　　　头一红　　　头一欢喜

唔晓几贵	唔晓几精	唔晓几有道理
死丑	死阔	死唔要面
了唔得长	了唔得乌	了唔得惜人
係野白	係野好客	係野得人怕

也有用于形容词、动词之后的：死嘞 [极了]。例如：

丑死嘞	壮死嘞	疾死嘞

有以"X过X绝""X过X化"这样的四音节第一、三音节重叠格式表示最高程度"极"的，X可以是单音形容词或单音动词。例如：

大过大绝 [极大]	黄过黄绝 [极黄]
高过高化 [极高]	短过短化 [极短]
做过做绝 [极不该做]	笑过笑绝 [极不该笑]
种过种化 [极不该种]	睡过睡化 [极不该睡]

2. 范围副词　用于动词之前，规定动作的范围：一下 [全部]、共一下 [一块儿；一起]、合本 [ka²⁴ peŋ⁴²] [合共；合起来]。例如：

仰多菜一下拿走嘞。[这么多菜全部拿走了。]

老李哩搭老许哩共一下住。[老李和老许一起住。]

秀英身汗合本只有五十块钱。[秀英身上合共只有五块钱。]

3. 时间副词　正 [tʃaŋ⁵⁴] [刚；才]、会来 [快要]、曾 [曾经，已经]、样得时 [何时]。例如：

大妹哩还正爬起。[大妹子刚起床。]

会来落雪咧。[快要下雪了。]

你曾见过赵和尚？[你见过赵和尚没有？]

猪爪样得时煮烂？[猪蹄何时煮烂？]

"曾""样得时"主要是用于询问。

4. 否定副词　用于动词或形容词之前，对动作或状态作不同辖域的否定：唔 [ŋ̩²⁴/m̩²⁴] [不]、无 [mɔ²⁴] [无；没]、蛮 [maŋ²⁴] [未]、唔曾 [ŋ̩²⁴ tsʻeŋ²⁴] [不曾，已然的否定]、蛮曾 [maŋ²⁴ tsʻeŋ²⁴] [未曾，客观动作变化的否定]。例如：

唔来	唔送	唔平	唔曾
无坐	无看	无红	
蛮睡	蛮食	蛮敢	蛮曾
唔曾去	唔曾借	唔曾红	

　　蛮曾走　　　蛮曾睡　　　蛮曾熟

　　5. 语气副词　主要用于动词之前，表示肯定、猜度、商量、强调等语气：势必 [一定]、何犯着 [何必]、话唔得 [说不定；可能]、蛮知 [maŋ^{24} ti^5] [也未可知；也许；大概]。例如：

　　钟医生势必要你做手术。

　　两子亲家何犯着打官司。[亲家之间何必打官司。]

　　舅公今晡话唔得会来。[舅公今天说不定会来。]

　　公爹唔来咧，蛮知。[爷爷不来了，也未可知。]

　　天汪云抖抖，蛮知会落雨哟。

　　丁、连词　用于连接词语或连接分句，可以分为两小类。

　　连接两个以上名词性词语表示并列或加合关系：搭 [ta^{24}] [和；以及]、并 [peŋ^{24}] [和；以及]、间 [kaŋ^{54}] [和；以及]、包带 [以及；还有]。例如：

　　福生搭炳荣一下係童坊人。[福生和炳荣都是童坊人。]

　　大嫂并你留在屋下做事。[大嫂和你留在家里做事。]

　　你爹哩间倕 爹哩都唔会奉承人。[你父亲和我父亲都不会奉承人。]

　　老张、老王包带老李天光去下乡。[老张、老王还有老李明天下乡。]

　　连接分句或在语句之间起关联作用的连词：如：倘譬 [t'oŋ^{42} p'i^{24}] [假如]、无错 [mo^{24} ts'o^{24}] [诚然；不错]、名话 [miaŋ^{24} va^{21}] [名义上说；据说；虽说]。例如：

　　倘譬落雪，你就唔要上岭。

　　无错，你唔来，大家就开唔成会；但係…… [诚然，你不来，大家就开不成会；但是……]

　　名话开大店个老板，一千块钱都拿唔出来。[虽说是开大铺子的老板，但一千块钱都拿不出来。]

二　长汀方言的分片

　　长汀方言的分片，不妨暂且从语音方面着眼剖析。以城关话为比较轴心，长汀方言大体可以分为北南两片。以城关话为代表的城关、馆前、童坊、新桥、庵杰、铁长、大同等七个乡镇的绝大部分地区和南山、策武两乡的部分地区，划归为一片，它们主要在县城（含城关）以北和东北方向，自然地理上大体是东北走向，简称北片话。以涂坊话为代表的河田、涂坊、濯田、三洲、四都、红山、宣城、古城等绝大部分地区和南山、策武两乡部分地区，划归为另一片，它们主要在县城以南和西南方向，自然地理上大体是西南走向，简称为南片话。

北南两片话的主要差别，有以下几点：

1. 北片话没有入声，只有五个声调，平声去声分阴阳，以及上声；南片话有入声，分阴入阳入，平声分阴阳，以及上声、去声六个声调。比如，急曲割福，北片念阳平调，南片念阴入调；月局麦服，北片念阳去调，南片念阳入调，详见后（附一）"长汀七个乡镇声调比较表"。

2. 北片话 [aŋ] [iaŋ] [uaŋ] 韵里 [a] 元音比较靠后，相当于 [A] 元音外，其余基本上是前元音 [a]，南片话如涂坊、濯田话基本上是后低元音 [ɑ]，或带圆唇的 [ɒ]，比如，涂坊话爬 [pɒ²²⁴]、瓜 [kuɒ³³]、搭 [tɒʔ²²]。

3. 古果摄开合口一、三等歌、戈韵和效摄开口一、二等豪、肴韵，三、四等宵、萧韵字，北片话今分别念 [o] [io] 和 [ɔ] [iɔ] 韵，对应分明；南片话二者也是对立的两个音位，不过，今念 [o] 韵的字较多，古果开一歌韵果、合一戈韵与效开一豪韵大部分字，今涂坊都念 [o] 韵，即古歌戈豪三韵大部分字今涂坊混念成 [o]，如：萝=螺=劳 [lo]、左=早=灶 [tso]、歌=戈=高 [ko]、河=和=豪 [ho]。

4. 古流摄开口三等尤韵知组、庄组、章组和见组声母字，如"抽丑、愁瘦、周手"和"九旧休"，北片话分别念开口的 [əɯ] 韵和齐齿的 [iəɯ] 韵，对应分明；而南片话（河田除外）大多相混，都念成齐齿的 [iəɯ] / [iu] 韵，如涂坊话，周 [tɕiəɯ³³]、手 [ɕiəɯ⁴²]、旧 [tɕʻiəɯ²¹]。甚至古效摄开口三等宵韵精、见组大部分字，如，苗庙焦笑消桥，涂坊今都念 [iəɯ]，也就是说尤韵宵韵一部分字今同念 [iəɯ] 韵，如，庙=贸 [miəɯ⁵⁴]、劁=酒 [tsiəɯ⁴²]、笑=秀 [siəɯ⁵⁴]、缲=秋 [tsʻiəɯ³³]、消萧=修 [siəɯ³³]。

5. 古见组（疑母另说）三、四等字，北片话（童坊除外）念齐齿音。比如，鸡 [tɕie³³]、今 [tɕien³³]，南片话对其中相当一部分字念成开口音，如，鸡 [ke³³]、今 [ken³³]、艰 [kaŋ³³]、紧 [ken⁴²] 等。

古疑母三、四等字，北片话分别念 [n] 或零声母，南片话也有分别念 [n] 或零声母的，但是念成 [ȵ] 而不念零声母的数量比北片话要多，比如，"愿言元原阮"都念 [ȵ–]。

以上声韵调几点差别的描写，是比较粗略的。看来，划分南北片最主要的语音依据恐怕是入声的有无。南片话主要以涂坊话为代表，它们内部也有所不同，甚至在某一两点上很不同。河田话声、韵母大体比较接近城关话，

当然它自身有韵母 [ɯ]，古蟹摄开合口一等见系端系一部分字，河田今念 [ɯ] 韵，比如，盖 [kɯ⁵⁴]、会 [fɯ⁵⁴]、堆 [tɯ³³]。古城话韵母的元音舌位一般比涂坊话紧闭，比如涂坊话 [eɯ] 韵的 [ə]，古城话用相当于 [i] 的元音，如，谋，古城话念 [miɯ²⁴]。

北片话内部也不完全一致，比如，杯、美、配、累、飞这些字，城关话念 [e] 韵，馆前、童坊话念 [ɛ] 或 [æ] 韵。童坊话有 [y] 韵，城关、馆前话都没有。

给方言分片，最好还要联系词汇、语法等方面来考虑划分的凭据，比如，疑问代词"甚么？"长汀北片话大都说"甚西？"或"甚西哩？"南片话濯田、涂坊多说"脉个？"[mɑʔ ke]，名词后缀"公、牯、嫲"，北片话相对来说用得少些，比如，一般不说"笠嫲"了，南片话则用得多些，现在一般还说"笠嫲""索嫲"。语汇使用上的某些不同，似乎也同"地缘"走向有关，长汀城关以南，说南片话的乡镇，越靠近上杭、武平县的，它的话越接近上杭、武平话，城关以北说北片的乡镇，越靠近宁化、清流县或连城县的，它的话越接近宁化、清流或连城话。这种因地缘联系而产生的话语类型倾向，正好与上述以语音为根据而划分的北南两片话相一致。当然，全面地从语音、语汇、语法等方面为长汀方言分片，还有待于今后对县内各乡镇的话作深入、细致的考察研究（参看（附二）《长汀方言分片示意图》）。

附一：长汀七个乡镇声调比较表

分化条件			童坊	馆前	城关	河田	涂坊	濯田	古城
古平声	清	高开三婚	阴平 21	阴平 33	阴平 33	阴平 33	阴平 33	阴平 21	阴平 44
	全浊	穷陈寒徐	阳平 35	阳平 24	阳平 24	阳平 21	阳平 224	阳平 24	阳平 24
	次浊	鹅人麻云							
古上声	清	古丑短碗	上声 42	上声 42	上声 42	上声 42	上声 41	上声 55	上声 42
	次浊	五老梁网							
		倕暖买有	阴平 21	阴平 33	阴平 33	阴平 33	阴平 33	阴平 21	阴平 44
	全浊	近柱淡坐							
		薄道罪厦							
古去声	全浊	共阵备害	阳去 33	阳去 21	阳去 21	去声 53	上声 41	上声 55	上声 42
	次浊	让漏望用							
	清	盖抗汉爱	阴去 53	阴去 54	阴去 54		去声 55	去声 33	去声 55

续表

分化条件			童坊	馆前	城关	河田	涂坊	濯田	古城
古入声	清	急曲割福	阳平 35	阳平 24	阳平 24	阴入 22	阴入 2	阴入 5	阴入 2
	次浊	蜡袜六约							
		入月麦药	阳去 33	阳去 21	阳去 21	阳入 55	阳入 5	阳入 2	阳入 5
	全浊	罚局舌服							
总　计		调类	5	5	5	6	6	6	6
		分片	北片话			南片话			

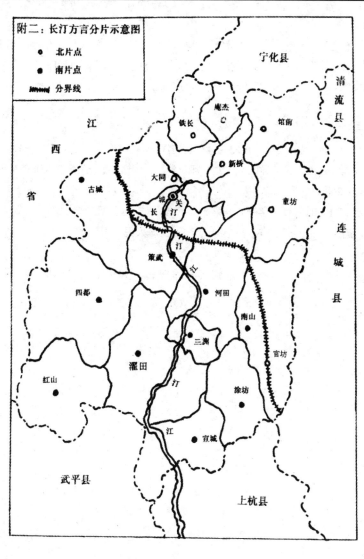

附二：长汀方言分片示意图

附　注

① 1985 年以来，长汀县地方志办公室曹培基、周辉、黎治行先生等提供了主要乡镇的语音磁带。1988 年 9 月笔者回到长汀参加了长汀方言志（稿）审稿研讨会，在此期间县方志办组织包括笔者在内的策武乡语音的调查。多年来，笔者得到家乡师友的诸多赐教和宝贵材料的支持，获益良多，谨此致谢。并向协助工作的发音人涂虹英、童天天等致谢！

② 长汀话语音系统连读变调等详细情况，请参阅笔者《福建长汀（客家）方言的连读变调》一文，《中国语文》1987 年第 3 期。

③ 参看笔者《修饰成分后见小集》一文，《徐州师范学院学报》（哲社版）1989 年第 3 期。

④ 参看笔者《长汀方言表"得到"和表"给予"的"得"》（见《中国语文研究四十年纪念文集》，北京语言学院出版社 1993 年版），和《长汀话表可能的"V 得"组合》（《中国语言学报》第六期，商务印书馆 1995 年版）。

参考文献

福建省汉语方言概况编写组　1962　《福建省汉语方言概况》（讨论稿），福建。

李如龙　《长汀县内方言的异同》，《龙岩师专学报》（社科版）音韵方言研究专刊，1986年 4 卷 2 期。

吴　泽主编　1990　《客家学研究》第 2 辑，上海人民出版社。

周振鹤　游汝杰　1986　《方言与中国文化》，上海人民出版社。

（原载《客家纵横》增刊，1994 年，福建龙岩）

议议客家方言语音、语法的关系

多层次相互关联的结构系统。从组成看，大致可以说由语音、语汇、语法三方面构造而成。从分析手段上看，可以侧重语音方面考察，也可以侧重语汇、语法方面考察。不论侧重哪一方面考察，都是为了研究的方便，为了工作做得更细致、深入，都应该照顾到三方面关联的性质。

客家方言是汉语在南方的一支地域方言。当侧重方言语音方面研究时，经常会遇到音素、语素、词等语汇、语法单位如何确定的问题。语素是音义结合的单位，一般是几个音素构成一个语素，有时候一个音素也能构成一个语素，如语气词"啊"[a]，语素大多数是一个音节，也有两个或更多音节的。语素、词的组合都有一定的层次和选择性。因此，如果侧重客家方言语音方面考察时，不管用的是什么研究方法，都不能只给对象记写一个音就了事，都必须注意与语汇、语法联系起来。恐怕唯有如此，才能准确地反映所讨论的对象，揭示它的客观规律。

本文通过长汀话、梅县话、增城话等客家方言几个具有普遍性的实例，分析、讨论语音与语汇、语法三者相互关系。

一　$_ɕx_ɕxx^ɔx^ɔ$式声调重叠构词

客家方言里有一种四音节$_ɕx_ɕxx^ɔx^ɔ$式状态形容词，它由声母、韵母相同而声调不同的前后（阳平调和去声调）成双重叠方言组成，以仿声拟态来表示人物活动的情状。

长汀话例子（字下加双线者为同音字或近音字）：

（1）大嫂一个人哈哈哈哈 [$_ɕha$ $_ɕha$ $ha^ɔ$ $ha^ɔ$] 笑到无停歇。

（2）册路皱皱皱皱 [$_ɕmeisɿ$ $_ɕmeisɿ$ $tsiəu^ɔ$ $tsiəu^ɔ$] 式过弯，汽车过唔得。

（3）行起路来佟佟佟佟[$_ɕtoŋ$ $_ɕtoŋ$ $toŋ^ɔ$ $toŋ^ɔ$]个样子，像木生个爹哩。

（4）在屋下絮絮絮絮 [$_ɕsi$ $_ɕsi$ $si^ɔ$ $si^ɔ$] 个做事。[1]

梅县话例子：

（5）每日食欸嘟嘟嘟嘟 [$_ɕtu$ $_ɕtu$ $tu^ɔ$ $tu^ɔ$]，十分得人畏。

（6）每长时口濑水径径径径［꜁kaŋ ꜁kaŋ kaŋ꜄ kaŋ꜄］。

例（1）（5）着重模拟人物的声音，“哈哈哈哈笑个不停”，说话“嘟嘟嘟嘟”说得让人怕；其余几例着重描写状态，例（2）意思是“山路曲里拐弯，汽车过不去”，例（4）是说“在家里像絮好一件棉衣又絮一件那样专心致志地劳作”。其实，所谓“拟声”往往不单纯模拟声音，也包含由声音所传达的一定状态。

从语音看，꜁x꜁xx꜄x꜄式状态形容词是以声调不同为条件，由阳调重叠在前、去声调重叠在后，前后两部分所构成。

从语音形式与意义结合起来看，这种状态形容词、后重叠部分x꜄x꜄似乎表现的意义比较明显，像是语义重心所在，而前重叠部分꜁x꜁x，似乎语义不明显，主要是起加深程度的作用。理由是：它们的本字往往难求，目前能找到的近义同音字大都好像比较贴近后重叠部分语素义。（饶秉才《兴宁客家话语音》一文，也曾举出有音无字的此类状态形容词的例子：［꜁tʂʻɔ ꜁tʂʻɔ tʂʻɔ꜄ tʂʻɔ꜄］形容大雨不断地下，水不断地往下流。②）像例（2）（4）的后重叠部分“皱皱”“絮絮”虽然未必是本字，但它们分别接近“弯弯曲曲”“专心致志”语素义，而前重叠部分“皱皱”［꜁tsiəɯ ꜁tsiəɯ］、“絮絮”［꜁si ꜁si］，目前还没能找到近义同音字，不得不也用念去声的“皱皱”“絮絮”来替代。如果认为不妥，恐怕只得用毫无语素义联系的同音字标示，比如，꜁逐꜁逐皱꜄皱꜄，꜁夕꜁夕絮꜄絮꜄，甚而至于只好用□标示，把字空着。

从能进入꜁x꜁xx꜄x꜄式状态形容词的语素成分的性质看，可以有象声语素，如（1）（5）的“哈哈哈哈”“嘟嘟嘟嘟”；有形语素，如（2）（3）的“皱皱皱皱”“伢伢伢伢”；有动语素，如（4）（6）的“絮絮絮絮”“径径径径”。

从꜁x꜁xx꜄x꜄式状态形容词整体语法功能看，在句中主要做述语，如（2）（6），做状语，如（1）（4），做定语，如（3）；一般不能前加程度修饰，如 *十分哈哈哈哈笑到无停歇。

꜁x꜁xx꜄x꜄式状态形容词与꜁x꜁xy꜄y꜄式状态形容词有所区别，比较：

（7）一锅头炮豆腐꜁浮꜁浮冇꜄冇꜄［꜁pʻɔ ꜁pʻɔ pʻaŋ꜄ pʻaŋ꜄］。

（8）教室里桌椅放得꜁平꜁平正꜄正꜄［꜁pʻiaŋ ꜁pʻiaŋ tʃaŋ꜄ tʃaŋ꜄］。

꜁x꜁xy꜄y꜄式前后重叠部分，不仅声调不同，而且或者韵母不同，如（7），或者声母韵母都不同，如（8）。

꜁x꜁xx꜄x꜄式状态形容词与꜁x꜁xy꜄y꜄式、꜁x꜁ly꜄l꜄式状态形容词也有所不同，比较：

（9）唔再搭你꜁分꜁分绊꜄绊꜄［꜁peŋ ꜁peŋ paŋ꜄ paŋ꜄］。

（10）屋外背甚西响噼里啪啦［꜁pʻi ꜁li pʻa꜄ la꜄］。

可见꜁x꜁xx꜄x꜄式状态形容词，它语音上声调成双重叠，语汇上是个表示拟音摹状意义的词，语法上是由一种特殊构词方式所构成，也许可以说，它是客家方言里构词上独具特色的一种状态形容词。

二　嵌［l-］叠韵的双音节词

客家方言有一种嵌［l-］叠韵的双音节词，它由前面一个有意义的语素音节与后面一个嵌［l-］的音节所构成，这个嵌［l-］音节的韵母和声调随同前语素音节。

长汀话例子：

（1）（芥菜）心<u>冷</u>［ˌseŋ ˌleŋ］｜（索粉）末<u>辣</u>［mai² lai²］｜（茶壶）耳<u>理</u>［ˊni ˊli］

（2）（一）盘<u>篮</u>［ˌpaŋ ˌlaŋ］｜（两）口<u>篓</u>［ˊhɵ ˊlɵ］｜（三）串<u>健</u>［tʃˈũ˺ lũ˺］

（3）花<u>拉</u>［ˌfa ˌla］（蛇）｜光<u>郎</u>［ˌkɔŋ ˌlɔŋ］（头）

石城话例子：

（4）包□［ˌpao ˌlao］｜壳□［kˈɔt˺ lɔt˺］｜棍□［kuɐn˺ luɐn˺］

（5）（三）把□［ˊpa ˊla］｜（两）串□［tsˈan˺ lan˺］｜（一）刀□［ˌtao ˌlao］

例（1）"（芥菜）心冷""（茶壶）耳理"，就是"（芥菜）心""（茶壶）耳"，它们后一个音节，声母都是［l-］，韵母和声调都随同前语素音节"心"［ˌeŋ］阴平和"耳"［ˊi］上声。扣一个音节往往只得寻求同音字标示，或用□标示。

这种嵌［l-］叠韵双音节所形成的单位，大多是名词、量词，如（1）（2）（4）（5），也有少数是形容词，如（3）"花拉（蛇）"的"花<u>拉</u>"，比较："花罗鸡""花嫲"。

这种双音节词的后一音节，似乎不表示什么语素义，因而学者初始很容易只把它看作单纯衬音音节；其实，它多半作为一个结构成分参与了该单位的组合，已经成为几乎不可或缺的一员，存在于话语语流里，进入了口语语汇库里了。人们说话时，如若没有了后边音节，就会感到不成话，不怎么顺当了。比如，人们常说"甘蔗屎<u>卢</u>头还食得""秆索繋在担竿头<u>楼</u>汗⊥"，口语里已经不怎么说"甘蔗屎头还食得""秆索繋在担竿头汗⊥"了。有的民间山歌也把它用上了，例如：

（6）十八哥哩你要想得开，唔敢想到心头一堆<u>累</u>［ˊtue ˊlue］；好比<u>丝</u>线打起同心结，日子多嘞两人解得开。④

此外，这种嵌［l-］叠韵构词方式，在一些四音节状态形容词里已广泛运用。

A［l–］X 哩式状态形容词，例如：

（7）白腊寡哩［pʻa꜅ la꜅ ꜂kua le］白寡寡儿个豆腐无好食。

（8）细妹子赤蜡孑哩［꜁tʃʻa ꜁la ꜁tʃie le］赤裸裸儿跑出来了。

X［l–］y［l–］式拟声词，例如：

（9）灶下里乒冷乓懒［꜀peŋ ꜀leŋ ꜀paŋ ꜀laŋ］做脉个？

（10）身汗上敌离豚攎［꜁ti ꜁li ꜁tu ꜁lu］好像有藜般哩。

梅县话例子：

（11）哔力伯沥［pit꜇ lit꜇ pak꜇ lak꜇］。

（12）哔力不捧［pit꜇ lit꜇ put꜇ lut꜇］。

可见，这种双音节词，语音上有个后附音节，语汇上是个有意义的可以自由运用的单位，语法上是用带有后附音节构词方式把前语素音节与后附嵌［l–］叠韵同调音节组合起来。至于这种构词方式的来源，还有待于进一步查考。

三　后缀“子”“哩”同助词“嘞”的区别

客家方言有些后缀或助词，它们韵母多半为［–e］，或声韵相同的［le］。这给学者在区分不同语法性质的语素或成分时，带来了一些困难。下面就其中三小类现象作些初步的分析和讨论。

（一）名词后缀

长汀话名词后缀“子”［꜂tsɿ］和“哩”［le］。

“子”念上声，“哩”念轻声。“哩”随前字调类的不同而变调值：50 或 20。以下轻声不标调类。例如：

（1）梅哩［꜁mue le］|扣哩［kʻəɯ꜄ le］|长哩［꜁tʃʻɔŋ le］|短命哩。

（2）狮子［꜀sɿ ꜂tsɿ］|锯子［tʃie꜄ ꜂tsɿ］|瘦子|短命子。

长汀话后缀“哩”和“子”都是名词的标志。有些带“哩”的组合也可以换成后附“子”，有些带“子”的组合，也可以换成后附“哩”，比如：长哩——长子，短命哩半世哩——短命子半世子。

但是，多数彼此不能换用，比如：“梅哩、扣哩、鸽哩”不能说成“梅子、扣子、鸽子”；“狮子、锯子、疯子”不能说成“狮哩、锯哩、疯哩”。

“哩”和“子”除了表示“名词标志”这一语法意义之外，似乎很难说清楚还有别的较概括的意义了。不过，后缀“子”，还给一部分附“子”名词带来了“细小”的附属意义，比如：“狗子、雨子、衫子”。

　　长汀话带后缀"哩"的组合，有些其后还可以再附"子"，并表示"细小"之义。比如：扣哩子、长哩子、鸟哩子。

　　长汀话的"哩"和"子"，恐怕可以看作不同形式而同质的名词后缀。不过，后缀"哩"口语意味多，后缀"子"书面语意味浓。二者所具有的不同色彩，似乎反映出它们是不同时期产生的不同层次的现象。当然，这些都需要进一步探讨、考察。

　　梅县话名词后缀"欸"[ˈɛ]，上声。例如：

　　（3）庵欸［ˌam ˈɛ］｜拭欸［tsˈut₂ ˈɛ］｜吵交欸［ˌtsˈau ˌkau ˈɛ］

　　（4）花欸［ˌfa ˈɛ］｜鸟欸［ˌtiau ˈɛ］

（二）"AXX 哩"状态形容词

　　客家方言有一种"AXX 哩"状态形容词，往往也要附后"哩"或"欸"。长汀话例子：

　　（1）白雪雪哩　　　冷冰冰哩　　　善奴奴哩

　　（2）静寂寂哩　　　厚敦敦哩　　　乱糟糟哩

　　（3）尖掾掾哩　　　重堕堕哩　　　圆滚滚哩

　　梅县话例子：

　　（4）乌黓黓欸　　　恶豺豺欸

　　（5）长邌邌欸　　　干燥燥欸

　　（6）暗摸摸欸　　　湿溚溚欸

　　以往一些名家语法著作，在分析普通话（或北京话）"AXX 的"状态形容词构成时，都把"XX"看作"后缀"，没注意"的"字之前还有没有"儿"（或"哩"）之类"后缀"成分，这恐怕是因袭前人而不加深究的观点，实不可信。

　　从长汀话来看，"AXX 哩"状态形容词一般是这样构成的：前面一个形容语不，与其后有语素义的名或形、动素等重叠成分组合，再附后缀"哩"。"XX"这个重叠成分比比喻等方式显露其与 A 相近的语素义，而在语法上作为加深程度的后修饰成分修饰前成分 A。比如"白雪雪哩""雪雪"修饰"白"的程度。这点可以从同义格式"XXA""XA"状态形容词的可以变换，得到证明。比较：

　　白雪雪哩—雪雪白—雪白（像"雪"那样"白"）

　　静寂寂哩—寂寂静—寂静（"寂"就是"静"）

　　尖掾掾哩—掾掾尖—掾尖（如同"（针）刺"一般"尖"）

　　整个"AXX 哩"组成描摹人物状态的一种状态形容词，后缀"哩"，一般是该有的。它们的组合层次是：（A+XX）+哩。

"AXX哩"状态形容词的语法功能，在句中主要做述语、定语，例如：

（7）大姊有一双白雪雪哩个手。

（8）整个厅下里静寂寂哩，无滴声气。

做定语时往往要带助词"个"（的），如（7），一般不说"有一双白雪雪哩手"。由此也可说明，"XX"重叠部分不是后缀，"哩"是后缀。"哩"在这里似乎相当于北京话的"儿"。

"XX"重叠成分多半只能记音，较难找到音义相当的汉字来标示。这或许主要是对这种状态形容词的构成问题，以往探讨得很不够，其次可能有一些重叠成分是宋元以后大量出现流行的，兴许与少数民族语言的相互交融有关，以至于双方音义交会夹杂在一起，汉字难于确定。而这些又同样是需要进一步考察的问题。

（三）表示动作完成和/或事态变化的"嘞""咧"/"欸"

客家方言表示动作完成和/或事态变化，大都用助词（或叫词尾、语尾）作标记。

长汀话表示动作完成用"嘞"［ɛle］阳平调，表示出现新情况和变化，用"咧"［le²］阳去调，都不念轻声。使用同音字标示，本字待考。⑥

（1）老师来嘞｜写成嘞一篇文章咧｜算盘收起来嘞

（2）老师（会）来咧｜写成嘞咧｜八角咧｜落雨咧

梅县话的例子：

（3）贼过欸闩门｜（大哥）好会打盘车，一连打欸十几个｜一场暴火雨，谷涿湿欸

（4）肚饥呀会死欸，有脉个食无？｜脚担唔起来欸｜头个月买个面粉打团欸｜十七八岁欸｜落雨欸

以上（一）（二）（三）三项里梅县话的例子，是笔者参照近几年来大陆出版的三部梅县话词典后分类列出的，希望不至于引录不当。⑦

其实，编著三部词典的学者们对上面三项梅县话带［ɛ］韵的单位的见解，并不一致。

有的学者直接用"子"来解释梅县话名词后缀［ɛ３］［ˈti］，都念上声。比如，赖子［lai³ɛ３］、摸目子［ɛmɔ muk³ ɛ３］，说"子"是名词的标志，但何时念［ɛ３］，何时念［ˈti］，没见指明。

有些学者则用"欸"来标示。指出"欸"［ɛ３］念上声，是词尾。（1）相当于"子"，如钉欸钉子｜兔欸兔子；（2）相当于"儿"，如鸟欸鸟儿｜花欸花儿。什么条件下相当于北京话的"子"，什么条件相当于"儿"，没见指明。

对于"AXX哩"状态形容词后缀［ɛ］，有的学者用"哩"标示，没见

指明念什么调。例如：

姊丈一家人都生得瘦伽伽哩［sɛu² kʻia² kʻia²］｜老弟生得高伽伽
［ᵪkau ᵪkʻia ᵪkʻia］打篮球有搞。

在例句里有时出现"哩"，有时又不出现"哩"。没见提到"AXX 哩"
内部是如何构成的。

有些学者虽然没有专门给"AXX 哩"状态形容词后缀"欸"单立词
条，却在一般例句中出现了后缀"欸"［ᵪɛ］，念阳平调。比如，暗摸摸欸
［am² ᵪmo ᵪmo ᵪɛ］。也没见提到"AXX 哩"内部是如何构成的。

至于动词体貌助词，有的学者用"哩"标示，记了两个读音［ᶜɛ］［ᶜlɛ］，
都念上声。而在"撇哩"词条下，则标注为［ᵪpʻɛt ᵪɛ］，"哩"念阳平调。把
"哩"解释为"了"，"动态助词，置于动词、形容词之后，表示动作已完成
或表示有了变化或将有变化，是所谓完成体"。比如"细人子大哩，负担也
减轻哩""落雨哩"。意思是"哩"相当于北京话的"了₁"和"了₂"，但是
没见加以区分，也没见指明何时念［ᶜɛ］，何时念［ᶜlɛ］。

有些学者说体貌助词"欸"［ᵪɛ］，念阳平调，相当于北京话的"了"，
注释为"语尾词"，比如，"个套西装放呀奈欸去欸"相当简单。

对于以上三项的［ɛ］，有的调查研究梅县话的学者，一律标为轻声的
［·e］，称作"儿"尾（随前字韵尾而变化）。即认为，梅县话名词后缀、"AXX
哩"状态形容词以及动词体貌助词都相当于北京话的"儿"尾。如，桃儿
［ᵪtau ve］、刨儿［ᵪpʻau ve］｜长尧尧儿：悠长、香喷喷儿形容香气扑鼻｜去儿
［hi ie］去了、转来儿［ᶜtson ᵪloi ie］回来了。并指明，表示动作已完成、表
示出现新情况的"儿"，当地常写作训读字"了"，在例句中直截了当用训读
字"了"。在词典里单立了词目"了"［e］，释为助词。

调查研究的对象相同，都是梅县话的三小类后缀或助词现象，而见解却
那么不一致，这恐怕主要反映了学者们对同一研究对象的各自思路和认识。
从这里，读者很自然地会引发出一些可以商讨的问题。下面仅提出三个问题
来一起探讨探讨。

1. 语音事实问题

梅县话名词后缀［ɛ］，或者也可念［ti］？是念上声［ᶜɛ］，还是念轻声
［e］？

说母语方言的学者要指出名词后缀何时还可以念［ti］，恐怕不会太难
吧！而一般学者面对一个非母语方言，要分辨轻声和非轻声，有时可能会有
些困难。不过，如果用相同或相近音节的字进行多次反复的比较，还是可以
分辨出来的。

2. 语法性质问题

轻声非轻声、元音高点儿低点儿等语音事实确定以后，还应该考察该单位处在什么位置，属于什么身份，它的组合能力。

对一个组合（包括对一个成分）的考察方式，一般是既要观察它的内部构成：A=X+Y，也要考察它的外部组合能力：W+A 和/或 A+Z。

假定梅县话有一种名词后缀，是念轻声的"欸"[e]，那么，它的内部构成是 X 欸=X+欸。它的分解式和事例有如下表：

	欸₁	欸₂	欸₃	欸ₙ
X₁（名素）	车欸	庵欸	花欸	
X₂（动素）	纽欸	煲欸	瞎眼欸	
X₃（形素）	老欸	精欸	咸欸	
X₄（数素）	四欸	十三欸		
Xn				

它的外部组合能力是：

前加数量词 S+X 欸：两只杯欸、一把刨欸。

后加名词（素）X 欸+M：钉欸款、撮欸贼。

能前加数量词，能前置于名词做定语，以及能在句中做主语或宾语（不能前加副词"不"），这些是"X 欸"的外部组合能力。

据此，"X 欸"这个组合韵，可判定为名词，"欸"的作用是使组成的单位成为名词，所以"欸"是名词的标志。

梅县话名词标志 [e]，究竟用哪个汉字（同音字）标示较为妥帖？这恐怕要联系它的历史来源等因素来考虑。目前，也许暂用与古日母、来母相近的同音字，比如有的学者采用的"哩"（或"欸"）标示，读者您以为如何？

梅县话"AXX 哩"状态形容词，它的构成以及语法性质，恐怕与长汀话相当接近；即后缀 [e] 假定念轻声，也是附着在形容语素和重叠成分语素组合之后的。它也是状态形容词的一种，在句中主要做述语、定语，做定语时要加"个"结构助词，例子见前。它的组合层次也是：（A+XX）+ [e] 即（瘦+伽伽）+哩。

这种状态形容词的后缀 [e]，是否相当于北京话的"儿"，似乎可以跟名词后缀 [e] 作类似的考虑。目前，也许也可暂用"哩"（或"欸"）来标示，梅县籍学者赖绍祥先生在《客方言重叠式构词法》一文中就用"哩"（冷飕飕哩、短墩墩哩）标示。⑧

　　梅县话表示动作完成等的体貌助词，似乎可以假定为［ₑe］念阳平调。例如：

　　（1）食［ₑe］｜食［ₑe］｜饭［ₑe］｜大［ₑe］｜大满［ₑe］

　　（2）来食［ₑe］｜会大满［ₑe］｜落雨［ₑe］｜十七八岁［ₑe］

　　从与助词［ₑe］组合的前成分看，有动词、形容词、动补结构、动宾结构、数量词以及前有"来""会"等的动词连用结构，［ₑe］是位于这些动词、形容词结构之后表示动作完成或事态变化的，正像有些学者指出的那样，从［ₑe］的分布来看，应该分为表示动作的完成、状态的变化和表示出现新的情况这两种语法意义。不过，就目前学者们所记录的语音材料看，梅县话表示动作完成和表示出现新情况的助词若只念一个音［ₑe］，要把两种情形加以区分开来，恐怕还要做一番细致的描写、分析工作。

　　从动词结构并非必带［ₑe］也可以表示动作完成这点来看，比如，"秋晡食面，今晡食饭"，梅县话这个体貌成分［ₑe］，似乎还没虚化成后缀（或词尾），不妨看作助词。

　　3. 参照点与自我的关系问题

　　为了读者和解释事例的需要，研究方言的学者往往要拿普通话（或北京话）或相关方言作为参照点进行比较解释。比如，说梅县话名词后缀"欸"［ₑɛ］，一部分相当于北京话的"子"，一部分相当于北京话的"儿"。不过，在使用参照点时，恐怕要严格分清参照点与方言自身二者之间是人与我的关系。我们说，某方言现象相当于"北京话"某现象，仅仅是解释上的比较，并不等于就是那种现象。（虽然有些现象因系属等相关，可能性质上相当一致。但仍然）你是你，我是我，彼此是不同的客体。梅县话自身应该有符合自身方言的描写、分析。

　　因此，梅县话名词后缀［e］或［ᶜɛ］，就其自身而言，语音上恐怕与"子"［tsʅ］相去较远，不像是后缀"子"，因为梅县话"子"念做［ᶜtsʅ］，除非有材料证明［e］或［ᶜɛ］是由［tsʅ］演化而来。从语音上看，也许与古日母、来母的演化即［l］声母有关，目前或可暂用"欸"或"哩"来标示。

　　"欸"（或"哩"）作为名词标志这个语法实质是肯定的，至于是否近似北京话的"儿"，恐怕还需要进一步考察。

　　梅县话动词体貌助词［ₑe］，恐怕与北京话的"动词+儿"不相当。就我们所知，北京话个别动词带"儿化"后，还是动词，不增添什么"动作完成"的意义。比如，"玩儿"［wanr］：玩儿堆雪人｜颐和园玩儿了一天。要明确表示动作的完成时，儿化动词之后还要带上助词"了"，像上例"玩儿了一天"。

　　北京话动词带"儿"的很少，陆志韦等著《汉语构词法》里只举了"玩儿、颠儿、楞儿（去声）"以及"眼儿、火儿"有限的几个例子。⑨

　　因此，梅县话动词体貌助词［$_\varepsilon$e］，不论表示动作完成，还是表示出现新的情况，似乎只相当于北京话的了$_1$和/或了$_2$。这个助词［$_\varepsilon$e］也不妨暂用"哩"来标示。

　　清朝时梅县山歌里也曾用"哩"标示，例如：

　　（1）端起碗公来食饭，想起阿妹又饱哩。

　　（2）滴滴惜惜嫩阿姨，好比笼中山画眉，一心都想寻你嬲，可惜笼门关紧哩。[⑩]

四　表"刚然"的"啊"［a］

　　客家方言有一种表示动作"才刚"经历的"啊"［a］，它位于动词之后结果补语之前，之后再同"就＋动"组成前后两个动作行为紧密承接的复句格式：

　　动＋"啊（吖）"＋动$_{结}$，"就"＋动

　　它相当于北京的"'一'X，'就'Y"格式。

　　长汀话例子：

　　（1）信写啊吖成，就邮走。

　　（2）寻啊倒戒指，就送转来嘞。

　　"啊"［a］念低轻声 20。实际声韵音值随着前字动词的韵尾变化为：［ia］或［ha］［ʃa］［ŋa］。"吖"也是同音字，念［ta］轻声20。"啊""吖"两个本字待考。

　　"啊吖"是表示动作行为"才刚"经历不久的意义。例（1）"写啊吖成，就邮走"是说"才刚写成，就邮走"，"一写成、就邮走"。"啊吖"是表示动作"才刚"经历的助词性或后附加成分，它必须处于动词和结果补语之间。"吖"字意思很虚灵，像是衬音字，没有它，也往往成话，特别是补语为双音节词语时，"打"简直有点儿多余了。比较：

　　（3）a. 抱啊（打）入去，就睡着嘞。

　　　　　b. 抱啊入去，就睡着嘞。

　　带"啊"这种格式，长汀话里还可以说成同义成分在动词前后"重出"的格式：

　　"一"＋（动＋"啊"＋动$_{结}$），"就"＋动　　例如：

　　（4）（信）一写啊吖成，就邮走。

　　（5）一抱啊入去，就睡着嘞。[⑪]

　　梅县话的例子：

　　（6）听呀倒阿叔转来欵，佢就飞趱。

（7）好信神，过呀撖年，就去灵光寺许福。

客家话这个表"刚然"的"啊"，语音上念 [a] 或 [ia]，语汇上是个助词或后附成分，语法上可以说是在紧缩复句中用于前分句动词之后表"刚然"意义的体貌助词。

以上讨论到的事例，第一、二、三项主要是语音、语词的关联，偏重于词法的问题，第四项主要是语音、语词、句法结构的关联，偏重于句法的问题。而总起来看，都在试图阐释客家方言是个相关联的结构系统，语音、语汇、语法三者是那么密切地联系在一起。

上面记写的一些现象以及由它引出的观察和意见，是笔者近些年来在捧读有关学者客家方言论著与习研客家方言工作中偶得的粗浅感受。这次简略地整理出来，用意在于：期望咱们客家方言研究工作能进入一个较为深广的层面。

本文在叙述、分析中，可能存在不够全面、不甚妥当的地方，敬请批评指正。

附　注

① 本节用例参考了笔者同乡学长黎治行先生 1993 年搜集的有关素材。谨此致谢。

② 见《客家纵横》1994 年增刊。闽西客家学研究会，1994 年 12 月，福建龙岩。

③ 见朱祖振《石城方言的几个语法特点》一文，载《客家纵横》1994 年增刊。

④ 见《中国歌谣集成·福建卷，长汀分卷》第 154 页。长汀县民间文学集成编委会，1991 年版。

⑤ 见林立芳《梅县话的一种生动形容词》一文，载《客家纵横》1994 年增刊。

⑥ 详见饶长溶《长汀方言助词"嘞"和"咧"》一文，《语文研究》1996 年第 2 期。

⑦ 谢栋元：《客家话北方话对照辞典》，辽宁大学出版社 1994 年版。

张维耿主编，赖江基副主编，张维耿、赖江基、林立芳、林运来编写：《客家话词典》，广东人民出版社 1995 年版。

黄雪贞编纂：《梅县方言词典》，江苏教育出版社 1995 年版。

⑧ 见《嘉应大学学报》（社科版）1993 年第 3 期。

⑨ 陆志韦等：《汉语的构词法》第 32 页，科学出版社 1957 年版。

⑩ 见凌乔文《梅县客家山歌渊源及其风格》一文，载《新加坡南洋客属总会六十周年纪念特刊》。

⑪ 详见饶长溶《修饰成分后见小集》一文，《徐州师范学院学报》（社科版）1989 年第 3 期。

参考文献

吕叔湘　1979　《汉语语法分析问题》，商务印书馆。

吕叔湘主编　1980　《现代汉语八百词》，商务印书馆。

叶蜚声　徐通锵　1981　《语言学纲要》，北京大学出版社。

赵元任著　吕叔湘译　1979　《汉语口语语法》，商务印书馆。

朱德熙　1982　《语法讲义》，商务印书馆。

（原载《客家方言研究——第二届客方言研讨会论文集》，
暨南大学出版社 1998 年版，广州）

福建长汀（客家）方言的连读变调

　　长汀县位于福建省西部，北连宁化县，东接连城县，南邻上杭县，西南与武平县接壤，西北跟江西省瑞金县、石城县交界。全县面积 3 099 平方公里，总人口 38.5 万多人。除少数畲族外，绝大部分人说的是长汀客家话。

　　长汀话跟宁化、清流、明溪（旧归化）、连城、上杭、武平、永定各县的话，类属客家方言，或称为闽西客家方言。长汀，又名汀州，是明清两代管辖上述八县的汀州府治所。长汀地处闽西山区南北两片的中心。长汀话往北可以跟宁化、清流、明溪话交谈，往南能够同上杭，武平、永定通话（只有连城话语音距离较大，通话有一定的困难），加上交通、商业等其他方面的原因，长汀话一般被当作闽西客家方言的代表点。

　　本文采用中国社会科学院语言研究所《方言调查字表》（修订本），记的是长汀城关话（以下简称长汀话），主要是笔者自己的话。

　　本文讨论长汀话的连读变调，限于一般的两字组和三字组，不包括含有后附成夫妇（如轻声"哩"）等构成的组合。

　　为了称说方便，调类有时用代号。1、2、3、4、5、6 分别代表阴平、阳平、阴上、阴去、阳去。长汀话单字没有阳上调，古全浊声母上声字大部分今读阳去，小部分今读阴平；古次浊上声字，今读阴上，也有小部分今读阴平。本文把"4"的位置空出来，是为了便于与有关方言比较。

　　有的调类变调后的调值和某调类原字调相同，行文时就说变调同某单字调。

　　连读变调组合有时简称变调组，与之相对的不变调组合称为不变调组。

1. 长汀话的声韵调

1.1　长汀话声母有 23 个，包括零声母在内。

p	包布髪	pʻ	泡步符	m	毛门尾			f	夫呼胡	v	雾窝横
t	刀带凉	tʻ	滔太道	n	难议耳	l	路良锐				
ts	租捉焦	tsʻ	初镯俏					s	丝梳消		
tʃ	专猪章	tʃʻ	川除杖					ʃ	声船食		
tɕ	举计见	tɕʻ	欺求件					ç	希晓贤		
k	姑阶怪	kʻ	枯楷跪	ŋ	牙鱼岸			h	好后孝	ø	鸭妖容

长汀话〔tʃ tʃʻ ʃ〕只拼开口、合口韵，〔tɕ tɕʻ ɕ〕只拼齐齿韵，二者不构成对立。有些同志只用了舌叶音一组标音，不过作了附加说明：在齐齿呼前时，"舌叶中间凹下的部分上升，舌尖放下抵在下齿龈，因而带有普通话舌面音的音色"①。为了接近语音实际，为了便于当地人理解和学习普通话，我们分别使用了舌叶音和舌面音来描写。至于有关字音如何分析解释的问题，可以另文讨论。

古全浊塞音塞擦音，长汀话今多读送气清音，但也有少数（约 40 个字）念不送气清音，如：借借故 tsia²　聚 tsi²　载 tsai²　毙 pi²　倍 pe²　痔 tʃʅ²。

古晓、匣合口字，大多数今读 f，但也有少数（约 35 个字），今不读 f，而读 h、ɕ 等，如：和 ₅ho　灰 ₅hue　欢 ₅hŋ　靴 ₅ɕio　勋 ₅ɕieŋ　蓄 ₅tɕʻiəu。

古来母三四等字，有少数今读 t，如：驴 ₅ti　狸 ₅ti　李 ⁰ti　六 tⁱəu²
龙 ₅toŋ　帘 ₅tiẽ　绿 təɯ²。

1.2　长汀话韵母有 31 个，包括〔ŋ〕辅音自成音节在内。

ʅ 资字	a 巴遮达	e 杯伟得	o 波多各	ɔ 保交超	ai 戴斋辣	əɯ 某抽录	
ɿ 痴诗							
i 皮女必	ia 斜借迹	ie 街接叶	io 爵脚药	ɔi 飘椒浇		iəɯ 酒九优	
u 普著副	ua 瓜瓦括	ue 赔怪灰					ui 桂鬼跪
aŋ 担单丹	eŋ 侵春层	ɔŋ 帮装江	oŋ 东风钟		ŋ 安五寒		
iaŋ 惊请营	ieŋ 今均景	iɔŋ 枪香央	ioŋ 穷雄容				iẽ 尖权渊
uaŋ 关竿罐	ueŋ 棍坤困		ũ 端馆串				

ʅ 出现于 ts 组之后，是典型的舌尖元音ʅ。ɿ 出现于 tʃ 组之后，实际音值接近于舌尖后元音 ʅ，如迟 ₅tʃʅ 时 ₅ʃʅ。

əɯ、iəɯ韵，尾韵是个弱化韵，舌位没有标准元音ɯ那么高，大体相当于标准元音ɤ的位置，这里记的是收音的趋势。有些同志标为ɤɯ、iɤɯ。②

ŋ 有时也念成m，不区别意义。如，唔要 ₅m̩ niɔ²。

长汀话元音大部分比标准元音低、松；圆唇元音不如标准元音那么圆。鼻尾韵的元音似乎正处于鼻化变动中，特别是oŋ、iɔŋ、aŋ、iaŋ的ɔ、a 有时带着较明显的鼻化。

1.3　长汀话字调 5 个，轻声在外。

阴平 ˧ 33　　高专低开抽边三婚飞暖买有近厚柱坐
阳平 ˨˦ 24　　穷陈才平徐扶鹅麻云急割袜笠拔夺寂
阴上 ˦˨ 42　　古展纸短比碗口丑楚草体普好五老网
阴去 ˥˦ 54　　盖帐正醉对变爱抗唱菜怕汉世放岸怒
阳去 ˨˩ 21　　共阵助病害谢罪夏让望用月入读白局

阴去单字调实际音值接近〔˥˧〕53。有的同志把阴去单字调定为高平调

［⌐］55，而把阴去阴平组合看作连读变调组，把阴平之前的阴去定为变调，调值为高降调［⌐］53。[③]这点可以讨论。

不妨先比较一下都是降调的阴上（中降）、阳去（低降）的单字调。例如：

	tɕʰɔ	ʃa	foŋ
阴上 ↘42	讨	捨	讽
阴去 ↗54	套	舍	烘
阳去 ↘21	盗	射	奉

套、舍、烘，应属降调，不念高平调。此外，阴去读［⌐］54还可以从含有阴去字的顺序颠倒了的两字组比较中得到证明（参考后面变调部分）。例如：

阴平阴去［⊣⌐］
　青翠 tsʰiaŋ tsʰi　　三岁 saŋ se　　新菜 seŋ tsʰue
阴去阴平［⌐⊣］
　翠青 tsʰi tsʰiaŋ　　细生 se saŋ　　菜心 tsʰue seŋ
阳平阴去［⊣⌐］
　六块 tɯu kʰue　　红布 foŋ pu　　急救 tɕi tɕiɐu
阴去阳平［⌐⊣］
　块六 kʰue tɯu　　布红 pu foŋ　　救急 tɕiɐu tɕi

以上是长汀话的实际念法，它们都是不变调组合。可见，阴去单字调应为高降调［⌐］54，而不是高平调［⊣］55。

2. 两字组的变调

2.1　长汀话有5个单字调，两字连调共有（5×5）25个组合。有13个连读变调组，其余为不变调组。见下表：

后字 前字	1 阴平 ⊣33	2 阳平 ↗24	3 阴上 ↘42	5 阴去 ⌐54	6 阳去 ↘21
1 阴平 ⊣		↘⊣ 东门			↘↘ 多事
2 阳平 ⊣	↗⊣ 人工				↗↓ 还愿
3 阴上 ↘	↘⊣ 起风	↘⊣ 伞骨	⊢↘ 酒饼		↘↓ 手段
5 阴去 ⌐			⌐↘ 碓米	⌐⌐ 芥菜	
6 阳去 ↓	↗⊣ 寿星		↗↘ 糯米	↗⌐ 独唱	

2.2　13个变调组可以分为两类。

A. 8个组变调的调值跟单字调相同，8个变调组都有相应的本调组（调值排列）。

a. 前字的变调同阳去单字调。例如：

12〔⊣ㄥ ⌐〕:62〔⌐ ⌐〕　　　枪油：像油 tsʻiɔŋ iəɯ

32〔ㄥㄥ ⌐〕:　　　　　　　抢油：

16〔⊣ㄥ ⌐〕:66〔⌐ ⌐〕　　　花轿：画轿 fa tɕʻiɔ

b. 前字的变调同阴平单字调。例如：

61〔⊣ㄥ ⌐〕:11〔⌐ ⌐〕　　　定书：听书 tʻeŋ ʃu

33〔ㄥㄥ ㄥ〕:13〔⌐ ㄥ〕　　　守欵：收款 ʃəɯ kʻũ

63〔⊣ㄥ ㄥ〕:　　　　　　　受欵：

c. 后字的变调同阴上单字调的（36 组合是前后字变调组，后字变调同阴上单字调，也附此：〔ㄥㄥ ㄥㄥ〕洗白）。如：

26〔⊣ ⊣ㄥ〕:23〔⊣ ㄥ〕　　　铜号：铜好 tʻɔŋ hɔ

B.5 个组变调的调值为原单字调所无的新调值，共有 3 个：〔⊢〕44、〔⌐〕213、〔⌐〕55。

a. 阳平阴平变调组（21），前字变为中高平调〔⊢〕44。例如：长生〔⌐ ⊢ ⌐〕。这个中高平变调值，高于阴平单字调的中平调值，低于阴去的高平变调值 55（详下）。试比较：

21〔⊣⊢ ⌐〕夺钩:11〔⌐ ⌐〕多钩:55〔⊤ ⌐〕捣够 to kəɯ

21 组合也不同于 51 组合。比较：

21〔⊣⊢ ⌐〕夺钩:51〔⊢ ⌐〕捣钩 to kəɯ

b. 阴上阴平变调组（31）和阴上阳去变调组（36），前字变为低降升调〔⌐〕213。例如：起风〔ㄥㄥ ⌐〕，手段〔ㄥㄥ ⌐〕。我们认为，这个变调是个拐弯的调值 213，它既不是低降的阳去单字调 21，也不同于上扬的阳平单字调 24。说本地话的人是不难分辨的。试比较下面的例子：

36〔ㄥㄥ ㄥㄥ〕≠26〔⊣ ㄥㄥ〕洗白≠雪白 sepʻa

　　　　　　　改坏≠割坏 kuefai

　　　　　　　五盒≠唔学 ŋ̩ ho

　　　　　　　讨饭≠淘饭 tʻɔpʻũ

c. 阴去阴上变调组（53），前字变为高平调〔⌐〕55，阴去阴去变调组（55）前后字都变为高平调。例如：碓米〔⊤ ㄥ〕、背带〔⊤ ⊤〕。这个高平调不同于中平调 33、中高平调 44，前面已经论述。这里再举些例子：

55〔⊤ ⊤〕≠21〔⊣⊢ ⌐〕做价≠作家 tsoka

　　　　　　　唱戏≠长墟 tʃʻɔŋɕi

53 变调组的前字变为高平调，是比较明显的，这也可以跟前字为阴去的不变调组比较出来。例如：

53［╫ ╲］送水≠51［┤ ┤］送书≠52［┤ ╵］送薯≠56［┐ ╵］送树 soŋʃu

2.3 13个变调组的变调，从内部构造看，主要不是受语法结构所制约，例如：

12［╫ ┤］ 工农 争夺（联合） 花园 封条（偏正） 披麻 添人（动宾） 天晴（主谓） 吹凉（动补）

22［┤ ┤］ 时节 糊涂（联合） 莲蓬 长龙（偏正） 避邪 发霉（动宾） 竹缺（主谓） 摘得（动补）

36［╲ ╱］ 忤逆 锁链（联合） 紧话 好大（偏正） 检漏 讨食（动宾） 火旺（主谓） 洗净（动补）

影响组合内调值变化的，是前字或（和）后字调类实际音值的牵制力。比如，阴平作为前字跟阳平或阳去组合，调值则变为 21：［╫ ┤］［╫ ╲］；而阴平作为前字跟阴平、阴上或阴去组合，则不发生变化。这说明遇到阳平或阳去这两个调是阴平改变调值的条件。这类后字制约前字变调的组合，占大多数。又比如，阳去作为后字跟阳平组合，则变为 42：［┤ ╲］，而阳去作为后字跟阴去组合，则不发生变化。这是前字使后字改变调值的条件。这类前字制约后字变调的只有 1 个组合。此外，还有前后互为条件都发生变化的两个组合（36、55）。不论后字制约前字，前字制约后字，或者前后字互相制约，都是声调环境的限制。它是长汀话两字组连读变调的主要因素。

2.4 变调两字组举例。

举例时按第一字为阴平、阳平、阴上、阴去、阳去的次序排列，调类用代号表示，标明调值。每组各举 3 个例子，例字只记声韵，不再标调。需要注释的例子在右下角用阿拉伯数字标明顺序。

12［╫ ┤］	杉木 samu	咬牙 ŋaŋa	鲜红 sieɸoŋ
16［╫ ╵］	风帽 foŋmɔ	屙尿 o niɔ	光净 kɔŋts'iaŋ
21［╫ ┤］	禾仓 vots'ɔŋ	劁鸡 1 tʃ'tɕie	行开 2 haŋhue
26［┤ ╱］	南段 naŋt'ü	寂静 tsits'eŋ	随便 sep'ie
31［╲ ┤］	米糠 mihɔŋ	打霜 tasɔŋ	死重 3 sitʃoŋ
32［╲ ┤］	左侧 tsotse	抢劫 ts'iɔŋtɕie	保得 pɔte
33［╫ ┤］	土娌 t'upiɔ	揽紧 laŋɕieŋ	选举 sietɕi
36［╲ ╱］	手镯 ʃumɛ'o	捡拾 4 tɕieʃ	老蓇 lɔts'ia
53［╫ ╲］	案板 ŋpie	诈死 tsasi	快跑 k'uep'ɔ
55［╫ ╫］	布碎 puse	送殡 soŋpeŋ	过去 kohe
61［╫ ┤］	大间 5 t'aitɕie	累你 leni	后生 6 həwsaŋ
63［╫ ╲］	贼牯 ts'eku	糯米 t'emi	跪倒 k'uitɔ

65 ［˧˦ ˥］　　　力气 tiȶi　　　　　食素 ʃ˨su　　　　　会笑 vuesiɔ

2.4　不变调两字组举例。

11 ［˦ ˦］　　　番邦 faŋpaŋ　　　　邀伴 lɔp'aŋ　　　　收就7 ʃfuts'iəɯ

13 ［˦ ˨］　　　飞鸟 petiɔ　　　　烧水 ʃuʃu　　　　　偷走 t'əutsəɯ

15 ［˦ ˥］　　　边塞 piẽsai　　　　开岔 huets'a　　　　三岁 saŋse

22 ［˨ ˨］　　　皮头8 p'it'əɯ　　　犁田 let'iẽ　　　　唔作9 ŋtso

23 ［˨ ˨］　　　明笋 meŋseŋ　　　　擎伞 tȶiaŋsaŋ　　　扶稳 p'uveŋ

25 ［˨ ˥］　　　邻居10 teŋʃa　　　割菜 kuets'ue　　　平正 p'iaŋtʃaŋ

35 ［˥ ˥］　　　纽襻 nəɯp'aŋ　　　音支气 t'əuȶi　　　讨厌 t'ɔiẽ

51 ［˥ ˦］　　　线鸡11 siẽtȶie　　放生 piɔŋsaŋ　　　烘燥 foŋtsɔ

52 ［˥ ˨］　　　粪寮 peŋliɔ　　　　破财 p'ots'ue　　　做作 tsotso

56 ［˥ ˨］　　　细面 semiẽ　　　　做地12 tsot'i　　　快乐 k'uelo

62 ［˨ ˨］　　　雁鹅13 ŋaŋŋo　　睡目14 ʃuemu　　　静适 ts'eŋʃ

66 ［˨ ˨］　　　漏勺 ləɯʃo　　　　落雹 lop'o　　　　受罚 ʃəufai

两字组用例注释：

1. 劁鸡：宰鸡。2. 行开：走开。3. 死重：太重，重得很。4. 捡拾：收拾。5. 大间：大房间。6. 后生：年轻。7. 收就：收拾、整理。8. 皮头：表面、面上。9. 唔作：不时兴。10. 邻舍：邻居。11. 线鸡：阉过的公鸡，有别于没阉过的骚鸡。12. 做地：做坟墓。13. 雁鹅：大雁。14. 睡目：睡觉。

3. 三字组的变调

3.1　长汀话三字组连读变调，也是受声调环境的制约。它是以两字组（变调的和不变调的）为基本单位，用前后两个二字组重合起来的方式组成的，也就是说，三字组 ABC 是由 AB 和 BC 重合而成的。例如：

133 新酒饼 ［˦ ˥˦ ˨］　→　13 ［˦ ˥］+33 ［˥˦ ˨］

三字组共有（5×5×5）125 个组合，其中有 94 个变调组，这些变调组可以分为两种类型。

3.2　甲类变调组。指 ABC 由两个二字组 AB 和 BC 按一般两字组变调规则重合成的变调组合。

从理论上讲，AB 和 BC 重合成 ABC，重合点在 B 上，B 的调值由 AB、BC 两个组合的哪一个来确定，有三种可能。（1）B 由 BC 定调值；（2）B 由 AB 定调值；（3）BC 的 B 跟 AB 的 B 冲突，争夺定调值。实际情形是，长汀话变调的和不变调的两字组，都可以分别进入 AB 和 BC 的位置上。不过，只有二者都是变调组时才可能在重合点上发生冲突。长汀话 13 个变调的两字组，10 个组是前字变调，只有 3 个组是前后字变调（36 组合、55 组合）或后字变调（26 组合）。因此，B 由 AB 定调值的情形是少数，大多数是 B 由 BC 定调值。而当 AB 的 B 跟 BC 的 B 互相冲突争雄时，BC 的 B 往往占优势。这是后字决定前字变调的声调环境制约力占了优势的缘故。以上三种情形各举一例如下：

（1）131 鸡屎堆 ［┤╲ ┤］　　　← 13 ［┤╱］+31 ［╲┤］

（2）266 鸭蛋白 ［┤ ╲ ┘］　　　← 26 ［┤ ╲╱］+66 ［┘］

（3）365 好大片 ［╲ ╱ ┤］　　　← 36 ［╲ ╱╲］+65 ［╱ ┤］

因此，甲类变调组推导方法是：ABC 的 A，取 AB 的 A 定调值；ABC 的 C，取 BC 的 C 定调值；而重合点 B 的推导规则有三条：

（1）如 AB 的 B 不变调，则 B 由 BC 定调值；（2）如 AB 的 B 变调，BC 的 B 不变调，则 B 由 AB 定调值；（3）如 AB 的 B 和 BC 的 B 都变调，则 B 由占优势的 BC 定调值。

3.3　乙类变调组。指由两个二字组 AB 和 BC 组成的 ABC，不是按一般两字组变调规则重合成的变调组合。

乙类变调组推导的步骤是：1. 先看 BC，BC 按两字组规律变调，重合点 B 的调由 BC 决定；2. 再看 AB（B 的调值已定），A 的调值全由 BC 制约。[④]

这一类实际包括 12、16、61、63、65 以及 31、32、33、36 组合充当 BC 时的三字组。内中又可分为 4 种情形：

（1）BC 为 12、16 组合，AB 为 11 和 61 组合时，不论 AB 的 A 原字调如何，一律为 ［┘］21。例如：

112 春天发 ［┙ ╡ ┤］← 11 ［┤ ┤］+12 ［╡ ┤］

616 白多谢 ［┘ ┙ ┙］← 61 ［┙┤］+16 ［┤ ┙］

（2）BC 为 61、63、65 组合，AB 为 16、66 组合时，不论 AB 的 A 原字调如何，一律为 ［┤］33。例如：

161 加夜班 ［┤ ┙ ┤］← 16 ［┤ ┙］+61 ［┙ ┤］

663 赖二嫂 ［┙ ┤ ╲］← 66 ［┘ ┘］+63 ［┙ ╲］

（3）BC 为 61、63、65 组合，AB 为 26 组合时，AB 的 A，一律变为 ［┠］44。例如：

261 芍药花 ［┨ ┙ ┤］← 26 ［┤ ╲╱］+61 ［┙ ┤］

265 割白菜 ［┨ ┙ ┤］← 26 ［┤ ╲╱］+65 ［╱ ┤］

（4）BC 为 31、32、33、36 组合，AB 为 53 组合时，AB 的 A 一律为 ［┑］54。例如：

531 算纸张 ［┑ ╲ ┤］← 53 ［╨ ╲］+31 ［╲ ┤］

532 做五七 ［┑ ╲ ┤］← 53 ［╨ ╲］+32 ［╲ ┤］

3.4　变调三字组举例

3.4.1　甲类变调

（1）AB 的 B 不变调，B 由 BC 定调值。

a. 122 ［╢ ┤ ┤］　　青竹蛇 tsʻiaŋ tʃu ʃa　　　　坐圆桌 tsʻo viẽ tso

123 ［╢ ┤ ┤］　　听唔到 tʻeŋ ŋ̍ tɔ　　　　　三只手 saŋ tʃa ʃɔɯ

125 ［╢ ┘ ┤］　　包罗帕 pɔ lo pʻa　　　　　被试细 pʻi tʻe se

162 ［╢ ┘ ┘］　　高柜台 kɔ kʻui tʻai　　　　开大门 hue tʻai meŋ

166 ［╢ ┘ ┘］　　鸡蛋白 tɕie tʻaŋ pʻa　　　1 siẽ sa ʃu 先煤熟

211 ［╟ ┤ ┤］　　一菀花 i təɯ fa　　　　　2 siẽ tɕie mɔ 掃鸡毛

213 ［╟ ┤ ┤］　　黄蜂薮 vɔŋ foŋ sœu　　　唔知想 ŋ̍ ti siɔŋ

215 ［╟ ┘ ┤］　　油罂把 3 iəɯ aŋ pa　　　陪倕去 pʻe ŋai he

311 ［╲ ┤ ┤］　　走马灯 tsəɯ ma teŋ　　　讨新妇 tʻɔ seŋ pe

313 ［╲ ┤ ┤］　　几多点 tɕi to tiẽ　　　　比你矮 pi ni ai

315 ［╲ ┘ ┤］　　纸张店 tʃ̩ tʃɔŋ tiẽ　　　总先唱 tsoŋ siẽ tʃʻɔŋ

322 ［╲ ┤ ┤］　　九条斥皮 4 tɕiəɯ tʻiɔ tsʻa　　补门帘 pu meŋ tiẽ

323 ［ ㄴ ┤ ┘］　　火媒纸 5 fo mue tʃ̩　　　早爬起 tsɔ pʻa ɕi

325 ［╲ ┤ ┤］　　等郎妹 teŋ lɔŋ mue　　　子弹带 tsṳ tʻaŋ tai

335 ［╫ ㄣ ┤］　　耳朵窿 6 ni tɔ lɔŋ　　　洗手帕 se ʃœu pʻa

611 ［╟ ┤ ┤］　　二舅娌 ni tɕʻiəɯ me　　腊猪肝 la tʃu kṳ

613 ［╟ ┤ ┤］　　大猪爪 tʻai tʃu tsɔ　　　十分好 ʃṳ feŋ hɔ

615 ［╟ ┘ ┤］　　十三妹 ʃ̩ saŋ mue　　　　学开店 ho hue tiẽ

635 ［╟ ┤ ┤］　　话两句 va tiɔŋ tɕi　　　烂韭菜 laŋ tɕiəɯ tsʻue

651 ［╟ ㄱ ┤］　　后扇岭 7 hœu ɕiẽ tiaŋ　会做衫 vue tso saŋ

652 ［╟ ㄱ ┤］　　漏奶嫲 8 ləɯ neŋ ma　　石燕岩 ʃṳ iẽ ŋaŋ

656 ［╟ ㄱ ┘］　　烂菜叶 laŋ tsʻue ie　　　食素饭 ʃṳ su pʻũ

b. 131 ［┤ ╲ ┤］　　天井山 tʻiẽ tsiaŋ saŋ　　车水车 tʃʻa ʃu tʃʻa

132 ［┤ ╲ ┤］　　馊米茶 səɯ mi tsʻa　　　拿火熬 na fo ŋɔ

133 ［┤ ╫ ┘］　　猪牯卵 9 tʃu ku lũ　　　真可以 tʃeŋ kʻo i

153 ［┤ ╥ ┘］　　多锯板 to tɕie piẽ　　　甘蔗少 kũ tʃa ʃɔ

221 ［╟ ╟ ┤］　　头一声 tʻəɯ i faŋ　　　习习冷 10 si si leŋ

231 ［╟ ╲ ┤］　　胰子泡 i tsṳ pʻɔ　　　　唔肯扛 ŋ̍ heŋ kɔŋ

232 ［╟ ╲ ┘］　　借斗笠 tsa təɯ　　　　蓄起来 tɕʻiəɯ ɕi lai

233 ［╟ ╫ ┘］　　甜酒饼 tʻiẽ tsiəɯ piaŋ　摇摆手 iɔ pai ʃœu

253 ［╟ ╥ ┘］　　接债鬼 tsie tsa kui　　　无要紧 mɔ iɔ tɕieŋ

353 ［ㄣ ╥ ┘］　　倒粪草 11 tɔ peŋ tsʻɔ　研究所 niẽ tɕiəɯ su

512 ［┤ ╲ ┤］　　细封条 se foŋ tʻiɔ　　做生日 tso saŋ ni

516 ［˥ ˧˩ ˩］　报恩寺 pɔ eŋ tsʅ　　　问心愿 meŋ seŋ iẽ

521 ［˥ ˧˧ ˥］　细目葱 12 sie mu tsʻoŋ　　送红包 soŋ foŋ pɔ

561 ［˥ ˧˩ ˥］　岁饭花 13 se pʻũ fa　　最大生 14 tsue tʻai saŋ

563 ［˥ ˧˩ ˥］　种树早 tʃoŋ ʃu tsɔ　　挽饭桶 vaŋ pʻũ tʻoŋ

565 ［˥ ˧˩ ˥］　过饭菜 15 ko pʻũ tsʻue　　细盒盖 se ho kue

621 ［˩ ˧˧ ˥］　芋头丝 16 i tʻɯɯ sʅ　　烂脚跟 laŋ tçio keŋ

c. 226 ［˨˩ ˨˩ ˧˩］　赤壳栗 tʃʻa ho ti　　还银会 17 vaŋ ŋeŋ fe

526 ［˥ ˨˩ ˧˩］　肺痨病 fi lɔ pʻiaŋ　　快来染 kʻue lai niẽ

626 ［˩ ˨˩ ˧˩］　药王庙 io voŋ miɔ　　睡唔落 18 ʃue ŋ̍ lo

d. 121 ［˧˩ ˧˧ ˥］　司前待 sʅ tsʻiẽ tçie　　争赢输 tsaŋ iaŋ ʃu

212 ［˧˧ ˧˩ ˥］　年初一 niẽ tsʻu i　　唔在行 19 ŋ̍ tsʻai hɔŋ

216 ［˧˧ ˧˩ ˩］　一番蕇 i faŋ tsʻia　　无下落 mɔ ha lo

312 ［˨˩ ˧˧ ˥］　水东桥 ʃu toŋ tçiɔ　　请舅婆 tsʻiaŋ tçiɯɯ pʻo

316 ［˨˩ ˧˧ ˩］　好康健 ho kʻoŋ tçiẽ　　裹新蕇 koseŋ tsʻia

321 ［˨˩ ˧˧ ˥］　哑婆坑 a pʻo haŋ　　舞龙灯 mu toŋ teŋ

331 ［˦ ˨˩ ˧˧］　总指挥 tsoŋ tʃʅ fi　　炒粉干 tsʻɔ feŋ kũ

332 ［˦ ˧˧ ˥］　稈草鞋 kũ tsʻɔ hai　　打土豪 ta tʻu hɔ

333 ［˦ ˧˧ ˩］　老虎井 lɔ fu tsiaŋ　　两子嫂 20 tçioŋ tsʅ sɔ

631 ［˩˦ ˨˩ ˥］　落雨天 lo i tʻiẽ　　让几升 nioŋ tçi ʃeŋ

632 ［˩˦ ˨˩ ˨˩］　蕇稿坪 tsʻia kɔ pʻiaŋ　　学养鱼 ho ioŋ ŋe

633 ［˩˦ ˧˧ ˩］　闹老鼠 21 nɔ lɔ ʃu　　会砍倒 vue kʻaŋ tɔ

653 ［˩˦ ˧˧ ˩］　饭甑耳 pʻũ tseŋ ni　　后背走 22 hɯɯ pue tsɯɯ

e. 136 ［˦ ˨˩ ˨˩］　真本事 tʃeŋ peŋ sʅ　　有好梦 iɯɯ hɔ mo

155 ［˦ ˧˧ ˧˧］　乌揞带 vu pi tai　　拿去锯 na he tçie

236 ［˨˩ ˨˩ ˨˩］　赤米豆 tʃʻa mi tʻɯɯ　　搭伙伴 23 ta ho pʻaŋ

255 ［˨˩ ˧˧ ˧˧］　寻对象 tsʻeŋ tue sioŋ　　牙齿快 ŋa tʃʅ kʻue

355 ［˥ ˧˧ ˧˧］　火爆性 fo pʻo siaŋ　　两对面 tioŋ tue miẽ

f. 126 ［˧˩ ˨˩ ˨˩］　西门外 si meŋ ŋue　　挷柴卖 24 kʻai tsʻɔ me

326 ［˨˩ ˨˩ ˩］　两百二 tioŋ pa ni　　省出事 25 saŋ tʃʻe sʅ

g. 336 ［˦ ˨˩ ˨˩］　左手席 tso ʃɯɯ si　　讲礼貌 koŋ li mɔ

636 ［˩˦ ˨˩ ˨˩］　旧水鬆 26 tçiɯɯ ʃu pʻaŋ　　受处罚 ʃɯɯ tʃʻu fai

655 ［˩˦ ˧˧ ˧˧］　白绩布 pʻa tse pu　　会唱戏 vue tʃʻoŋ çi

（2）AB 的 B 变调，BC 的 B 不变调，B 由 AB 定调值。

a. 262 ［˨˩ ˧˩ ˨˩］　北极楼⑥ pe tçi lɯɯ　　发尿淋 pue niɔ teŋ

266 ［˨˩ ˧˩ ˩］　做豆腐 tso tʻɯɯ fu　　还白净 vai pʻa tsʻiaŋ

b. 362 [˧˩ ˨˩ ˦]　　洗浴槽 se i ts‘ɔ　　　　鬼画符 kui fa p‘u

　　366 [˧˩ ˨˩ ˨˩]　　老豆腐 lɔ t‘əɯ fu　　　比认字 pi neŋ tsʅ

　　551 [˥˥ ˥˥ ˦]　　醮墓花 tsiɔ mu fa　　　细细声 se se ʃaŋ

　　552 [˥˥ ˥˥ ˦]　　救驾坪 tɕiəɯ ka p‘iaŋ　吊吊兰 tiɔ tiɔ laŋ

　　553 [˥˥ ˥˥ ˨]　　靠背椅 k‘ɔ pue i　　　瘦到死 səɯ tɔ si

　　556 [˥˥ ˥˥ ˨˩]　　放爆仗 piaŋ pɔ ts‘iɔŋ　去瞓病 he niaŋ p‘iaŋ

（3）AB 的 B 和 BC 的 B 都变调，B 由占优势的 BC 定调值。

　　361 [˧˩ ˨˩ ˦]　　小学生 siɔ ho saŋ　　手续多 ʃəɯ si to

　　363 [˧˩ ˨˩ ˦]　　老贼牯 lɔ ts‘e ku　　　短命鬼 tũ miaŋ kui

　　365 [˧˩ ˨˩ ˦]　　九月半 tɕiəɯ ie paŋ　好石炭 hɔ ʃa t‘aŋ

　　555 [˥˥ ˥˥ ˥˥]　　四个躁 si ke ts‘ɔ　　　灌到醉 kuaŋ tɔ tsi

3.4.2　乙类变调。

a. 112 [˩˧ ˩˧ ˦]　　三朝名 saŋ tʃɔ miaŋ　追乌蝇 te vu ieŋ

　　116 [˩˧ ˩˧ ˨˩]　　风车叶 foŋ tʃ‘a ie　　坐花轿 ts‘o fa tɕiɔ

　　612 [˨ ˩˧ ˦]　　大天晴 t‘ai t‘iẽ ts‘iaŋ　十分惜 ʅ feŋ sia

　　616 [˨ ˩˧ ˨˩]　　定光寺 t‘eŋ kɔŋ tsʅ　学新样 ho seŋ iɔŋ

b. 161 [˦ ˨˩ ˦]　　乌石山 vu ʃa saŋ　　多谢你 to sia ni

　　163 [˦ ˨˩ ˧˩]　　新糯米 seŋ no mi　　堆豆饼 tue t‘əɯ piaŋ

　　165 [˦ ˨˩ ˦]　　粗轿杠 ts‘u tɕiɔ kɔŋ　烧大块 28 ʃɔ t‘ai k‘ue

　　661 [˨˩ ˨˩ ˦]　　茉莉花 mai ti fa　　磨石芯 mo ʃa seŋ

　　663 [˨˩ ˨˩ ˧˩]　　豆腐乳 t‘əɯ fu i　　落大雨 lo t‘ai i

　　665 [˨˩ ˨˩ ˦]　　第二个 t‘i ni ke　　尽量做 ts‘eŋ liɔŋ tso

c. 261 [˨˦ ˨˩ ˦]　　无话知 29 mɔ va ti　　发大颏 30 pue t‘ai kue

　　263 [˨˦ ˨˩ ˧˩]　　黄豆蕻 vɔŋ t‘əɯ piẽ　行地理 31 haŋ t‘i li

　　265 [˨˦ ˨˩ ˦]　　南寨坝 naŋ ts‘ai pa　炙白菜 tʃa p‘a ts‘ue

d. 531 [˥˧ ˧˩ ˦]　　到口酥 32 tɔ həɯ su　要小心 iɔ siɔ seŋ

　　532 [˥˧ ˧˩ ˦]　　四五尺 si ŋ̍ tʃ‘a　　吐斗血 33 t‘u təɯ fe

　　533 [˥˧ ˨˩ ˨]　　臭狗屎 tʃ‘əɯ kəɯ ʃ　泡滚水 34 p‘ɔ kueŋ ʃu

　　536 [˥˧ ˧˩ ˨˩]　　富五代 fu ŋ̍ t‘ue　　快煮熟 k‘ue tʃu fu

3.5　不变调三字组举例

　　111 [˦ ˦ ˦]　　骚鸡公 sɔ tɕie koŋ　听风声 t‘eŋ foŋ ʃaŋ

　　113 [˦ ˦ ˩˧]　　崩山垴 peŋ saŋ nɔ　　牵猪牯 35 tɕiẽ tʃu ku

　　115 [˦ ˦ ˥˥]　　开锅灶 36 hue ko tsɔ　先坐正 siẽ ts‘o tʃaŋ

　　135 [˦ ˦ ˥˥]　　马桶盖 ma t‘oŋ kue　车伞把 tʃ‘a saŋ pa

　　151 [˦ ˥˥ ˦]　　甘蔗尾 kũ tʃa me　　拿去拖 na he t‘o

编号	例一	例二
152 [˦ ˥ ˧]	猪嘴筒 37 tʃu tʃue t'oŋ	天气朔 38 t'iẽ tçi so
156 [˦ ˥ ˧]	三个字 saŋ ke ts'ɿ	心够用 seŋ kɐu ioŋ
222 [˧ ˧ ˧]	八角亭 pe ko t'eŋ	炮肉丸 39 p'ɔ niɐu viẽ
223 [˧ ˧ ˥]	脚腩肚 40 tçio naŋ tu	掷骰子 tʃʃ t'ɐu tsɿ
225 [˧ ˧ ˥]	塞牙齿 se ŋa tʃʃ	给人怕 41 te neŋ p'a
235 [˧ ˥ ˧]	无纸票 42 mɔ tʃʃ p'iɔ	来洗裤 lai se fu
251 [˧ ˥ ˧]	贴灶马 te tsɔ ma	唔做家 43 ŋ tso ka
252 [˧ ˥ ˧]	脚趾血 tçio tʃʃ fe	覆过来 p'u ko lai
256 [˧ ˥ ˧]	黄菜叶 vɔŋ ts'ue ie	裁判会 ts'ue p'ũ fe
351 [˥ ˧ ˧]	好顾家 hɔ ku ka	跑到烧 44 p'ɔ tɔ ʃɔ
352 [˥ ˧ ˧]	米细兰 45 mi se laŋ	少秤头 46 ʃɔ tʃ'eŋ t'ɐu
356 [˥ ˧ ˥]	两对镯 tioŋ tue ts'o	起个会 çi ke f
511 [˧ ˦ ˧]	汽车声 tçi tʃ'a ʃaŋ	对山歌 tue saŋ k
513 [˧ ˦ ˥]	太师椅 t'ai sɿ i	要张纸 iɔ tʃoŋ tʃʃ
515 [˧ ˦ ˧]	四张嘴 si tʃoŋ tʃue	快开碓 k'ue hue tue
522 [˧ ˧ ˧]	太平桥 t'ai p'eŋ tçiɔ	过连城 ko liẽ ʃaŋ
523 [˧ ˧ ˥]	猫头鸟 47 miɔ t'ɐu tiɔ	剖腹屎 48 p'o pu ʃ
525 [˧ ˧ ˧]	种无菜 tʃoŋ mɔ ts'ue	做得去 49 tso te he
535 [˧ ˥ ˧]	藉酒醉 tsia tsiɐu tsi	放狗屁 foŋ kɐu p'i
562 [˧ ˦ ˥]	跳石桥 t'iɔ ʃa tçiɔ	坐月日 50 tso ie ni
566 [˧ ˦ ˧]	酱豆腐 tsioŋ t'ɐu fu	怕胃疾 p'a vi ts'i
622 [˩ ˧ ˧]	石脚盆 ʃa tçio p'eŋ	白头发 p'a t'ɐu pue
623 [˩ ˧ ˥]	薄棉袄 p'o miẽ ɔ	食禄好 51 ʃ lu hɔ
625 [˩ ˧ ˧]	大头蚁 t'ai t'ɐu ne	嚼牙窖 52 ts'iɔ ŋa kɔ
662 [˩ ˩ ˥]	现代人 çiẽ t'ue neŋ	抒直来 lue tʃʃ lai
666 [˩ ˩ ˩]	苍玉洞 ts'ɔŋ niɐu t'oŋ	焖饭食 meŋ p'ũ ʃ

三字组用例注释：

1. 煠：放到锅里煮（或煮一下就拿起来）；2. 挦鸡毛：拔鸡毛；3. 油罍子或陶壶儿之类；4. 斥皮：裂缝或痕迹；5. 火煤纸：点（引）火用的烧纸，多指点火、点水烟筒用的拿烧纸卷成的小圆筒纸捻；6. 耳朵窿：耳朵眼；7. 后扇岭：后面那座山；8. 漏奶嫲：奶水多到往外滴的哺奶妇女；9. 猪牯卵：公猪生殖器；10. 习习冷：形容冷的样子，像凉风轻轻侵入似的冷；11. 粪草：垃圾；12. 细目葱：小嫩葱；13. 岁饭花：用于蒸岁终饭时的一种色纸扎的花；14. 大生：强壮、强实；15. 过饭菜：下饭菜；16. 芋头丝：芋头切成的丝状物；17. 银会：一种群众性的用凑份额方式聚资的经济互助活动，一般有一名头家（发起人），邀集亲友若干人参加，每人定期出一定数量的份金，抓阄（多半掷骰子）轮流收用总分量。当地至今还非常盛行；18. 睡唔落：睡不下；19. 唔在行：不懂事，不会处理事情；20. 子嫂：妯娌或指小叔和嫂子们；21. 闹老鼠：药耗子；22. 后背走：后面走；23. 搭伙伴：多指已婚男女找外遇；24. **挍柴：挑柴；25. 省出事：因过于节省而出了事；26. 水鬊：水缸，一般带盖；27. 发尿沭：尿频，有淋病似的；28. 烧大块：经炸烧后的较大块的猪肉；29. 无话知：没告知；30. 发大颣：生大脖子病；31. 行地理：以看风水为业；32. 到口酥：一种糕点，类似北京的桃酥，但小如铜板；33. 吐斗血：大口吐血；34. 泡滚水：煮开水；35. 猪牯：公猪，种猪。牵猪牯，指以公种猪配种；36. 开锅灶：（早起做饭前）清理锅灶的油烟灰土；37. 猪嘴筒：猪嘴突出的部分；38. 天气朔：天气清凉干燥；39. 炮肉丸：（用油）炸肉丸；40. 脚腩肚：小腿；41. 给人怕：让人怕；42. 纸票：纸币、钱；43. 唔做家：不节省、不省吃俭用；44. 跑到烧：跑到发热；45. 米细兰：米兰（花）；46. 少秤头：少斤两；47. 猫头鸟：猫头鹰；48. 剖腹屎：剖肚子；49. 做得去：有出息；50. 坐月日：坐月子；51. 食禄好：遇上了吃的，有吃的福气；52. 噍牙窖：嚼舌头，形容多嘴多舌。

　　附记：1956 年冬在北京（和平里）普通话语音研究班记录了大部分语音材料并作了初次整理。1982、1985 年两次返回长汀，请当地同志协助核实和补充材料。这里谨向我的老师李绍芙先生和发音合作人张隆绣（女，退休小学教师）、李士良（男，54 岁，中学教师）、周晖、曹培基（男，均为退休中学教师）同志致谢。

　　草拟本文时，曾与李如龙、熊正辉同志先后讨论过连读变调规律的推导问题，熊正辉同志还用计算机帮助检验，谨此致谢。

附　注

　　① 福建省汉语方言概况编写组：《福建省汉语方言概况》（讨论稿）上册，第 155 页，1962 年。

　　② 同①。又李如龙《长汀话两音节、三音节的连读变调》，《厦门大学学报》（哲学社会科学版）1965 年第 2 期。

　　③ 罗美珍：《福建长汀客家话的连读变调》，《语言研究》1982 年第 2 期。

　　④ 这里的 AB，实际是较高一个层次的 AB（变调后 BC 的 B），说 A 的调值由 AB 决定，实际是 A 的调值由 BC 决定。乙类也可以看作 A+BC 的组合方式，即 BC 在一定条件下，确定 A 的调值。

　　⑤ 这一小类里 262、266、362、366 组合，还有另一种读法，即进入 AB 位置的 26、36 的 6，念原单字调 21，不念成 42。比如，262 北极楼 [↲ ↳ ↱]、362 洗浴槽 [↘ ↲ ↱]。甚至有人认为这样的念法更普遍。这种现象也反映了即使 AB 的 B 定调值，后字（BC 的 C）的制约力仍然起作用。

长汀话动词宾语人称代词的读音

多年以前，我们曾讨论长汀话二字、三字组连读变调①，它主要是受声调环境因素制约，本文拟探讨受语法环境因素影响、长汀话人称代词"你"[ni˧]、"偓"[ŋai˧]、"佢"[ke˧]作动词宾语时变读轻声的情形。

罗常培、王均指出：语词里的音节或者句子里的词失去了原有的声调，念成另一个较轻较短的音节，叫作轻声。轻声也是变调的一种，不过是一种特殊的变调，它不仅受环境的影响，还跟音高有密切的关系……轻声不仅是一种语音上的现象，同时也跟词汇、语法密切联系着。②

张洵如指出：北京话里有一种轻声，即当作止词的代词，"扶我一把、赔你钱、称呼他"中的"我、你、他"，念轻声。③

轻声又是变化发展的。高景成指出：北京语音因受方言和外来语等的影响，轻声有逐渐衰微的趋势。（1）原来轻声现在逐渐不轻了，比如，包公、曹操、通州；（2）新的词汇的词尾一般都不轻，比如，组长、汽车、火车；（3）可轻可不轻的，逐渐读重音了，比如，记录、介绍、成就。④

现在，请容许先介绍一下长汀话的五个声调：

（代码）1 阴平 [˧] 33，2 阳平 [˨˦] 24，3 上声 [˥˨] 42，5 阴去 [˥˦] 54，6 阳去 [˨˩] 21。

长汀话动词带宾语"你""偓""佢"的组合，位于句末，用陈述语气表述时，"你""偓""佢"变读为轻声（以下以"你"赅"偓""佢"，必要时分开指明）。例如：明生会过来牵你 [˧˨]；满姨请你 [˥˨˧]。

如果动词宾语"你"，位于句子中间兼作主语时，一般读原字调，不变读轻声。例如：明生会过来牵你 [˧˧] 过桥；满姨请你 [˥˨˧] 食酒。

长汀话较少说"送、租"类动词带双宾语的句子，近宾语"你"仍读原字调，不变读轻声。例如：送你 [˥˧] 两只鱼；租你 [˧˧] 一眼间。⑤

位于句末的动词宾语"你"，其后可附加词缀"侪"[tsʻi] 阳平或"们"[men] 阳平，组成表复数的双音节词宾语"你侪"或"你们"，此时"侪"或"们"读轻声，而"你"则读原字调，不读轻声。例如：求你侪 [˨˦˧˧]；请你们 [˥˨˧˧]。⑥

长汀话动词带宾语"你"组合，位于句末，用疑问语气或特意指明的陈述语气表述时，宾语"你"读原字调，不变读轻声。例如：明生会过来牵你

[꜔꜔]？满姨请你 [꜖꜔ꜗ꜔]？⑦

长汀话陈述句里，带宾语"你"的动词有单音节的，也有双音节的，组成单音节动词带宾语"你"的二字组合和双音节（联合式）动词带宾语"你"的三字组合。例如：惜你；爱惜你。⑧

总之，本文着重讨论长汀话人称代词"你（倻、佢）"作动词宾语位于句末的读音，尤以单音节动词带宾语"你"二字组合（简称动"你"二字组）和双音节动词带宾语"你"三字组合（简称双动"你"三字组）为研究的语法形式，以利于反映动词带宾语"你"变读轻声的概貌，并与多年前所讨论的长汀话二字、三字连读变调进行比较。

动"你"二字连调组

长汀话有 5 个单字声调。单音动词跟"你"、跟"倻"、跟"佢"都可以分别构成 5×1=5 个连调二字组。

在这 5 个动"你"二字连调组中，宾语"你"变读为三类轻声。当前字动词为阳平 2 时，"你"变读为高轻声 ꜒5，如：21 寻你 [꜕꜔꜔]；当前字动词为阴平 1、阴去 5 时，"你"变读为中轻声 ꜔4，如：11 牵你 [꜔꜔꜔]，51 劝你 [꜒꜔꜔]；当前字动词为上声 3、阳去 6 时，"你"变读为 ꜔2，如：31 保你 [꜖꜔꜔]，61 话你 [꜖꜔꜔]。

"你"读高轻声，其音值为 5，近似长汀话阴去调值 54，但音调较短，不降到 4，也不很清晰。比较：

21 踢你 t'e ni [꜕꜔꜔] ： 25 忒腻 t'e ni [꜕꜔꜒]

"你"读中轻声，其音值近似长汀话上声调值 42，高于阳去调值 21，但音调不够长、不够强，不很清晰，可记作 4。比较：

11 教你 kɔ ni [꜔꜔꜔] ： 13 教女 kɔ ni [꜔꜕]

"你"读低轻声，其音值为 2，近似长汀话阳去调值 21，但音调较短，不降到 1，也不很清晰。比较：

61 用你 ioŋ ni [꜖꜔꜔] ： 66 用二 ioŋ ni [꜖꜖]

动"你"轻声二字连调组，如下：

前字 ＼ 后字	1 阴平	你	倻	佢
1 阴平	11 [꜔꜔]	牵你	亲倻	拖佢
2 阳平	21 [꜕꜔]	寻你	拦倻	踢佢
3 上声	31 [꜖꜔]	保你	想倻	请佢
5 阴去	51 [꜒꜔]	劝你	骂倻	送佢
6 阳去	61 [꜖꜔]	话你	害倻	用佢

双动"你"三字连调组

长汀话双音节动词跟"你"、跟"偓"、跟"佢"都可以组合，分别构成 5×（5×1）=25 个三字连调组。

这 25 个双动"你"三字组合 ABC，就语法关系看，其音节结构层次是双动+"你"，即（A+B）+C，就声调变化关系看，则是 A+B+C，更像是 A+（B+C）。

双动"你"三字组 ABC，其后二字 BC，与动"你"二字组一样，C"你"也变读成三类轻声，即高轻声 5，中轻声 4，低轻声 2。然后，作为后二字的 BC，加上前字 A 的调值，共同组成 5×（5×1）=25 个双动"你"三字连调组。

设 11、21、31、51、61 五个二字连调组为定式 BC，x 代表不定数前字 A——五个单字调 1、2、3、5、6，二者分别相乘，形成 x11、x21、x31、x51、x61 五个 ABC 三字连调组生成式。x 分别代入 1、2、3、5、6，从而得出 25 个双动"你"轻声三字连调组。

双动"你"轻声三字连调组，如下：

111 ［┤┤┞］招呼你	211 ［╢┤┞］接收你
311 ［╲╲┤┞］整编你	511 ［┐┤┞］报知你
611 ［╟┤┞］运输你	
121 ［╲╲╢┞］欢迎你	221 ［╱╢┞］寻求你
321 ［╲╲╢┞］阻拦你	
521 ［┐╢┞］教育你	621 ［╛╢┞］调查你
131 ［┤╲╲┞］欢喜你	231 ［╱╲╲┞］拦挡你
331 ［╟╲╲┞］指使你	
531 ［┐╲┞］荐举你	631 ［╟╲╲┞］料理你
151 ［┤┐┞］推荐你	251 ［╢┐┞］仇视你
351 ［╲┐┞］搅偓你	
551 ［┐┐┞］放赦你	651 ［╟┐┞］运送你
161 ［╢╛┞］帮助你	261 ［╱╛┞］承认你
361 ［╲╲╛┞］感谢你	
561 ［┐╛┞］信任你	661 ［╛╛┞］腐蚀你[⑨]

上举事例似乎显示着动"你"轻声连读变调组的机制，主要是后字（音节）调值制约前字调值的变动。

与长汀话非轻声即声调环境变调二字、三字连调组音值相对比，轻声"你"，作为动"你"二字 AB 连调组的后字 B，牵动着 5 个组中 31、51、

61，3 个组前字 A（变调或原调）调值的变动。比较：

	轻声	非轻声
31	保你 [ ]：[ ]	前字"保"213，变为 21。
51	劝你 [ ]：[ ]	前字"劝"54，变为 55。

在三字 ABC 连调组里，轻声"你"，作为后字 C 或 BC，牵动着 25 个组中 131、151、161 等 15 个组前字 B 或 A 调值的变动。比较：

轻　声　　　　　　　　非轻声
ABC　　　　　　　　　ABC

231 拦挡你 [ ]　：[ ] 拦挡你　胰子泡
[24　42/21　33/2]　　[24　42/213　33]
161 帮助你 [ ]　：[ ] 帮助你　乌石山
[33/21　21　33/2]　　[33　21/33　33]
661 腐蚀你 [ ]　：[ ] 腐蚀你　玉石花
[21　21　33/2]　　　[21/33　21/33　33]

231 组右栏 C 阴平 33 牵动前字 B 上声 42 变为 213，A 阳平 24，没变；左栏 C 阴平 33 变读为轻声 2，又牵动前字 B 上声 42 变为 21，A 阳平 24，没变。

后字制约前字调值最明显的组合，要算是 161、661 组。两个组的内部成分（声调）不完全相同，可两个组连读变调音值完全相同。右栏 161、661 变调组 ABC 音值都是 33、33、33，左栏 161、661 变调组 ABC 音值都是 21、21、2。左右两栏两个组不同处是右栏后字 C 是阴平 33，左栏后字 C 是轻声 2。

由此可见，动词宾语"你"变读轻声，同时作为后字制约了前字以至前二字调值的变动，构成了有自身特点、有规律的一系列变调组合，从而打造了长汀话的动"你"轻声连读变调系统，或叫动"你"语法环境变调系统。

就方言内部关系而论，长汀话动"你"语法环境变调组合，作为一个独立的系统，它不同于声调环境变调组合系统，但其组合方式、后字制约前字等的连读变调机制，与声调环境变调组合系统基本相同，二者既彼此相对，又紧密关联。语言似乎总是处于彼此对立、相互联系、渐次演变的发展过程。

附　注

① 见饶长溶（1987）。

② 见罗常培、王均（2002：148）。

③ 见张洵如（1956）。

④ 见高景成（1959）。

⑤ 林焘（1962）指出：（普通话里）人称代词的轻音现象，不仅要讨论处于宾语位置的轻读，还要注意句子中人称代词的读轻声：大家都希望·他来 | 我送·你哥哥一本书 | ·我没看见。

⑥ 位于句末的动词带宾语"你"组合，其后还可以出现动量成分"一下"，组成"动'你'一下"组合，在这种句子里，"下"读轻声，不影响"你"仍变读轻声。例如：亲你一下 [˧˦˧˦˩˦]。

⑦ 罗常培、王均（2002：160—161）指出："跟句子的句型或情感有关的语调叫口气语调，也就是句调。""口气语调不单是指某一个词的语调而言，它是贯穿在整个语句中的。""大概一般的陈述句、命令句、感叹句……多用降调的口气语调。一般的问句……多用升调。"

⑧ 还有动补式、偏正式双音节动词带宾语"你"的组合，宾语"你"也变读轻声。例如：丢撒你 [˧˦˧˦˩˦]，真咬你 [˧˧˦˩]。它们一般被看作比词儿大的短语，其音节结构层次也有所不同。如：真咬你 ad+(v+o)。本文暂不讨论。

⑨ 611 组也可说成 [˩˦˧˦˩]，261 组也可说成 [˧˦˧˦˩]，361 组也可说成 [˩˦˧˦˩]。

参考文献

罗常培　王　均　2002　《普通语音学纲要（修订本）》，商务印书馆。

张洵如　1956　《北京话里轻声的功用》，《中国语文》5 月号。

高景成　1959　《由许多词汇里看轻声衰颓的趋势》，《文字改革》2 月号。

林　焘　1962　《现代汉语轻音和句法结构的关系》，《中国语文》7 月号。

饶长溶　1987　《福建长汀（客家）方言的连读变调》，《中国语文》第 3 期。

（原载《历史语言学研究》第 5 辑，商务印书馆 2012 年版）

长汀方言名词后缀"哩"和"子"[*]

一 "哩"和"子"

　　福建长汀方言隶属于闽西客家方言。长汀方言名词后缀"哩"和"子"，跟其他名词后缀"头"（碗头、灶头）、"佬"（大佬、阔佬）、"苑"（烟苑、饭苑）、"公"（虾公、蚁公）等一样，也是本身不能独立的附着成分，附着在与之组合的单位之后，分别相当于普通话的"儿"和"子"。不过"哩"又跟"儿"不完全相同，普通话的"儿"是"儿化"音变，"儿化"韵［ər］跟前字连成一个音节，本身一般不单独成一个音节，它的音随着前字尾韵发生"儿化"音变而有所不同。比如，鸡儿［tçiər］、歌儿［kɤr］、街儿［tçier］。长汀话的"哩"始终自成章节，声母、韵母不受前字声、韵的影响而有所不同。^①

　　长汀方言"哩"念轻声［le］，单字调（本调）像是阴去 54［˥˦］。虽然是后附成分，作为一个音节，它也随着前字字调发生连读变调。大体有两个单值，一个是高轻声，调值 50［˥˩］，处于阴平、阳平、阴去、阳去之后，例如，包哩［˦˥ ˥˩］竹哩［˨˦˩］棍哩［˥˥ ˥˩］缎哩［˨˦˥ ˥˩］；一个是低轻声，调值为 20［˨˩］，处于阴上之后，例如，嫂哩［˥˦˩ ˨˩］。当地人习惯把［le］写成"哩"字。

　　"子"念轻声［tsɿ］，单字调是上声 42［˦˨］，作为后缀，念比单字调稍微模糊一点的烟台声。只有一个单值，相当于次低轻 20［˨˩］。如，鸡子［˦ ˨˩］、底子［˥˦˩ ˨˩］。

　　同"哩"和"子"组成的两字组、三字组连读变调，基本上跟长汀方言一般连读变调规则一致。^②

　　（一）作为附着成分，"哩"和"子"的语法作用是名词标记，即使组成的单位成为名词，而不论与之组合的前一个语素是名、动、形等何种性质。例如：

---

　　* 本文收入本书时恢复了文稿原有的一些例子，补了一个注。

（1）竹哩　驴哩　杯哩　瓜子　影子　狮子（名素+子）
（2）包哩　锉哩　翘嘴哩　筛子　锯子　聋子（动素+子）
（3）长哩　大哩　古哩　壮子　白子　好命子（形素+子）

它们具有一般名词所具备的语法特点，如，前面受数量词修饰，而不受副词修饰；可以充当主语或宾语。例如：

（1）长哩前几日在何坑哩寻倒嘞［找着了］胡娣哩搭［和］水哩。
（2）火生借倒黎［借着了］两把铇哩、一个锉哩。
（3）观音子昨晡［昨天］去和尚子解里［那里］咧。
（4）陈光用车子推嘞几十打袜子来。

同"哩"和"子"组合的前语素，从能否单用来观察，可分为两类。一类是能单用的，即可以单独用做句子或句法成分的，比如，"包哩"的"包"，原为动词，可以单用做句子："饼干包不包？""包。""影子"的"影"原为名词，可以做句法成分："前头有一个影。"其余像"大（哩）""壮（子）""瓜（子）"，前语素都是单用的。

另一类是不能单用的，即不能单独用作句子或句法成分的，比如，"杯哩"的"杯"，不能单用，不能说"*拿一个杯来"，要说"拿一个杯哩来"；"狮子"的"狮"，不能单用，不能说"*见到嘞一只狮"，而要说"见倒嘞一只狮子"。其余像"驴哩"的"驴"，也是不能单用的。

后缀"哩"和"子"，除了具有名词标记这一语法意义以外，似乎难于说清楚还有别的较概括的附属意义。不过，一般人认为后缀"子"还给一部分的附"子"的名词带上了"细小"的附属意义。比如，同"鸡公、狗、衫、雨"比较，"鸡公子、狗子、衫子、雨子"，好像是带有"细、小"的意义。但是，相当一部分后附"子"的名词，却没有或不一定带有"细、小"的意义，比如，"桌子、车子、凳子、厨子"。

至于说后附"哩"和"子"的名词有一部分兼表"厌恶"或"亲昵"的意义，这似乎是见仁见智的事了，跟说话时的语境、心境有很大关系。同样是"短命子""杀头子"，不高兴时表"厌恶"，高兴时，比如赞赏某个人乖巧地做了博取欢心的事时，会脱口说出"仰滴哩个短命子！"［这样（乖巧）的短命鬼！］这时"短命子"似乎很难说是表"厌恶"了。

（二）长汀话里，有些后附"哩"的名词，其前语素也能带"子"构成后附"子"的名词。例如：

长哩—长子　翘嘴哩—翘嘴子　竹哩—竹子
秋哩—秋子　亭哩—亭子　影哩—影子

但是，大多数是不一致的，下面的例（1）能带"哩"的不能带"子"，（2）能带"子"的不能带"哩"：

（1）鸽哩　嫂哩　猴哩　侄哩　棍哩　桃哩

（2）钉子　疯子　瘦子　壮子　鸡子　燕子

进一步观察，即便是跟可以带"哩"或"子"的前语素同类的语素，也不能或不一定都能后附"哩"和"子"，如动物小类，有"猴哩""狸哩"，而没有"马哩""虎哩""狮哩""豹哩"；亲属小类，有"叔哩""侄哩"，而没有"伯哩"；衣料小类，有"缎哩"，而没有"绸哩"。如金属小类，有"金子""银子"，而没有"铜子""铁子"；家禽小类，有"鸭子""鸡子"，而没有"鸽子""鸟子"；衣料小类，有"呢子""绸子"，而没有"缎子"。③

另一种情形是，有些带"哩"的组合，其后还可以附加"子"，构成"X哩子"这样的名词。例如：

扣哩子　褂哩子　盖哩子　刷哩子　长哩子
公哩子　嫲哩子　兔哩子　鸟哩子　猴哩子

"X哩子"比不带"子"的"X哩"，往往觉着含有"细、小"的附属意义，比如，"兔哩子""盖哩子"比"兔哩""盖哩"要细些小些。

相应的情形，即"X子"后附"哩"的现象则不存在，长汀话不说"*鸡子哩、*绸子哩"。

还有一种情形，后附"哩"的动物名词有一些可以直接跟其后的"公"或"嫲"组合，表明"雄性"或"雌性"，而后附"子"的动物名词一般没有这样的组合。例如：

鸽哩公/嫲　　*鸽公/嫲　　　*鸡子公/嫲　　鸡公/嫲
兔哩公/嫲　　*兔公/嫲　　　*狗子公/嫲　　狗公/嫲
鸟哩公/嫲　　*鸟公/嫲　　　*鸭子公/嫲　　鸭公/嫲
猴哩公/嫲　　*猴公/嫲　　　*羊子公/嫲　　羊公/嫲

二　分类举例

分类手续：先把后附"哩"或"子"的前语素分为非名词素和名语素两大类，再从中分为能单用的和不能单用的两类，然后根据同一语素能否带"哩"或"子"，分为两种，既能带"子"也能带"哩"的，用加号"+"表示，放在前语素的左上角，不能兼带的，不标示。带"哩"组合之后还能带"子"的，用空心圆圈"○"表示，放在前语素的左上角。

（一）后附"哩"的名词举例

1. 前语素为非名语素的
A. 能单用的
　a. ○钻哩　○凿哩　○盖哩　○包哩　○铇哩　○+刷哩

b. +翘嘴哩　+瞎目哩　+伏石哩　+顶针哩　+缺嘴哩

c. °碎哩　古哩　°大哩　°+长哩　后生哩

d. 十三哩　°+四哩　°九哩　°二哩　°八哩

B. 不能单用的

到鸽哩

2. 前语素为名语素的

A. 能单用的

太公哩　太婆哩　许氏哩　水哩　老人家哩　+胡娣哩

+心肝哩　+金哩　°沙鳅哩　+腰哩　+蚌蛤哩　°+头哩

B. 不能单用的

°猴哩　°兔哩　雄哩　雌哩　*1哩 [母亲]　孙哩　°柿哩

°杯哩　叶哩　°褂哩　°褥哩　°杓哩　°簪哩　耳灯哩

（二）后附"子"的名词举例

1. 前语素为非名语素

A. 能单用的

a. +筛子　瘸子　锯子　骗子　贩子　钉子

b. +围嘴子　杀头子　+扛丧子　+过世子

c. 矮子　高子　瘦子　壮子　聋子　好命子

d. 半吊子　+半世子

B. 不能单用的

挖 [ve˩] 挖子

2. 前语素为名语素的

A. 能单用的

鸡子　狗子　桌子　瓜子　箱子　+命子　傻子　盘子

嬭 [neŋ˩] 牯子 [乳房]　袜子　面子　雨子　疤子　孵子

+心肝子　+王命子　壮牯子　姜杵子　目珠子　鸡嫲子

鸡公子　+镯子　和尚子　观音子　火板子

B. 不能单用的

蚊子　+状子　豹子　燕子　婊子　妃子　胰子　椅子

帐子　格子　辫子　茄子　稗子　粽子

附　注

① 或许可以把"哩"和"子"看作不同形式而同质的后缀，即一个实质相同的后缀而有两个表现形式，一个叫"哩"[leɪ] 一个叫"子"[tsɿ˩]。

长汀话里，"哩"和"子"似乎各自带有某种不同的色彩，它们可能反映不同层次的现象，像是不同历史时期的产物。因为：

第一，俗语、俚语性的语素往往只带"哩"，不带"子"。比如，有关排行、亲属等称谓的语素，只带"哩"：大哩老大 | 三哩老三 | 叔哩叔儿 | 姊哩姐儿；又比如，街村地名语素只带"哩"：郑坊哩 | 东关营哩 | 塘湾哩 | 荷坑哩。而有些既可带"哩"又可带"子"的语素，带"子"构成名词时，文读意味似乎重些。比较：

孙哩、（土匪）头哩、包哩　　　　孙子、（土匪）头子、包子

第二，单音节形容词 AA 重叠式和 ABB 后附加重叠式，一般只带"哩"，不带"子"。例如：

（1）白白哩个衬衫 | 快快哩行

（2）青翠翠哩个树叶哩 | 细巷里暗董董哩

当然，这样的看法，也还有待于进一步探讨、检验。

总之，在客家话里，如果客观存在类似上述两种表现形式，学者或者把它们看作相当于普通话的"儿"与"子"，或者把它们看作同质后缀的两种不同表现形式，都还有些道理；但是，假如把类似上述两种表现形式只当作一种表现形式，合二为一，看成单一的"子/仔"，或者笼统地看作相当于"儿"或"子"而不加区分，那就有点见林不见木了。

② 详见拙文《福建长汀（客家）方言的连读变调》，《中国语文》1987 年第 3 期。

③ 能带"哩"而不能带"子"的例子，有时并不是绝对的，比如，"棍哩""盒哩"，有时也可说成"棍子""盒子"，不过，这很明显，是有点文绉绉的。

〔原载《烟台大学学报》（社科版）1988 年第 3 期〕

长汀客话方位词及其几个特点

长汀客话方位词分为单纯方位词和合成方位词两类，单纯方位词有"上、下、前、后、里（内）、外、左、右、中、东、南、西、北"，单纯方位词附加后缀"头、边、片、背、交、向、间"，组成合成方位词。见下表：

	上	下	前	后	里（内）	外	
	上头	下头	前头	后头	里头	外头	头
	（上边）	（下边）	（前边）	（后边）	*	（外边）	边
	上片	下片	前片	后片	里片	外片	片
	上背	下背	?前背	后背	里背	外背	背
	上交	下交	?前交	?后交	里交	外交	交
	上向	下向	?前向	?后向	里向	外向	向
	*	*	*	*	*	*	间
以	以上	以下	以前	以后	以内	以外	
之	之上	之下	之前	之后	之内	之外	

续上表

	左	右	中	东	南	西	北	
	*	*	*	*	*	*	*	头
	左边	右边	*	东边	南边	西边	北边	边
	左片	右片	*	东片	南片	西片	北片	片
	*	*	*	*	*	*	*	背
	*	*	*	*	*	*	*	交
	*	*	*	*	*	*	*	向
	*	*	中间	*	*	*	*	间
以	*	*	*	以东	以南	以西	以北	
之	之左	之右	之中	之东	之南	之西	之北	

本文要讨论有关空间、处所的方位词及其组合。前加"以""之"的合成方位词（"以上、以下""之上、之下"等），书面气浓，这次暂不讨论。

一　单纯方位词

1. 长汀客话单纯方位词，也大多配对、并列使用。例如：

上有老伯，下有老弟｜（新屋）前对溪坝，后挨岭脚｜东迎西请｜左抵右挡｜食上食下｜赴东赴西｜行前踏后｜走南闯北。

也有些单纯方位词可以单用，在"朝、向"义动词之后作宾语。例如：

做坟地，朝南，才係正向｜张大伯个（的）屋呗，大门向东｜你弄甚西，紧挤前挤前？（你干什么，老往前挤？）

长汀客话"上、下、前、后、左、右、中"还可以用在动补式等句子里作宾语。例如：

你坐上来（往上坐来）｜行下去（往下走去）｜睡前滴子（往前睡一些）｜挂后两寸哩（往后挂两寸样子）｜挖右滴子添（向右再挖一些）｜再徙左几步（再往左移几步）｜靠中一滴子（向中心靠一些）。

2. 长汀客话单纯方位词"上、下、前、后、左、右、中、东、南、西、北"可以前受程度副词"最""头～（最）""忒过（太过）""野（很）""十分"的修饰。例如：

你个（的）眉毛发（长）得最上，真个（的）头一上｜二嫂行在最后，忒过后｜排到头一前个（的）係李屋三哥｜公爹长裤着嘞（了）野下｜马生妹住得十分东，忒过东｜坐在最中个（的）男子係哪个？｜笔筒摆嘞（了）忒过左｜石狮子拟到野后咧，忒过后咧。

3. 单纯方位词常跟名词语素组合：放在名词前，构成地位、处所、地名。例如：

上厅、中厅、前门、后间（房间）、左厢房、右厢房、东教厂、西门口、中坊、南坑、北山、上畲、下畲。

放在名词后构成地位、处所、地名。例如：

床下、桌前、屋后、城外、溪南、桥北、圳西、坝东。

4. 跟普通话比较，长汀话单纯方位词，位于名词后的"下""上""内""中"有点特别。

"下"念阴平，可以作为后缀，构成处所词、地名。例如：

厅下（厅）、屋下（家）、灶下（厨房）、店下（地名）、排下、江下、樟树下、牛皮寮下。

"上"位于名词之后，构成地位、处所，变了音读，不念成 [ʃɤŋ]，阴平，说成轻声"汪 [hŋ]"，它类似于河南等方言"（放在）桌项"的"项 [haŋ]"，轻声。例如：

桌汗、衫汗、纸汗、马路汗、手汗、脚汗、背脊汗。

"内"位于名词后,构成地位、处所。可以说"城内""厂内",不过,口语里更常用"里(裹)",念[le],轻声。例如:

城里、间里、溪里、田里、圳里也说"腹里"或"腹心里"。例如:

城腹里、溪腹里、圳腹里、船腹里、鞋腹里、被窝腹里;城腹心里、溪腹心里、圳腹心里、船腹心里、鞋腹心里、被窝腹心里。

"中"位于名词后,构成地位、处所。说"城中""田中",书面气浓,口语里常用"中心"。例如:

城中心、田中心、坝中心、街中心、樵堆中心、灶窟中心。

二　合成方位词

(一)长汀客话合成方位词由单纯方位词附加上后缀"头""片""背""交""向""间"构成。"片""背""交""向"相当于普通话的"面"。合成方位词里面,以"-头""-片""-背"较为常用。

长汀话只说"里头""里片""里背""里交""里向""里"念[ti],阴平,不说"内头""内片"等。

后附"边"的合成方位词,"上边""下边""前边""后边""外边",书面气浓,少说;口语里倒是常说名词语素后带"边"的:桌边、床边、溪边、塘边、水井边。

长汀话还说位于名词之后,跟"边"相当的"唇(舷)",念[ɕiẽ],阳平,或"沿"。例如:

桌唇、床唇、溪唇、塘唇、水井唇、目唇、嘴唇;桌沿、床沿、溪沿、塘沿、水井沿。

"唇"和"边","沿"和"边"都还可以连缀成"唇边""沿边"使用。例如:

桌唇边、床唇边、溪唇边、塘唇边、水井唇边、目唇边、嘴唇边;桌沿边、床沿边、溪沿边、塘沿边、水井沿边。

长汀话做后缀的"背",相当于普通话的"面",放在单纯方位词"上、下、后、里、外"之后,构成合成方位词"上背、下背、后背、里背、外背"。而"背"还可以放在名词之后,表示物体的方位,相当于普通话的"后(面)"。例如:

屋背、岭背、凳背、溪背、手背、脚背、酒缸背、灯盏背,大哥住在河背|满妹还会去塘背割草。

长汀话的"背"后带"哩",念[le],轻声,构成"背哩",也是方位词，相当于普通话的"后面"，可以单用。例如：

你背哩来（你后面来）｜老张正在背哩修车。

也可以放名词之后，表示物体"后面"。例如：

岭背哩、凳背哩、酱缸背哩、屎窖背哩、木长生在屋背哩摘豆角。

（二）合成方位词使用时比单纯方位词要自由些，可以配对用，也可以单用。

1. 用在动词结构或形容词结构之前，作主语或状语。例如：

你前头先行，细妹后头来｜下背，＊1时唔会去（下面，我呀不会去）｜前头无路咧，来去转（往回走）｜里背留来堆草｜下交有席，较凉快｜上向特冷，唔要坐｜北片较凉，南片暖和｜上头住人，下头存杂物。

2. 用在连动句、动补句等的动词之后作宾语。例如：

来前头坐｜来去下背洗（去往下面洗）｜挂外头滴子添｜挖下向几寸｜搬下交去滴子｜到下片来嫽（玩）几日｜徛上片几步｜徙去后片去｜三珊在东片浇水，唔在南片。

3. 大都可以前受程度副词"最""头～（最）""忒过（太过）"修饰。例如：

招弟哩行在最前头｜铁架头一上头留下来放箱子｜唔敢睡到忒过里背｜砖头堆嘞忒过上片，会倒下来｜操场最东片还有两三个学生｜李二嫂躲在菜园头一后片｜金水叔爬到篁竹岭最上交咧。

4. 合成方位词放在名词之后，构成地点、处所。例如：

屋前头、岭后头、猪栏上头、盒哩里背、教室外头，皮鞋上交，报纸摞倒柜子西片｜书包挂在间门后片。

名词之后，有时也可以加"个（的）"，例如：

三叔正在屋个前头｜报纸摞到柜子个西片。

放在名词之前修饰名词时，多半要加"个（的）"，有的也可不加，例如：

上头个扇拿下来｜后头个竹席揽过去｜你去挪正下子里片个枕头｜下背个姜快滴切好｜上交磨石掴出来｜外背麦子拿来筛过。

（三）长汀话合成方位词还有一点特别，即"上头""下头""前头""后头""里头""外头""上背""下背""后背""里背""外背"以及"中间""中心"可以作 AABB 式重叠，表示方位的最高点（程度）。"上上头头"是"最上头"，"下下背背"意思是"最下面"。例如：

棉袄放在大衣柜个上上背背｜水秀去前前头头坐｜林火长来后后背背望兰花｜里里背背个手帕抽唔出来｜水壶提来下下背背放｜你到花园后后头头转下子｜帮三嫂间里个中中间间多擦几下｜香案桌徙到止厅个中中心心。

参考文献

丁声树等　1961　《现代汉语语法讲话》，商务印书馆。

赵元任　1979　《汉语口语语法》，吕叔湘译，商务印书馆。

（原载王吉辉　刘晓红　王泽鹏编《金秋集——刘叔新先生南开执教
五十周年纪念文集（1957—2007）》，南开大学出版社 2008 年版）

长汀方言的代词

长汀方言的代词有其自身的一些特色，这里只讨论主要的情形。下面分做人称代词、指示代词、疑问代词来讨论。

一　人称代词

	单数	复数（加"侪""们"）
第一人称	₌𠊎 ŋai˧	𠊎侪们 ŋai˧ tsʻi˧ meŋ˧
		𠊎侪 ŋai˧ tsʻi˧
		𠊎们 ŋai˧ meŋ˧
第二人称	₌你 ni˧	你侪们 ni˧ tsʻi˧ meŋ˧
		你侪 ni˧ tsʻi˧
		你们 ni˧ meŋ˧
第三人称	₌佢 ke˧	佢侪们 ke˧ tsʻi˧ meŋ˧
		佢侪 ke˧ tsʻi˧
		佢们 ke˧ meŋ˧

"𠊎""你""佢"单字调为阴平。做主语、定语时不念轻声，做宾语时往往念轻声。例如：

佢在东门住 ke˧ tsʻai˧ toŋ˧ meŋ˧ tʃʻu˧

𠊎细人哩唔听话 ŋai˧ se˧ neŋ˧ le˧ ŋ̍˧ tʻeŋ˧ va˥

你姆妈喊你 ni˧ m̍˧ ma˧ haŋ˧ ni˧

你快滴话佢 ni˧ kʻue˧ ti˧ va˥ ke˧

当说话人强调所说人称时，宾语的人称代词则念单字调。例如：

（佢话哪个？）话你，话𠊎？（说你，还是说我？）

va˥ ni˧, va˥ ŋai˧

唔係话你，係话佢。（不是说你，是说他。）

ŋˌ heˌ vaˌ niˌ，heˌ vaˌ keˌ

"侪""们"作为后缀用在"偓""你""佢"之后表复数，都念轻声。[①]"侪"在"们"之前时读成 [tsʻiẽ]（"浅"的轻声）。偓、你、佢都可以有三种形式，比如，"偓侪们""偓侪们""偓们"。三者在语法功能和意义上，看来没有什么不同，可以看作变体，其中"P 侪们"最常用。例如：

二嫂唔曾喊佢侪们来，喊嘞偓侪们来。[二嫂没有叫他们来，叫了我们来。]

二嫂唔曾喊佢侪来，只喊嘞你侪们来。[二嫂没有叫他们来，只叫了你们来。]

二嫂唔曾喊佢们来，只搭偓侪们话嘞。[二嫂没有叫他们来，只跟我们说了。]

"偓"还可后附 [taŋˌ neŋˌ]/[taˌ neŋˌ][等人] 或 [taŋˌ]/[taˌ][等]，说成"偓等人""偓等"，一般可以表示包括听话人在内的包括式，跟不包括听话人在内的"偓侪们"排除式相对待。例如：

火木生，偓等人一下来去下城好唔好？[火木生，咱们都到城里去好不好？]

你侪们自家去，偓侪们时唔去欧！[你们自己去，我们呀，不去。]

"等人""等"只能附着在第一人称"偓"之后，不能附着在"你""佢"之后，长汀话没有"你等人/你等""佢等人/佢等"的说法。

其他表人称的代词还有：齐家、别人、人家、大家等（字下有双横线＿者，表示同音字。为了排版的简便，凡是同音字，只在首次出现的字下标出，其后再出现时，一般不标）。

齐家 [ɕtsʻiˌ ɕkaˌ][自家]，相当于普通话的"自己"，可以说"偓齐家""人家齐家（会写）"以及"老松哩齐家[做木匠]""大家齐家（拿）"。

别人 [pʻiẽ²ˌ ɕneŋˌ] 又念 [pʻeˌ neŋˌ]，跟"自家"相对，谈到某人的时候指那个人以外的人。例如：

你唔要动，别人会骂你。

偓等人系齐家屋下人，又唔系别人。[咱们是自己家里人，又不是别人。]

二 指示代词

近指用女 [ɕniˌ][这]，远指用解 [ɕkaiˌ][那]。

"女""解"单字调为上声，这点从"女""解"跟量词（或再加名词）组成的两字组（或三字组）的连读现象，可以得到证实。例如：

女张网 niˌ ʃɔŋˌ miɔŋˌ	女只（蛇）niˌ tʃaˌ
解张网 kaiˌ tʃɔŋˌ miɔŋˌ	解只（蛇）kaiˌ tʃaˌ
女朵（花）niˌ tɔˌ	女架（车）niˌ kaˌ
女座（砻）niˌ tsʻoˌ	

　　解朵（花）kai↘ tɔ↗　　　　解架（车）kai↘ ka↗

　　解座（砻）kai↘ ts'o↘

　　"女""解"作为上声，在语词里的变调现象完全跟长汀话一般连读变调规则相吻合。②

　　指示代词"女""解"，经常跟数量词连用修饰名词（包括名词性成分，下同）。例如：

女一只鸡　　解两个男子

女几斤鱼　　解四尺布

　　当数词为"一"时，数词可不出现。比如，"女只鸡""解番被"。不过，光有数词没有量词，"女""解"则不能跟名词组合，比如，*女一鸡、*解两男子。这是跟普通话书面用法不同的地方。如果名词已经在前面或后面出现（或者有一定的语言环境），指数量短语或指量短语可以单独使用。例如：

女只鸡唔好，你可以要解只

女张忒细，俺买解张床

　　"女""解"可以跟表不定量（少量）的特殊数词"ɕ滴"[ti↗][些]连用，直接修饰名词，中间不能嵌入量词。例如：

女滴 [这些] 鸡鸭在哪块放？

*女滴只 [这些只] 鸡鸭在哪块放？

解滴 [那些] 笋干拿去卖。

*解滴包 [那些包] 笋干拿去卖。

　　不过，可以说"女几只""女几包""解几只""解几包"，例如：

女几只鸡鸭入在哪块？

解几包笋干拿去卖。

　　单个儿指示代词"女""解"，在长汀话里不能用做主语、宾语，比如：

*女係桃哩树。[这是桃子树。]

*解係梅哩树。[那是梅子树。]

*俺要买女，唔要买解。

*你洗女，做甚西。[你洗这，干什么。]

　　"女""解"在长汀话里一般也不单独用作定语，比如：

*女布便宜，解布忒贵。[这布便宜，那布太贵。]

*俺就唔戴女帽哩。[我就不戴这帽子。]

*女岭比解岭高。[这山比那山高。]

　　不过，书面味道较浓的个别语句有时也说，比如：

女山望嘞解山高，女桌望嘞解桌满。③[看了这山觉得那山高，看了这桌觉得那桌满。]

但是，口语里仍然不说"女岭望嘞解岭高"。

"女""解"带上轻声"個"[keɹ]以后，就可以用作主语或宾语，也可以用作定语。例如：

女個係桃哩树。[这种是桃子树。]

解個係梅哩树。[那种是梅子树。]

要买女個塑料鞋，唔要买解個鞋。[要买这种塑料鞋，不要买那种鞋。]

女個人野唔好合作。[这种人很不好合作。]

解個事还蛮做成，你又做女個东西。[那种事还未做成，你又做这种东西。]

长汀话"女個""解個"的"個"似乎还保留了近代汉语的特殊用法，跟一般量词"個"不完全相同。第一，一般量词"個"念阴去[keˎ]，不念轻声，比如，"你摘嘞几多個柑哩？""买一個梨哩就好嘞，唔要买两個"，而上述的"個"，只念轻声；第二，一般量词"個"，是个体量词，只表单数，"一個梨哩"就是"一個"，而上述的"個"，往往表含有复数的意义，比如，"老王要买两双解個塑料鞋""女個係桃哩树"，"解個""女個"是"那种""这类"或"这些"的意思。在长汀话里，"女個""解個"中间极少用数词"一"，几乎很难听见说，"女一個係桃哩树"（可以说，"女一兜係桃哩树"[这一棵是桃子树]）这种"個"，作为个体量词的意味很淡薄，以至于不表示什么具体的计量，好像仅仅是起辅助性指称作用，有点近乎后缀。

"女個"也可以念成[tiˉ keˎ]，在长汀话里跟"李個"同音。比如：

你著李個衫，解個衫忒旧咧。

李個葛瓜本地个[的]，无甜。[这种凉薯是本地的，不甜。]

长汀话里还有一些常用单位是由"女""解"参与组成的，如：时间的，女套[这会儿]、解套[那会儿]、女阵[这会儿、这时]、解阵[那会儿、那时]；表处所的，女角[这儿、这块儿]、解角[那儿、那块儿]、女裏[这里]、解裏[那里]；表方式的，仰哩[这么]、解仰哩[那么]、仰滴哩[这么样]、解仰滴哩[那么样]；表程度的，仰[这样]、解仰[那样]。下面简要地分别讨论。

1. 女套[niˎ tʰɔ]ʔ][这会儿]　　解套[kaiˎ tʰɔʔ][那会儿]

[tʰɔʔ]，一时写不出相应的字，单字调为阴去，相当于普通话的"会儿""时"，这里暂用同音字"套"来记录。"套"可以后附名词后缀"子"，长汀话除了说"女套子""解套子"外，还可以说"（坐嘞）一套子"[一会儿]"（料）一套子"[玩一会儿]。

"女套子""解套子"是表时间的语词。"女套子"相当于"这会儿""这个时候"，一般即指现在、这时，不指过去某一个时候。"解套子"相当于"那会儿""那个时候"，可以指过去的时间，也可以指未来。例如：

无铜钱个解套子喊人老爷，女套子之个长那个短神气十足咧。[没钱的

那个时候叫人家老爷，这会儿这个长那个短地神气十足了。］

前几年解套子柿哩野多，如今女套子买无嘞。［前几年那个时候柿子很多，现在这会儿买不着了。］

跟"女套子""解套子"意思差不多的有"女阵"［niˋ tʃʻeŋˋ］"解阵"［kaiˋ tʃʻeŋˋ］。也可以后附名词后缀"子"，说成"女阵子""解阵子"。"子"可有可无，不过，似乎趋向于"有"。"（女）阵子"含有表少量"时"的意思，用来表示短暂的时间，也可以说"一阵子"［一会儿、一些时间］。例如：

以前佢还话得有事，女阵子话无事咧。［以前他还能说上话，这会儿说不上话了。］
珊珊在女角坐嘞一阵子，就走嘞。［珊珊在这里坐了一会儿，就走了。］

不过，"女阵子""解阵子"比"女套子""解套子"所指时间稍长些，"女阵子"含有"最近""近来"的意思，"解阵子"含有"那些时候""那段时间"的意思。例如：

女阵子精猪肉［瘦肉］野好买，旧年哩九月哩解阵子野唔好买。

2. 女角 ［niˋ koˋ］［这儿、这块儿］

解角 ［kaiˋ koˋ］［那儿、那块儿］

主要指代人或物存在的处所。"角"［koˊ］单字调为阳平，跟"女""解"连用为轻声。"女角""解角"相当于普通话的"这儿""这块儿"和"那儿""那块儿"，往往跟"在""来""去""到"等动词一起用，例如：

（你在哪块哩？）佢在园里女角。［我在园里这块儿。］
（你在解角做甚西哩？）佢在打球坪哩女角炙棉被。［我在打球坪这儿晒棉被。］

"女角"还有一个念法是"李角"［tiˋ koˋ］。例如：

林林来李角，唔要去解角。［林林来这儿，不要去那儿。］
你爹哩唔在李角，在棋弯头店哩。［你爸爸不在这儿，在棋弯头店铺里。］

"女角""解角"也可以说成"女角子""李角子"。例如：

女角子躲唔得，躲去树背哩解角子。［这儿躲不得，躲到树后头那儿。］

跟"女角""解角"近似的说法是：

女裏 ［niˋ tiˋ］［这里］　　解裏 ［kaiˋ tiˋ］［那里］

例如：

先前三妹哩坐在石凳解裏，四妹哩坐在门女裏。
佢女裏无糖子咧，你去嫂哩解裏拿。［我这里没糖块了，去你嫂子那里拿。］

跟"女角""解角"近拟的说法还有：

女片²［niˋ pʻiẽˋ］［这边］　　　解片²［kaiˋ pʻiẽˋ］［那边］

例如：

长桌子唔在女片，在解片。

女ₛ迹 ［niˋ tsiaˊ］［这地儿］　　解ₛ迹 ［kaiˋ tsiaˊ］［那地儿］

例如：

斧头在大门女迹寻唔到，寻下子门后头解迹。

女向 [niↄ çionↄ] [这一带，这向]　　　解向 [kaiↄ çionↄ] [那一带，那向]

例如：

你要个 [的] 东西唔在女向，就在解向。

"女向""解向"也可说成"女□" [ↄniↄ tçˈiↄ]，"解□" [kaiↄ tçˈionↄ]。

3. 仰哩 [nionↄ leↄ] [这么]　　解仰哩 [kaiↄ nionↄ leↄ] [那么]

主要指代动作、行为的某种方式，用来修饰动词结构。例如：

女件事羊甚转去话？你就一句一句分开来仰哩话，唔敢无头无尾解仰哩话。[这件事怎么回去说？你就一句一句分开来这么说，不要没头没尾那么说。]

"仰哩"可能跟"女样哩"连音变化有关：[ↄniↄ ↄionↄ leↄ] → [nionↄ leↄ]；不过，口语里已经不怎么说"女样哩"了。"解仰哩"没有相应的连音变化形式。"仰哩"一般要附后缀"哩"，"解仰哩"则比较自由，不一定附"哩"。

例如：

最好要仰哩行，唔要解仰（哩）行。[最好要这么走，不要那么走。]

仰滴哩 [nionↄ tiↄ leↄ] [这么样]

解仰滴哩 [kaiↄ nionↄ tiↄ leↄ] [那么样]

也是指代动作、行为某种方式的，用于修饰动词结构。例如：

女双鞋先贴鞋面后绱索子仰滴哩做。

解仰滴哩坐，会驼背，仰滴哩坐正 [才] 好。

你时唔要无停歇解仰滴哩话佢唠。[你呀不要没完没了地那么说说他吧。]

比之于"仰哩""解仰哩"，好像只是较接近普通话的"这么样""那么样"罢了。

4. 仰 [nionↄ] [这样，这么]　　解 [kaiↄ] [那样，那么]

主要指代性质状态的程度，用于形容词之前。例如：

一张四方桌正五块钱仰便宜。[一张四方桌才五块钱这么便宜。]

两本旧书就要四块钱解贵。[两本旧书就要四块钱那么贵。]

你望，仰大介箱子无三十斤重。[你看，这么大的箱子不到三十斤重。]

"解贵""解大"也可说成"解仰贵""解仰大"。

"仰""解"可能跟"女样" [niↄ ↄionↄ]、"解样" [kaiↄ ↄionↄ] 连音变化有关。但是，口语里已经不说"桌子女样便宜""旧书解样贵"。

"仰""解"还可以表示"多么"的意思，对性质、状态程度的感叹。例如：

（一个梨哩有九两。）仰大的梨哩！

（细妹子数学考嘞一百分。）解聪明！

"仰大"是"多么大","解聪明"是"多么聪明"。

也可以用"几"［tɕi˩］表示"多么"［感叹］的意思。例如：

　　细妹子几会呀，数学考嘞一百分，几好，几能惯。

"几会"是"多么会"，"几能惯"是"多么能干"。

三　疑问代词

　　主要用于询问。较常见的有：哪個、什么人、甚西、什么、哪；哪块、哪里；羊甚、羊般哩。简要地分述如下：

　　1. 哪個［ne˩ ka˥］/［ne˩ kai˥］　什么人［ʃu˩ mu˥ neŋ˥］

都用于问人。"哪個"询问对方是"谁"，例如：

　　你係哪個？［你是谁？］

　　解個係哪個个东西？［那个是谁的东西？］

　　哪個哩在楼汗上？［谁在楼上？］

"哪個"可能跟"哪一個""哪些個"有关系。有时也念成［ne˩ ke˥］。

"哪個"可以附名词后缀"哩"，比如，"你係哪個哩？"［你是谁？］"桌子汗个东西哪個哩个？"［桌子上的东西谁的？］

"哪個（哩）"自身可以表复数，也可以后带"侪们"表复数，例如：

　　来嘞解多人在办公室，有滴哪個哩？［来了那么多人在办公室，都有些谁？］

　　灶下哩哪個哩侪们在讲事？［厨房里谁们在说话？］

询问"谁"，也可以用"什么人"。比如，"厅下哩什么人来嘞？"［厅堂上谁来了？］可能因为书面语味道较浓，用得较少。此外，"什么人"还有另一个意思，询问是什么样的人。因此，问"什么人在厅下哩？"有歧义。既可表示询问"谁在厅堂上？"也可表示询问"什么样的人在厅堂上？"［在厅堂上的是什么样的人？］

　　2. 甚西［soŋ˦ si˦］/［soŋ˩ si˦］　什么［ʃu˩ mu˦］

"甚西"用于问事问物。例如：

　　二姐话甚西？［二姐说什么？］

　　你手汗拿个係甚西？［你手上拿的是什么？］

"话甚西"，问事，是问"说什么"？"係甚西"，问物，是问"拿的""是什么"？"甚西"，有意强调时，可以说成［soŋ˩ si˦］。

"甚西"很可能跟"什么东西"的连音变化有关：［ʃu˩ mu˦ toŋ˦ si˦］→［soŋ˦ si˦］。［soŋ］的调值不是很稳定，似乎两读，既可读阳平［soŋ˦］，也可读上声［soŋ˩］，这里暂且记作"甚"。

"甚西"可以附名词后缀"哩"，说成"（你要）甚西哩？"

　　"甚西"多用作宾语，像上面举的例子；有时也用作主语，比如，"甚西哩烧烱嘞？"但是，不能用作定语，不说"甚西（哩）人""甚西（哩）事"。

　　"甚西"放在动词"做"之后组成"做甚西"，可以两读：[tsoɿ soŋˢ siɿ]／[tsoɿ soŋˇ siɿ]，有实虚二义。实义询问"做什么物件""做什么事"，比如，"你在屋下［家里］做甚西？""最近在城里做甚西哩？"虚义用于询问原因或目的，相当于普通话的"为什么""干什么"。例如：

　　　　水水做甚西唔写信来？　［水水为什么不写信来？］

　　　　大姐前几日做甚西哩去福州？　［大姐前几天干吗去福州？］

　　"做甚西"有时也可成"做紫事"[tsoɿ tsʅˇ siˢ]。它可能跟"做什么事"连音变化有关：[tsoɿ ʃuˇ muˢ sʅɿ]→[tsoɿ tsʅˇ siˢ]。"做什么事"变成了"做紫事"。比如："二哥做紫事唔上班？做紫事唔应人？"［二哥为了什么不上班？为什么不答应人？］

　　"甚西"虽然像是跟"什么东西"的连音变化有关，但是，它的用法已经相当专一化，跟"什么东西"不完全对等了。用于问事物的大多数场合，"甚西"的意思相当于"什么"，如"老张话甚西""你喊甚西"不等于"老张话什么东西""你喊什么东西"；当用于询问比较具体的物件时，"甚西"的意思近于"什么东西"，就比较明显，比如"你食甚西？""手汗拿个係甚西？"相当于说"你食什么东西？""手上拿的是什么东西？"当然，"甚西"毕竟可能跟"什么东西"连音变化有关，因此，它根本不能修饰名词性成分。修饰名词的职能一般要由"什么"来担任。

　　3. 什么 [ʃuˢ muˢ]

　　"什"的语音有点不好确定，一般好像念成阳去 [ʃuˢ]，跟"什锦"[ʃˢ tçienˢ] 的 [ʃˢ] 音比较接近，中古阳入长汀话今读阳去，这里暂且写作"什"。不过，有时也好像念 [ʃeŋˢ]"甚"阳去，所以也有人写作"甚么"。

　　"什么"不能附名词后缀"哩"，不能说"（你要）什么哩？"

　　"什么"用于问事、问物，书面味较浓，例如：

　　　　你要什么？　　　你问什么？　　　老李在写什么？

　　"什么"用作宾语，实际很勉强，长汀话口语里一般不怎么说"你问什么？""你做什么？"而是像前面谈过的那样，说成"你问甚西？""你做甚西？"比较地说，"什么"常见的用法是做定语，修饰名词性成分。比如，"今晡什么日子？""还要带什么衫裤？""你喊什么名字？""你问什么事？"即使是这样的用例，也还带一些书面气。

　　4. 哪 [neˢ]

　　一般不能单用，要跟数量词连用，表示在某范围之内进行选择，例如：

女几个人当中哪一个姓董？　　　　哪两只鸭子係你个？

"哪"还跟方位、时间语素"裏""块""迹""向"和"阵（子）"等连用，表示询问"什么地方""什么时间"。

哪裏 [neˇ tiˋ] [哪里、哪儿]　　　哪块 [neˇ kʻueˋ] [哪里、哪儿]

用于询问"什么地方"，经常跟"在""到""去"等动词一起用。例如：

长生如今在哪裏？　　　　　　在广州

你在哪块？　　　　　　　　　偃在大门口

哪裏哩买得有 [能买到] 钓竿？　　去水东街哩买

粪斗放在哪块哩咧？　　　　　在门角落头

"哪裏""哪块"都可以附名词后缀"哩"，说成"哪裏哩""哪块哩"。

用于询问处所的还有"哪迹""哪边""哪片""哪向"等，它们所问地处，大小有所不同，比如，"哪向" [什么方向] 大于"哪迹" [什么地块]，这里就不一一赘述。

5. 羊甚 [ioŋˊ ʃeŋˋ] [怎么]　羊般哩 [ioŋˊ paŋˊ leˋ] [怎么样]

这两个词都还没能找到相应的字，暂且用同音字记录。"甚"可能有人用同音字"神"来记。"般"大体上接近它的音义。它们一般用于修饰动词结构，询问方式、原因，大体相当于普通话的"怎么"和"怎么样"。例如：

石哥去厦门羊甚去？坐火车坐汽车去？

栗哩树羊般哩种？要唔要先泡下药水？

请问一下，圆鱼羊般哩食？

"羊甚"不能附后缀"哩"，"羊般哩"经常附"哩"。"羊般哩"又说"羊甚般哩" [ioŋˊ ʃeŋˊ paŋˊ leˋ]。"羊般哩"也可以顺同化，说成"羊满哩" [ioŋˊ maŋˊ leˋ]。例如：

木生羊甚般哩来个？ [木生怎么来的？]

女件事究竟羊般哩做羊满哩讲？ [这件事究竟怎么样做怎么样讲？]

"羊甚"和"羊般哩"大都可以通用，在一定的上下文或语言环境里都可以问情况。例如：

你如今羊甚咧？ [你现在怎么啦？]

你如今羊般哩咧？ [你现在怎么样啦？]

也可以问行动。例如：

你要羊甚（做）？ [你要怎么（做）？]

你想羊甚般哩（做）？ [你想怎么样（做）？]

"羊甚"和"羊般哩"跟助动词、否定词或指示代词"仰滴哩""解仰滴哩"一起用，表示询问原因，相当于普通话的"怎么""为什么"。例如：

老王羊甚肯来？ [老王为什么肯来？]

三哥羊般哩愿意去上海？ ［三哥怎么愿意去上海？］

大姐女儿几日羊甚般哩唔转屋下？ ［大姐这几天为什么不回家？］

你前驳子羊甚无来料？ ［你前些日子怎么不来玩？］

羊甚你前一阵子唔来上班？ ［怎么你前些日子不来上班？］

羊般哩陈三哩要仰滴哩讲？ ［为什么陈三要这么样说？］

羊甚佢侪们会解仰滴哩打架？ ［为什么他们会那么样打架？］

前四例是"羊甚""羊般哩"用在主语之后述语之前，后三例用在主语之前。

不过，"羊甚"和"羊般哩"在用法上似乎也有些不同：

第一，"羊般哩"借助于助词"个"可以跟名词组合，"羊甚"不能。比较：

你公司要用羊般哩个人/柜台？ ［你公司要用怎样的人/柜台？］

*你公司要用羊甚个人/柜台？ ［*你公司要用怎么的人/柜台？］

第二，"羊般哩"用作"到"［得］"嘞"［了］之后的补语，比较自由，"羊甚"似乎要受到一些限制。例如：

文章写到羊般哩咧？　　文章写到羊甚咧？

衫裤做嘞羊般哩咧？　　*衫裤做嘞羊甚咧？

附记：周辉、曹培基、张隆绣先生对本稿提了很多宝贵意见，特此致谢。

附　注

① 句末动词宾语人称代词轻读的类型，参看《长汀客话动词宾语人称代词的读音》一文，见本书第 61 页至 65 页。

② 参看饶长溶《福建长汀（客家）方言的连读变调》一文，见本书第 48 页至 60 页。

③ 这个例子是我的朋友曹培基先生提供的，谨此致谢。

参考文献

丁声树等　1962　《现代汉语语法讲话》，商务印书馆。

吕叔湘著　江蓝生补　1985　《近代汉语指代词》，学林出版社。

朱德熙　1982　《语法讲话》，商务印书馆。

（原载《中国语文》1989 年第 3 期）

说长汀客话 XA 式状态形容词的构成

　　客家话里有一类 XA 式状态形容词，如：冰冷、喷香、冥暗，在口语里常见常用，可是，它们的前语素究竟有没有实义，前后两个语素由什么方式组合成词，它跟什么形式相对应等，这些问题恐怕都还很值得研究。①

　　福建长汀客（家）话，是笔者的母语方言。本文主要对长汀客话 XA 式状态形容词，由两个什么语素组成，形成什么关系的结构体以及这个结构体的对应式及其重叠式等有关事实，进行分析、讨论，并提出一些不很成熟的意见。

一

　　长汀客话"冰冷、雪白、喷香、冥暗、激鲜、华光"这样一些词，它们是由后成分单音节形容词语素 A，如"冷""白""香"和前成分单音节名词、动词、形容词等语素 X，如"冰""雪""喷"组成，是前成分 X 修饰后成分 A 的 XA 式偏正形容词。

　　能够充当 A 成分的，主要是一些颜色词语素，如"白、红、黄"等和一些性质形容词语素，如"冷、香、圆、皱、光、薄、厚"等。其他一些形容词，如"多、少、对、错"等不能充当 A 成分。

　　能够充当 A 成分的形容词语素，一般都有实义，具有该类语素的语法功能，可以单说，是自由的。例如：野 [很] 红、发红、红灯；阴冷、冷库、冷静；唔 [不] 香、甜香、香料。

　　能够充当 X 成分的，主要是可用作比喻、描摹的名语素，如"冰、雪、笔、簇、藻、蒂、翠、楂"等；动语素，如"喷、滴、滚、烙、搋、诐、登、翕"等；形容语素，如"冥、溜、敦、丰、华、夆、嫋、䵻"等；拟声语素，如"科、聒"等。

　　这些语素，一般都有实义，有典籍可查，即使拟声语素"科（酥）""聒（硬）"，也有它"[kho⁵⁴]""[kua²⁴]"拟声所传达的意义。

　　这些语素，大都具有该类语素的语法功能，有些可以单说，是自由的，如名语素：一块冰、薄冰、冰窖；两管笔、毛笔、笔筒；动语素"挨搋、搋手；会烙、烙脚；唔滚、滚动；形容语素：<u>野</u>溜、溜动；忒跚、跚手；好斜、斜线等。

也有一些字面上生疏或会说不会写、需经查考后才知道的语素（字），语法功能不够明显，甚至不易认定是动语素还是形容语素，它们是黏着的，如"激、簇、黗、绀、妯、潖、稞、鈗"等。可能由于这些前成分语素语法功能不明显，性质难辨，本字难求，人们又难于分析它与后成分语素之间结构上的关系，因而误以为这些前成分语素是没有实义、无字可考、相当于前缀的虚语素。

XA 式形容词，语音上，前后成分都不念轻声，它们依照长汀客话两字组连读变调规则说读声调。[②]

XA 式形容词，结构上，前成分 X 和后成分 A 之间不能插入任何其他成分。X 和 A 是修饰成分与被修饰成分的关系，组成以形容语素为中心的 XA 式偏正结构复合词。

前成分 X，主要从形状、情态等方面对中心成分进行修饰描绘，回答是什么状态的问题。充当前成分 X 的语素，主要有名、动、形容、拟声等，它们分别与中心成分 A 形成以下几方面的状态关系。以 N、V、A、I 分别代表名、动、形容、拟声语素，例释如下：

N＋A　"像 N 一样 A"。例如：

雪白：像雪一样白；　　　　藻轻：像藻子一样轻；

笔直：像笔一样直。

V＋A　"跟 V 一样 A"。例如：

滚圆：跟滚动一样圆；　　　喷香：跟喷发一样香；

东胖：跟隆起一样虚胖。

A＋A　"有 A 那样 A"。例如：

冥暗：有败黑那样暗；　　　华光：有耀华那样光；

暂白：有人白色那样白。

I＋A　"跟 I 一样 A"。例如：

科酥：跟科（响）一样酥；　　聒硬：跟聒（响）一样硬。

以上几种形状、情态的描绘与被描绘关系，不妨以"像 X 一样 A"为代表，把 XA 式这类形容词看作表示状态描写的偏正式复合词，简称 XA 式状态形容词。

XA 式状态形容词所描写的状态，还可以从视觉、触觉等人们的感觉上分类。例如：

雪白　绀黄　黗乌　　　　　［视觉］

冰冷　离滑　滴圆　　　　　［触觉］

雪嫩　蒂苦	[味觉]
喷香　逢臭	[嗅觉]
科酥　聒硬	[听觉]

有些状态形容词，兼有视觉、触觉两种感觉，如笔直、滴圆、离滑。

二

XA 式状态形容词，作为偏正式复合词，前面不能受"唔"[不] 否定，如：*唔冰冷，*唔滴圆；一般不能受程度副词"野"[很]、"十分"的限制，如*野翠青，*十分登燥。

在对比情况下表示强调时，XA 式状态形容词可以单独作述语，作"V 到"的补语。例如：

（1）赖大嫂一双手櫍皱（个），面目绀黄（个）

（2）老张一腰 [条] 裤洗到雪白。

（3）陈妹哥一双脚冻到冰冷（个）。

不过，带上"个"[的] 后，往往更顺当。

A 式状态形容词带"个"后，常用作定语。例如：

（4）买嘞 [了] 一篮子雪嫩个荷兰豆。

（5）哎哟，有一双错瀡个手伸啊过来。

有些还可以作状语。例如：

（6）去太平街，你唔要转弯，笔直个行上去。

（7）桌子唔敢斜敊个放在墙头汗 [上]。

XA 带"个"后，大多前面还可以加上表示轻微程度的"有滴子"[有点儿]。例如：

（8）女 [这] 块布有滴子櫍皱个，换过一块。

（9）前头磡子 [台阶] 有滴子离滑个，小心滴行。

XA 式状态形容词与受程度限制的 HA 偏正组合，如：野 [很] 白、野冷，忒薄、忒嫩等有天然的区别：（1）组合性质上，前者是复合词，后者是短语；（2）结构关系上，前者表示状态描写，后者表示程度限制。这两方面明显而又重要的区别，过去我们都注意得不够。

XA 式状态形容词与长汀话 AA 式性质形容词的主要区别是：

1. 组合上，AA 式性质形容词，其前后成分都是形容语素，组成不分偏正的并列结构（关系）复合词，如：实在、齐整、白净、厚实、阔荡、长远、善良、薄削等。它们作为复合词，可以前加否定词"唔"，程度副词"野"，例如：唔实在、唔齐整、野白净、野厚实。XA 式状态形容词，后成分是形容语素，而前成分是名、动、形容、拟声多种语素。组成状态描写偏正结构复合词。它们不能前加否定词"唔"，程度副词"野"。

2. 重叠方式上，AA 式性质形容词，可以作甲甲乙乙式重叠，如：实实在在、齐齐整整、白白净净。而没有甲甲乙式前语素重叠，如：*实实在、*齐齐整、*白白净。XA 式状态形容词一般不能作甲甲乙乙式重叠，如：*冰冰冷冷、*雪雪白白、*㧌㧌尖尖；而可以有甲甲乙式（XXA）式前语素重叠，如：冰冰冷、雪雪白、㧌㧌尖。

跟北京话状态形容词比较，北京话"雾白、冰凉、通红、鲜红、魆黑"等，可以作前后语素间隔的甲乙甲乙式重叠，如：雾白雾白，冰凉冰凉、通红通红。③长汀话 XA 式状态形容词一般没有甲乙甲乙式重叠。

北京话类似 XA 式状态形容词，在一些著作里也都看作复合词。赵元任《汉语口语语法》主从复合词一章里说："冰冷（～凉）　漆黑（qùhēi）　粉碎　碧绿　屁轻　神勇　雪白　铁硬　贼亮"是"N－A 复合词"④。邢公畹主编的《现代汉语教程》说："双音节的状态形容词，都是偏正式的，前一个语素修饰后一个语素。其中，第一个语素是名语素的都有像某物一样的意思。如：冰凉是像冰一样的凉。再举一些例子：雪白、笔直、冰冷、漆黑、油亮。第一个语素不是名语素的，如：通红、鲜红、嫩绿、蔚蓝、湛蓝、煞白、滚烫、贼亮、稀烂。"⑤

三

下面着重讨论长汀客话 XA 式状态形容词重叠式的意义和功能。

前面提到 XA 式状态形容词可以作甲甲乙（XXA）式重叠，如：冰冰冷、离离滑；它们是 XA 式状态形容词前语素重叠式。语音上，三个音节都没有念轻声的，它们依照长汀话三字组连读变调规则说读声调；组合层次是"XX＋A"，如：冰冰＋冷。它们组成"像 2X 一样 A"的偏正结构，表示比基式 XA 量增强的意义，如："冰冰冷"比"冰冷"更逼真、更强调"像冰一样（冷）"，"离离滑"比"离滑"更逼真、更强调"跟脱离一样（滑）"。

XXA 重叠式作为一种组合体，不能前加否定词"唔"，程度副词"野"，如：*唔冰冰冷、*唔雪雪白、*野冰冰冷、*野雪雪白。不过，多数可以前加表示轻微程度的"有滴子"，例如：

（1）菊花叶哩 [叶子] 有滴子耷耷藮咧。

（2）你目珠子 [眼睛] 羊般哩 [为什么] 有滴子绀绀黄？

XXA 重叠式，句法上可以作述语，例如：

（3）蚕哩 [蚕儿] 身子糯糯长，有滴子会吓人。

（4）老弟个嘴唇溚溚湿，好像弄倒嘞水。

作"V 到"的补语，例如：

（5）一件新衫得 [被] 你坐到榙榙皱，唔好看咧。

（6）好嘞，你一双手烘到烙烙烧咧。

作状语，例如：

（7）长条凳唔敢敦敦㪿放在水缸边。

一般不能直接作定语，如：*暖 [热] 嘞一壶烙烙烧隔冬酒。

XXA 重叠式带"个"后，常用作定语，例如：

（8）离离滑个沙鳅哩 [泥鳅]，捉都捉唔稳 [抓不住]。

（9）唔敢著解件 [那件] 㮂㮂短个袄子咧。

也可以作述语，作"V 到"的补语和状语，例如：

（10）楼厅哩什么东西华华光个？

（11）新鞋都得 [被] 你著到冥冥乌个咧。

（12）粉干（米粉）唔敢登登燥个拿去炒，要用烧水 [热水] 泡下子。

长汀客话 XXA 重叠式可以有其同义对应的"AXX 哩"重叠式。如：白雪雪哩、高擎擎哩。它们是"AX"式组合，如"白雪""高擎"后语素重叠带"哩"式，"哩"是必有的后缀，相当于北京话的"儿"。它们语音上，依照长汀话四字组变调规则说读声调。组合层次是：（A＋XX）＋哩，如（白＋雪雪）＋哩。它们组成中心成分 A 在前，修饰成分 XX 在后（"A 到 [得] 像 2X 一样"）的正偏关系结构，"白雪雪哩"即"白到 [得] 像 2 雪一样"，"高擎擎哩"即"高到像 2 擎一样"，表示比基式 AX 量增强的意义。它们正好与 XXA 重叠式成分顺序相反而又相对应。再举几个例子：

华华光——光华华哩　　　登登燥——燥登登哩

皙皙白——白皙皙哩　　　黗黗乌——乌黗黗哩

寂寂静——静寂寂哩　　　激激鲜——鲜激激哩

不过，也有些 XXA 重叠式没有相应的"AXX 哩"重叠式。例如：

笔笔直　*直笔笔哩　　　雪雪亮　*亮雪雪哩

丰丰庞　*庞丰丰哩　　　泞泞滑　*滑泞泞哩

"AXX 哩"重叠式，作为一种组合体，不能前加否定词"唔"，程度副词"野"，如：*唔冷冰冰哩、*唔白雪雪哩、*野冷冰冰哩、*野白雪雪哩。不过，多数可以前加表示轻微程度的"有滴子"。例如：

（13）菊花叶哩 [叶子] 有滴子蔫耷耷哩咧。

（14）你目珠子 [眼睛] 羊般哩 [为什么] 有滴子黄绀绀哩？

"AXX 哩"重叠式，句法上可以作述语，作"V 到"的补语和状语，例如：

（15）蚕哩 [蚕儿] 身子长糯糯哩，有滴子吓人。

（16）好嘞，你一双手烘到<u>烧烙烙</u>哩咧。

（17）长条凳唔敢<u>敨敦敦</u>哩放在水缸边。

一般不能直接作定语，不说：*暖［热］嘞一壶烧烙烙哩隔冬酒。

"AXX 哩"重叠式带"个"后，常用作定语，例如：

（18）<u>滑离离</u>哩个沙鳅哩［泥鳅］，捉都捉唔稳［抓不住］。

也可以作述语，作"V 到"的补语和状语，例如：

（19）楼厅哩什么东西<u>光华华</u>哩个？

（20）新鞋都得［被］你着到<u>乌冥冥</u>哩个咧。

（21）粉干［米粉］唔敢<u>燥登登</u>哩个拿去炒，要用烧水［热水］泡下子。

从以上分析来看，XXA 重叠式和 AXX 哩重叠式，除了成分的顺序相反外，二者组合的语素成分相同（AXX 哩重叠式多一个"哩"），组合的语法功能相同，语义基本相同，因此，二者可以看作同义变换的重叠式，即 XXA ←→AXX 哩。

长汀客话还有一种与 XXA 重叠式形式相关、意义相近的状态形容词，如<u>黐黢乌</u>、<u>浪荡光</u>、<u>仒擎高</u>、<u>啦跨稀</u>。它们像是由基式 XA"黢乌""荡光"前加有实义的嵌 1 声母音节（语素）"黐""浪"组成 IXA 式状态形容词，嵌 1 声母语素的本字，大多有待考察。（"黐"很可能是本字。）

IXA 式状态形容词，数量很少，但是它的语法功能和意义，基本上与 XXA 重叠式相同或相近。比较：

　　　<u>黐</u>黢乌——黢黢乌　　　　<u>浪</u>荡光——荡荡光

　　　<u>仒</u>擎高——擎擎高　　　　<u>啦</u>跨稀——跨跨稀

例如：

（22）你羊般哩［为什么］一双手弄到<u>黐黢乌</u>（黐黐乌）？

（23）前头［前面］有个<u>仒擎高</u>个（擎擎高个）东西挡稳嘞目珠［挡住了眼睛］。

IXA 式状态形容词在长汀客话里还有其成分顺序相反的同义对应式 AIX 哩。比较：

　　　黐黢乌——乌<u>黐</u>黢哩　　　　浪荡光——光<u>浪</u>荡哩

　　　仒擎高——高<u>仒</u>擎哩　　　　啦跨稀——稀<u>啦</u>跨哩

二者的语法功能和意义，基本上相同或相近。例如：

（24）你羊般哩［为什么］一双手蓝天到乌<u>黐黢</u>哩？

（25）前头［前面］有个高<u>仒擎</u>哩个东西挡稳嘞目珠［挡住了眼睛］。

根据以上分析比较，我们不妨把 IXA 式看作 XXA 重叠式的（嵌 I）变体，把 IXA 式的对应式 AIX 式看作 AAX 哩重叠式的（嵌 I）变体，从而形成 XA 式状态形容词重叠变化的系列关系表：

XA	雪白	擎高	AX	白雪	高擎
XXA	冰冰冷	擎擎高	AXX 哩	冷冰冰哩	高擎擎哩
IXA	黸黢乌	令擎高	AIX 哩	乌黸黢哩	高令擎哩

　　本表左栏 XA 是状态形容词基式，XXA 是 XA 的前语素重叠式，IXA 是 XXA 的（嵌 I）变式。右栏 AX，AXX 哩和 AIX 哩分别是左栏 XA、XXA 和 IXA 的对应式。

　　需要特别说明的是，与 XA 基式相对应的右栏 AX 式，它好像是贫乏或亡佚的词式。以形容语素 A 在前为中心成分，名、动、形容等语素 X 在后为修饰成分，组成正偏关系结构 AX 式状态形容词，它们应该是能产的、存在的，如：（雪白：）白雪、（蒂苦：）苦蒂；（擎高：）高擎、（诳生：）生诳；（溜滑：）滑溜、（褊短：）短褊，"白雪"就是"白到 [得] 像雪一样"，"高擎"就是"高到像擎起一样"，"滑溜"就是"滑到像顺溜一样"。与 XA 式所不同的只是表示状态描写的修饰语素居后而已。但是，在一般人语感上，它们不是 AX 式状态形容词，而是别的构词式复合词。比如："白雪"是"形+名"偏正式名词"白雪"，"高擎"是"形+动"偏正式动词"高擎（举）"，"滑溜"是"形+形"并列式形容词。也就是说，在这里，AX 式状态形容词在语素排列（组合）上与其他一些构词式的复合词混同了，或者说像被掩盖了，以至亡佚了。还有些 AX 式状态形容词，如：（冰冷：）冷冰，（雪嫩：）嫩雪；（喷香：）香喷，（滴圆：）圆滴；（彤红：）红彤，（敦馓：）馓敦等，它们也应该是存在的，可分析的。"冷冰"是"冷到像冰一样"，"香喷"是"香到像喷发一样"；但是，人们乍一见，觉得由这种语素排列（组合）形成的词，有点生疏，有点不好理解，不怎么像常见常用的复合词。其实，它们是与 XA 式状态形容词相对应而存在的，是重叠式 AXX 哩所来自的基式复合词。

　　附录：长汀客话 XA 式状态形容词词目和注释。
　　（说明：1. 所列词目只是目前搜集到的部分，不是全部；2. 词目注的是字的本调；3. 所考本字，有的可能是音义接近的同音字或近音字，有待于求正。）

　　（一）颜色类：

　　雪白 [sɔ pha] 阳平（古入）、阳去（古入）。像雪一样白：水金妹一双手雪白，潜胖、米果般哩 [糍粑似的]。雪，《广韵》入声，薛韵，相绝切：凝雨也。

霜黄［soŋ voŋ］阴平、阳平。像（带着）霜一样黄：枇杷鞠［长］到霜黄（个），既好香又好食。霜，《广韵》平声，阳韵，色庄切：凝露也。

翠青［tshi tshiaŋ］阴去、阴平。像翠鸟一样青：你望，翠青个翠哩［翠鸟］半天空跌啊落溪里啄鱼哩［鱼儿］食。翠，《广韵》去声，至韵，七醉切：《字林》云：青羽雀，又翠微。《急就章》有翠鸳鸯。

贡（绀）黄［koŋ voŋ］阴去、阳平。有青赤色那样黄：糊窗子个纸绀黄，无几好看［不怎么好看］。绀，《广韵》去声，勘韵，古暗切：青赤色也。《说文解字注》系部：帛深青而扬赤色也。［段注："扬"当作"阳"，犹言表也。《释名》曰：绀，含也。青而含赤色也。］

通（彤）红，［thoŋ foŋ］或［toŋ foŋ］阴平、阳平。有赤色那样红：冬下头哩冻到面角卵彤红［冬天里冻到面颊彤红］。彤，《广韵》平声，冬韵，徒冬切：赤也，丹饰也。《诗经·小雅·彤弓》："彤弓弨兮，受言藏之。"（朱熹注：彤弓，朱弓也。弨，驰貌。）

黧乌［li vu］阴去、阴平。有黑色那样的乌：二姊右颈汀［上］有个大痣黧乌（个）。黧，《玉篇》黑部，吕位切：黑色。乌，《广韵》平声，模韵，哀都切：《尔雅》曰：纯黑而返哺者谓之乌。

䵒乌［tshi vu］阳去（古入）、阴平。有黑色那样的乌：墨斗糊到手指䵒乌（个）。䵒，《集韵》入声，术韵，促律切：黑也。

䵤乌［mia vu］阳去（古入）、阴平。有黑青色那样的乌：只烧嘞［了］半个月，锅头就烧到䵤乌（个）。䵤，《广韵》入声，锡韵，莫狄切：黱䵤，黑青。黱，《广韵》入声，锡韵，仓历切：黱䵤，色败。

皙白［sia pha］阳平（古入）、阳去（古入）或［sia pha］阳去（古入）、阳去（古入）。有白色那样白：一年到头坐办公室，面目皙白（个）。皙，《广韵》入声，锡韵，先击切：人白色也。《说文解字注》皙，人白色了。［段注：《诗经·风》："扬且之皙也。传曰：皙，白皙也。］

䶊红［çiẽ foŋ］阴平、阳平。有赤黄色那样红：只跑嘞［了］十分钟，满面䶊红（个）。䶊，《广韵》平声，添韵，许兼切：赤黄色。

䶊黄［çiẽ voŋ］阴平、阳平。有赤黄色那样的黄：有种颜料䶊黄（个），屎般哩得人怕［屎似的让人怕］。

黗乌［tu vu］阴去、阴平。有深黑色那样乌：熬嘞两日夜，目舷［眼睑］黗乌（个）。黗，《集韵》去声，暮韵，都故切：色深黑。

缟青［kua tshiaŋ］阳平、阴平。有（绶带）紫青色那样青：市场有一种缟青个萝苴，又脆又甜，多买几个。缟，《广韵》平声，麻韵，古华切：青缟绶也。《说文解字注》：系部：缟，绶紫青色也。［段注：《百官公卿表》曰："丞相，金印紫绶。高帝十一看现名相国，缥绶。"徐广曰："似紫，紫绶名缥绶。其色青紫。"何承天云："缥，青紫色也。"]

（二）性质类

1. N+A

耷蔫［ta iẽ］阳平（古入）、阴平。像（往下耷拉的）大耳一样蔫：你撞倒［碰上］什么事，全身耷蔫（个）。耷，《广韵》入声，盍韵，都榼切：大耳。蔫，《广韵》平声，仙韵，於乾切：物不鲜也。

啦稀［la çi］阴去、阴平。像缝隙一样稀疏：买嘞一块绩布啦稀个。啦，为同音字，本字待考。"啦稀"与"跨稀"（见下）同义。

樝皱［tsa tsɯɯ］阴平、阴去。像樝子皮一样皱：人老撤嘞［人老了］，手脚都樝皱（个）咧。樝，《广韵》平声，麻韵，侧加切：似梨而酸。或作柤。按：樝子与北京的山楂不同。明·李时珍《本草纲目·果》："樝子乃木瓜之酢涩者，小于木瓜，色微黄，蒂核皆粗，核中之子小圆也。"（见《汉语大词典》卷四，1272页。）

雪嫩［se neŋ］阳平（古入）、阳去。像雪一样嫩：三妹子一双手青葱般哩雪嫩。

哆厚［to hɯɯ］阴去、阴平。像厚嘴唇一样厚：四姊嘴唇哆厚个，还野［很］会讲故哩［故事］。哆，《广韵》去声，箇韵，丁贺切：缓唇也。

糯长［no çhɿ］阳去、阳平。像（柔弱的）糯米一样长：糯长个手指，好弹钢琴。稬（糯），《广韵》去声，过韵，乃卧切：秫名。愞（懦），乃卧切：弱也。或从需。

错濇［tshuo se］阴去、阳平（古入）。像打磨石一样粗糙（不滑）：唔敢去凭错濇个墙头，新衫都会锯烂［不要去凭靠粗糙的墙头，新衣服都会割破］。错，《广韵》去声，暮韵，仓故切：金涂。错，《广韵》入声，铎韵，仓各切：镭别名。又杂也。摩也。《诗》传云：东西为交，邪行为错。《说文》云：金涂也。濇，《广韵》入声，缉韵，色立切：不滑。

冰冷［pɔŋ leŋ］阴平、阴平。像冰一样冷：哎哟，冰冷个水，食嘞会得病。冰，《广韵》平声，蒸韵，笔陵切：水冻也。

笔直［pi tʃhɿ］阳平（古入）、阳去（古入）。像笔一样直：火长生猗在屋柱解里［那里］，挺到笔直。笔，《广韵》入声，质韵，鄙密切：秦蒙恬所造。

藻轻［phiɔ tçhiaŋ］阳平、阴平。像藻子［浮萍］一样轻：赵老师七十岁咧［了］，行起路来藻轻个。藻，《广韵》平声，宵韵，符霄切：《方言》云：江东谓浮萍为藻。

蒂石［ti ʃa］阴去、阳去（古入）。像果蒂一样坚实：林金金发［长］得蒂石（个），无高无大，石包哩般哩［实心包子似的］。蒂，《广韵》去声，霁韵，都计切：草木缀实。《说文解字注》：蒂，瓜当也。[段注：枣李曰虇之。

疐者，蒂之假借字。《声类》曰：蒂，果算也。瓜当、果鼻正同类。《老子》："深根固柢"，柢亦作蒂。]

蒂苦 [ti fu] 阴去、上声。像果蒂一样苦：节节瓜 [黄瓜] 蒂哩尾巴蒂苦个，唔好食。

激鲜 [tçi siẽ] 阳平（古入）、阴平。像激流一样鲜明：家乡长汀细溪哩 [小溪] 个水激鲜（个）。激，《广韵》入声，锡韵，古历切：疾波。

足韧 [tsiəɯ ieŋ] 阳平（古入）、阳去。像根底一样坚韧：牛皮糖足韧（个），咬都咬唔动，唔好食。足，为同音字，本字待考。足，《广韵》入声，烛韵，即玉切：《尔雅》云：趾足也。

奴善 [mu çiẽ] 阳平、阴平。像奴仆一样和善：三姨话事都无大声，奴善个。[三姨说话都不大声，像奴仆一样和善。] 奴，《广韵》平声，模韵，乃都切：人之下也。

簇新 [tshu seŋ] 阳平（古入）、阴平。像小竹子一样新：玲玲野会省徽 [节俭]，手表用嘞一年还簇新个。簇，《广韵》入声，屋韵，千木切：小竹。"簇新" 语本前蜀花蕊夫人《官词》之六："厨盘进食簇时新，侍宴无非列近臣。"本谓簇聚新物。邹韬奋《经历》四三："墙上的白粉和墙上下半截的黑漆，都是簇簇新的。"（见《汉语大词典》卷八，1239 页。）

2. V+A

诇生 [na saŋ] 阳平、阴平。跟张着嘴（说话、换气）一样活跳：买嘞 [了] 一只草鱼诇生个，还会趯 [蹦]。诇，《广韵》平声，麻韵，女加切：谞诇，语貌。谞，张加切：又呶，《集韵》平声，麻韵，女加切：唠呶，谊也。

烙烧 [lo ʃɔ] 阳去（古入）、阴平。跟烙烫一样热：烙烧个手炉子快塞入被窝里。烙，《广韵》入声，铎韵，卢各切：烧烙。烧，《广韵》平声，宵韵，式昭切：火也，然也。

登燥（糟）[teŋ tsɔ] 阴平、阴平。跟（五谷）成熟一样干燥：布鞋炙嘞 [晒了] 登燥个咧。登，《广韵》平声，登韵，都滕切：成也，升也。糟，《广韵》平声，豪韵，作曹切：火余木也。声韵合，意义似有点不贴切。燥，《广韵》上声，皓韵，苏老切：干燥。意义合，声母、调类不合。今从俗，用 "燥"。

喷香 [pheŋ çioŋ] 阴去、阴平。跟喷发一样香：新做个饭子喷香，多食一碗。喷，《广韵》去声，恩韵，普闷切：吐气。

塳臭 [phoŋ tʃhuˇ] 阴平、阴去。跟（尘土、浊气等）上场一样臭：屎窖里塳臭，行开滴。[厕所里塳臭，走开点。] 塳，为同音字，本字待考。埲，《广韵》上声，董韵，蒲蠓切：塕埲，尘起。意义合，声调不合。

东胖 [toŋ phaŋ] 阴平、阴去。跟（物体）隆起一样虚胖：东胖个寿包其实只摆嘞十几个。东，《广韵》平声、东韵，德红切：《说文》曰：动也。

从日在木中。按：即日头向上活动。

避燥 [phi tsɔ] 或 [pi tsɔ] 阴去、阴平。跟（水分）跑了一样干燥：粉干炙嘞 [米粉晒到] 避燥，无赚头。避，为同音字，本字待考。避，《广韵》去声，寘韵，毗义切：违也，回也。

滴圆 [ti iẽ] 阳平（古入）、阴平。跟（水珠）滴落一样圆：滴圆个皮球得 [被] 人踩扁嘞。滴，《广韵》入声，锡韵，都历切：水滴也。

离滑 [li vai] 阳平、阳去（古入）。跟脱离一样滑：还正洗成浴，身汗 [上] 离滑，松爽。[刚洗完澡，身上溜滑、松爽。] 离，《广韵》平声，支韵，吕支切：近曰离，远曰别。滑，《广韵》入声，黠韵，户八切：利也。

翕紧 [çi tçieŋ] 阳平（古入）、上声。跟翕住一样紧：书橱门要做到翕紧（个），正（才）唔会上尘灰。翕，《广韵》入声，缉韵，许及切：敛也，合也。

惹甜 [nia thiẽ] 或 [ia thiẽ] 阳平（古入）、阳平。跟会惹人舌头一样甜：糖放嘞忒多咧，蒸个糖糕惹甜个。惹，为近音字，本字待考。惹，《广韵》入声，药韵，而灼切：淹惹。

跏疆 [çia tçieŋ] 阴平、阴去。跟跏子手脚不能伸展一样僵硬：老人家哩血脉唔通畅，身子经常跏疆个。跏，《集韵》平声，麻韵，居牙切：屈足从也。疆，《广韵》去声，漾韵，居亮切：尸劲硬也。

跨稀 [çhia çi] 阴去、阴平。跟（多分权竹炊蒂）岔开一样稀疏：跨稀个秆扫 [扫把]，扫地下都扫唔净。跨，为同音字，本字待考。跨，《广韵》去声，祃韵，苦化切：越也。又两股间。长汀客话"跨哩"，是一种竹制多权的刷洗用具，如洗锅跨哩，尿桶跨哩。

擎高 [tçhiaŋ kɔ] 阳平、阴平。跟擎举一样高：金生发 [长] 得像电报树子 [电线杆] 般哩，擎高个。擎，《广韵》平声，庚韵，渠京切：举也。

赴齈 [pu noŋ] 阴平、阴去。跟往下塌一样软齈：左脚脚盘肿到赴齈个，行路都野困难。赴，《集韵》平声，模韵，奔模切：赴，伏也。齈，《广韵》去声，送韵，奴冻切：多涕鼻疾。

拣尖 [tu tsiẽ] 阳平（古入）、阴平。跟（针的）刺扎一样尖：手指甲拣尖，拣嘞人野疾 [扎了人很疼]。拣，《广韵》入声，觉韵，竹角切：击也。

滚圆 [kueŋ iẽ] 上声、阳平。跟（珠子等）滚动一样圆：捡到一块石头滚圆个，好精 [真漂亮]。滚，《集韵》上声，混韵，古本切：大水流貌。

3. A+A

华光 [va koŋ] 阳平、阴平。有华耀那样光：昼边，热头炙到厅下哩华光个 [中午，日头晒得厅堂里有华耀那样光]。华，《广韵》平声，麻韵，户花切：草盛也。色也。《说文》作华，荣也。《汉书·礼乐志》："月穆穆以金波，日华月耀以宣明。"光，《广韵》平声，庚韵，古黄切：明也。

　　华亮 [va lioŋ] 阳平、阳去。有华耀那样亮：从窗子望出去，天华亮个咧。亮，《广韵》去声，漾韵，力让切：朗也。

　　爹厚 [ta ɯɯ] 阳平、阴平。有厚嘴唇那样厚：马火生一张嘴搭猪嘴筒状哩 [跟猪嘴筒似的] 爹厚个。爹，《集韵》平声，麻韵，陟加切：《说文》厚唇貌。

　　爹黏 [ta niẽ] 阳平、阳平。有粘黏那样黏：新打个米果爹黏，会结嘴。[新做成的糍粑粘黏，会粘住嘴巴。] 爹，《集韵》平声，麻韵，陟加切：爹爹，相黏也。黏，《集韵》平声，麻韵，女加切：爹黏，黏着。

　　溚湿 [ta ʃʅ] 阳平（古入）、阳平（古入）。有湿润那样湿：落雨天，一双鞋溚湿（个）。溚，《集韵》入声，合韵，德合切：湿也。

　　黏黏 [na niẽ] 阳平、阳平。有相黏结那样黏：六月伏天作雨又唔落下来，一身黏黏。

　　殺（枼）薄 [ʃc pho] 阳平（古入）、阳去（古入）。有木片的轻薄那样薄：前几日买个凉鞋鞋底枼薄（个），几重纸般薄。枼，《广韵》入声，枼韵，与涉切，又式涉切：薄也。《说文解字注》木部：枼，薄也。[段注：凡木片之薄者，谓之枼。故叶、牒……等字皆用以会意。《广韵》㨤，轻薄美好貌。] 从木，世声。元·关汉卿作"殺"。《关汉卿集·闺怨佳人拜月亭》第三折：[笑和尚] 韵悠悠比及把角品绝；碧莹莹投至那灯儿灭；薄殺殺衾枕空舒设。

　　泞滑 [neŋ vai] 阳平、阳去（古入）。有泥泞那样滑：门口鱼塘里泞滑（个），脚踩落去就拔唔起来。泞，《集韵》平声，青韵，囊丁切：汀泞，小水。

　　嫡亲 [ti tsheŋ] 阳平（古入）、阴平。有嫡正（血脉）那样亲：你们几个都在五服内，係嫡亲个兄弟。嫡，《广韵》入声，锡韵，都历切：正也。

　　䂔短 [ti tu] 阳去（古入）、上声。有矮䂔那样短：矮人国出来个人，身胚 [身躯] 䂔短，手脚也短䂔䂔哩。䂔，《广韵》入声，术韵，竹律切：短貌。

　　脚壮 [tsi tsoŋ] 阳平（古入）、阴去。有油膏的泽润那样肥壮：金火叔屋下 [家里] 只只牛牯脚壮个。脚，《广韵》入声，职韵，子力切：膏泽。壮，《广韵》去声，漾韵，侧亮切：大也。

　　稫紧 [tsi tɕieŋ] 阳平（古入）、上声。有稠密那么紧：一条凳子坐三个人，挤到稫紧。稫，《广韵》入声，缉韵，子入切：稠稫稫。

　　冥（顭）暗 [mia ŋc] 阳去（古入）、阴去。有败黑那样暗：教室里无灯无火冥暗个。顭，《集韵》入声，锡韵，莫狄切：顭顭，色败黑。一曰闇也。

　　黐黐 [tia tʃʅ] 阳平（古入）、阴平。有黏结那样稠黏：现舀个蜂蜜黐黐，晶亮。黐，《广韵》入声，昔韵，竹益切：黏黐。黐，《广韵》平声，支韵，丑知切：所以粘鸟。

　　斜骸 [tshia tɕhi] 阳平、阴平。有歪斜那样骸：小孟一发火，目珠子

[眼珠] 都斜觖个。斜,《广韵》平声,麻韵,似嗟切:不正也。觖,《广韵》平声,支韵,去奇切:不正也。

嫋长 [ɕiɔ tʃhɔŋ] 上声、阳平。有柔弱那样长:上任屋岗个在路嫋长个,行唔得到 [大路柔长,不容易走到]。嫋,《广韵》上声,篠韵,奴鸟切:长弱貌。

溜滑 [liəu vai] 阴去、阳去(古入)。有顺溜那样滑:鳗鱼溜滑(个),一下子溜走嘞。溜,《广韵》去声,宥韵,力救切:水溜。

皱死 [tsiəu si] 阴去、上声。有曲皱那样死板(不灵活):花猫得 [被] 你吓到皱死(个),一滴子 [一点儿] 都唔动咧。皱,《广韵》去声,宥韵,侧救切:面皱。按:长汀话"皱"可以念作有 [　] 介音的音节,如面声面皱 [tsiəu]。死,《广韵》上声,旨韵,息姊切;《说文》曰:澌也。人所离也。《现代汉语词典》死 sǐ⑥固定;死板;不活动。

鈂重 [teŋ tʃhoŋ] 阴去、阴平。有鈂沉那样重:五斤赤糖鈂重(个),细妹子提唔起来。鈂,《集韵》去声,沁韵,知焰切:鈂,重也。

敦觖 [teŋ tɕhi] 阴去、阴平。有竖直那样觖斜:竹筒放敦觖个,省地方。觖,《广韵》去声,慁韵,都困切:竖也。

令光 [leŋ kɔŋ] 阴去、阴平。有美好那样光滑:一头令光个头发,乌蝇都徛唔稳 [苍蝇都立不住]。令,为同音字,本字待考。令,《广韵》去声,劲韵,力政切:善也。又《诗经·小雅·角弓》"此令兄弟,绰绰有裕;不令兄弟,交相为瘉。"朱熹注:令,善也。"言虽王化之不善,然上善兄弟,则绰绰有裕面不变,彼不善之兄弟,则由此而多相病矣。"

当中 [tɔŋ tʃoŋ] 阴去、阴中。有当中间那样正中:一条凳子在厅下哩放到当中,会间跌人 [会绊人]。当,《集韵》去声,宕韵,丁滚切:主也,底也,中也。中,《广韵》平声,东韵,陟弓切:平也,宜也,半也。

丰厖[phoŋ maŋ]阴平、阴平。有杂丰盛那样浓厚:蔗田里杂草发[长]到丰厖(个),无人铲净。丰,《广韵》平声,钟韵,敷容切:丰草美好。厖,《广韵》平声,江韵,莫江切:厚也,大也。

褔短 [khue tu] 阳去(古入)、上声。有短衣那样短:新买来个褂哩,著起来褔短个。褔,《广韵》入声,物韵,衢物切:衣短。

4. I+A

科酥 [kho su] 阴去、阴平。跟(咬精)科(响)一样酥:烘好嘞个番豆 [烘烤好的花生]科酥,松脆,野好食 [很好吃]。科,为同音字,本字待考。科,《广韵》去声,过韵,苦卧切:滋生也。

舔硬 [kua ŋaŋ] 阳平(古入)、阳去。跟舔(响)一样坚硬:舔硬个麦芽糖,老公爹咬唔动。舔,为同音字,本字待考。舔,《广韵》入声,末韵,古活切：声扰。

附　注

　　① 傅雨贤认为，广东连平客家话"率白、冰冷、喷香"等是在原单音节词根前边附加上不同类型的词缀而构成生动活泼的缀加法形容词。（见《连平话形容词词缀和程度差异的多样性》一文，载第二届客家方言研讨会论文集《客家方言研究》，暨南大学出版社 1988 年版。）

　　朱德熙认为，北京话里"雪白、冰凉、通红……"这一类形容词，"前一个音节已经丧失了原来意义，近于前加成分的性质，因此它们往往可以转化为后加成分，比较：雪白：白雪雪，魆黑：黑魆魆，冰凉：凉冰冰……"（见《现代汉语形容词研究》一文，载中国科学院语言研究所《语言研究》1956 年第 1 期。）

　　赵元任认为，重叠可以看作一种变化，也可以看作一种语缀，Bloomfield 就是这样看待的。重叠之不同于一般语气，在于它没有固定形式，它采取它所附着的形式，或者这形式的一个部分。（见《汉语口语语法》（吕叔湘译）第 105 页。）

　　② 饶长溶：《福建长汀（客家）方言的连读变调》，《中国语文》1987 年第 3 期。

　　③ 朱德熙：《现代汉语形容词研究》，《语言研究》1956 年第 1 期。

　　④ 赵元任：《汉语口语语法》，吕叔湘译，商务印书馆 1979 年版，第 195 页。

　　⑤ 邢公畹主编，马庆株副主编：《现代汉语教程》第三章　词类（中），南开大学出版社 1992 年版，第 241 页。

参考文献

丁声树编录，李荣参订　1981　《古今字音对照手册》，中华书局。

顾野王　1987　《大广益会玉篇》，中华书局。

顾野王　1983　《集韵》（扬州使院重刻本），北京中国书店。

罗竹风主编 1994　《汉语大词典》，汉语大词典出版社。

吕叔湘　1962（1）　《说"自由"和"粘着"》，《中国语文》。

吕叔湘　1982　《宋本广韵》（泽存堂本），北京中国书店。

许慎撰　段玉裁注　1981　《说文解字注》，上海古籍出版社。

赵元任著　吕叔湘译　1979　《汉语口语语法》，商务印书馆。

中国社会科学院语言研究所词典室编　2002　增补本《现代汉语词典》，商务印书馆。

朱德熙　1956　《现代汉语形容词研究》，中国科学院语言研究所　《语言研究》（1）。

朱德熙　1982　《语法讲义》，商务印书馆。

（原载《语言研究的务实和创新——庆祝胡明扬教授八十华诞学术论文集》，外语教学与研究出版社 2004 年版）

长汀客话 vvV 式状态动词

　　客家话有一种 vvV 式状态动词，前些年一些客家话词典、方言志、书著，多寡不等地收录、涉及了这类词。它们多半当作状态形容词来注释、安排，不过，有的也作了程度不同地接近这类词构成方式、词性的注释、分析。谢永昌将"环环转"一词，注释为"环绕轴心不断转动的样子"，"叭叭跌"一词，注释为"状物体或果实不断掉落的样子"①。刘镇发把这类词放在形容词、副词类里，作为重叠词，在 AB 结构项下列了 15 个例子，如："bin bin zang［奋奋挣］"一词，注释为"用力挣扎"，"kiet kiet zet［缺缺侧］"一词，注释为"侧面地躺着"②。台湾客家中原周刊社《客话辞典》对这类词的注释分析，相当部分都较接近词性，如："辽辽转"注释为"绕圈子转"，"登登企"注释为"直立站着"，"挺挺昂"注释为"脸朝上躺着"，与"盒盒覆"成为相反词，如"佢挺挺昂跌啊落"③。

　　本文以长汀客话为主要代表，试对这类状态动作作初步探讨。

一

　　vvV 式状态动词是由后中心成分动词语素 V 和前成分重叠动词 vv 所组成。前重叠动词语素表示连续不断活动的状态或方式，来修饰后中心成分动词语素的动作，构成偏正式状态动词。比如：翻翻溅，翘翘起。"翻翻溅"是说"像连续不断翻滚着那样溅射"，"翘翘起"意思是"像不断支棱着那样竖起"。"翻翻"和"翘翘"分别修饰"溅"和"起"，表示在怎样的连续不断状态或方式下动作。它们的结构层次是：vv+V。

　　这种前修饰成分与后被修饰成分的关系，可以用结构相同的短语来比较。长汀话说，"（唔敢）克嘞腹 ［扣着腹］睡，（要）面向天睡"，"克嘞腹"和"面向天"都是动作"睡"的状态或方式，表示在怎样的活动状态下动作，它们都是偏正式结构的短语（有的字词，本字待考，用同音或近音字代替，字下加双横线__）。

　　长汀话有一对字序相反、结构相同、意义相近的状态动词，也可以作为一双有助于分辨结构式的例证。如"裤带松嘞，殷殷落"，也可以说成"裤带松嘞，落落㱥"。（㱥，念 le²，阳平调，"往下脱离"的意思。《广韵》入声，没韵，勒没切：㱥弐不稳。）前句是说"裤带松了，不断往下脱着那样降落"，后一句意思是"裤带松了，不断降落那样脱离"。"㱥㱥落"和"落落㱥"二者都表示在怎样的不断活动状态下动作，都是前重叠动语素为修饰成分，为偏，后中心成分动语素为被修饰成分，为正，组成偏正结构状态动词。

二

状态动词的内部构成。状态动词分为前后两个部分，各自都由动词或与动词有关的拟声语素和动词语素所构成。

1. 充当状态动词后中心成分 V 的，都是表示动作、变化或趋向的动词语素。如：滚、动、走票、倒、浮、惊、走、闪、上、下、出、入、开等。它们都有实义，可以单说，是自由的。比如：大滚、滚动、滚坏；唔［不］动、动摇、动错；快上、上货、上完。

2. 能充当前成分重叠动语素 vv 的，大多是表示移动、变化或兼拟声的动词，如：赴赴、蠕蠕、擘擘、躲躲、挥挥、疯疯、涌涌、化化、仰仰、轰轰等。它们都是有实义，不重叠单用时，是自由的；重叠后，作为前成分语素，则一般不单用，非自由的。

vvV 式状态动词，在语音上都没有念轻声的，它们依照长汀客话三字组连读变调规则念读声调。④

状态动词，结构上，前重叠成分 vv 与后成分 V 之间，不能插入任何其他成分，比如：*赴赴哩趱，*蠕蠕哩动。它们是个紧密的结构体，形成以动词语素 V 为后中心成分的 vvV 式偏正结构三音节状态动词。

前重叠成分 vv 主要从多量、连续不断的活动状态或方式对后中心成分 V 进行描写、修饰、回答在怎样多量、连续活动状态下（动作）。比如："赴赴趱"的"赴赴"表示"像连续不断赴赴着那样"的意义，"凭凭倒"的"凭凭"表示"像不断后靠着那样"的意义。

充当前成分重叠动语素，从性质看，实际可以分为两类：

A 类：vv（V）。属于移动、变化的动语素，可以用 vv 标示。比如：翻翻（滚）、锁锁（动）、挥挥（走）、涌涌（上）。

B 类：Ⅱ（V）。属于拟声兼含动作、变化的语素。可以用 Ⅱ 标示。比如：轰轰（滚跑过来）、蹦蹦（滚走撇嘞）。

为了简便，本文总的暂且以 vvV 式标示状态动词。

三

状态动词作为结构整体，有以下一些语法功能。

1. 状态动词前面可以加上表"可能"的助动词"会"，例如：

（1）火长生一下子会凭凭倒。

（2）心里还会唔会擘擘结？

2. 前面不能加否定词"唔"[不]，例如：

　*细人哩唔怦怦趥 [phaŋ phaŋ tshio，阴平、阴平、阳平]。

　*心里唔翻翻车 [faŋ faŋ tʃha，阴平、阴平、阴平]。

不过，可以前加"唔曾"[不曾]或"盲曾"[未曾]，例如：

（3）细人哩唔曾怦怦趥。

（4）心里唔曾翻翻车。

3. 不能前加程度副词"野"[很]，例如：

　*大姊野躲躲。

　*下昼野逢逢惊 [phoŋ phoŋ tçiaŋ，阴平、阴平、阴平]。

不过，可以前加表示程度轻微的"有滴子"[有点儿]，例如：

（5）大姊有滴子躲躲闪。

（6）下昼有滴子逢逢惊。

4. 经常做述语，例如：

（7）七月八，鸟哩 [鸟儿] 哆哆跌。

（8）无水嘞，大鲤鱼还怦怦走票。

也可做"V 到"后的补语，例如：

（9）落雪天，冻到抖抖懓 [təɯ təɯ tçiaŋ，阴平、阴平、阴平]。

（10）赖牯得 [被] 人挤到凭凭倒咧。

5. 状态动词带了"个"[的]后，可以作定语，例如：

（11）洗脚唔要用泡泡滚个水。

（12）解 [那] 扇塝塝倒 [khaŋ khaŋ to，上声、上声、上声] 个墙头，要拿木柱荐转去。

也可以做状语，例如：

（13）林马金赴赴趨个去归 [回家] 嘞。

（14）今晡头那 [脑袋] 精精揪个疾。

这类动词不能前加否定词"唔"，跟一般动词有所不同，但是，可以前加"唔曾"和助动词"会"，主要用作述语，语义上表示多量、连续不断活动的状态下动作，所以称作状态动词。

四

给事物分类，可以有不同的视角。前面说到，从充当前成分重叠动语素性质着眼，状态动词可以分为 A、B 两类。下面我们从后中心成分动词语素性质着眼，给至今采集到的长汀客话状态动词分成甲、乙两大类（类内事例，为了排印方便，不标连读变调，只标单字调）。

甲类。后中心成分是表示动作、变化动词语素的，如：

翻翻车 faŋ faŋ tsʰia 阴平、阴平、阴平。像不断翻滚着那样转动。

哆哆殁 to to me 上声、上声、阳平。像（朽木等）不断一截截往下散着那样失落。‖哆，《广韵》上声，哿韵，丁可切：语声。又昌者切：下唇重貌。殁，《广韵》入声，没韵，莫勃切：死也。《说文》：终也。

哆哆跌 to to te 上声、上声、阳平。像（果实等）不断一个个往下掉那样跌落。

趄趄跌 tsʰia tsʰia te 阴去、阴去、阳平。像不断斜着走那样跌落。‖走斜，《广韵》去声，祃韵，迁谢切：走斜脚立也。

跨跨跌 tɕʰia tɕʰia te 阴去、阴去、阳平。像不断斜跨着步那样跌落。‖跨，《广韵》去声，祃韵，苦化切：越也。

落落羨 lo lo le 阳去、阳去、阳平。像不断降落着那样脱离。

汎汎浮 pʰiaŋ pʰiaŋ pʰio 阳去、阳去、阳平。像（鸭子等）不断在水面上漂着那样浮游。‖汎，《广韵》去声，梵韵，孚梵切：浮貌。

呀呀號 ia ia vɔ 阳去、阳去、上声。像不断大张着嘴呀呀叫那样哭。‖號，《集韵》去声，號韵，后到切：《说文》痛声也。《说文解字注》嘷也。段玉裁注：嘷，號也。此二字互训之记也。

凭凭倒 peŋ peŋ tɔ 阴去、阴去、上声。像不断往后靠着那样倒下。‖凭，《广韵》去声，证韵，皮证切：依几也。

埳埳倒 khaŋ khaŋ tɔ 像（土墙等）不断倾塌着那样倒下。‖埳，《广韵》上声，咸韵，苦咸切：埳陷。

盦盦倒 aŋ aŋ tɔ 阴平、阴平、上声。像不断倾覆着那样倒下。‖盦，《广韵》平声，覃韵，乌禽切：《说文》：覆盖也。

戳戳倒 tsho tsho tɔ 阳去、阳去、上声。像不断受了戳刺那样倒下。‖戳，《广韵》入声，敕角切：授也，刺也。

卧卧倒 ŋo ŋo tɔ 阳去、阳去、上声。像不断往下伏卧着那样倒下。

纠纠倒 tɕio tɕio tɔ 阴平、阴平、上声。像不断卷曲着那样倒下。

跪跪倒 khui khui tɔ 阳去、阳去、上声。像不断往下跪着那样倒下。

趋趋倒 tshi tshi tɔ 阴去、阴去、上声。像（眼睛、身躯等）不断收拢着那样倒下。

浪浪火剌 lɔŋ lɔŋ lai 阳去、阳去、阳平。像不断浪打着浪那样灼烤。‖火剌，《集韵》入声，曷韵，郎达切：火貌。

挥挥走 fi fi tsɯ 阴平、阴平、上声。像（吃了薄荷等）不等挥发着那样移动。

赴赴趱 fu fu tsaŋ 阴去、阴去、阴去。像不断赶赴着那样趱走。‖趱，《集韵》去声，翰韵，则旰切：散走。

里里趱 ti ti tsaŋ 阴平、阴平、阴去。像不断使劲往里蹿着那样趱走。

呐呐生 na na saŋ 阳平、阳平、阴平。像（鱼腮等）不断开合着那样存活。

浪浪散 lɔŋ lɔŋ saŋ 阳去、阳去、上声。像不断分离乱营那样散开。

蠕蠕动 nu nu thoŋ 阳平、阳平、阴平。像（虫子等）不断爬着那样活动。‖蠕，《集韵》平声，虞韵，汝朱切：虫行貌。

滚滚动 kueŋ kueŋ thoŋ 上声、上声、阴平。像不断翻滚着那样活动。

仰仰动 niɔŋ niɔŋ thoŋ 上声、上声、阴平。像不断摇晃着那样活动。

锁锁动 ŋaŋ ŋaŋ thoŋ 上声、上声、阴平。像不断点着头那样活动。‖锁，《广韵》上声，感韵，互感切：锁参页。

影影动 iaŋ iaŋ thoŋ 上声、上声、阴平。像不断在眼前晃着那样活动。

诈诈死 tsa tsa si 阴去、阴去、上声。像不断假装着那样死亡。

眯眯笑 mi mi siɔ 阳平、阳平、阴去。像不断眯缝着那样笑。

腊腊烊 la la ŋɔi 阳去、阳去、阳平。像（半固体等）不断化解得收不起来那样消融。‖烊，《广韵》平声，阳韵，与章切：焬烊。

亦亦烊 ia ia ŋɔi 阳去、阳去、阳平。像不断化解得不成形那样消融。

擘擘结 pa pa tɕie 阳平、阳平、阳平。像不断撕掰着那样纠结。‖擘，《广韵》入声，麦韵，博厄切：分。

怦怦趍 phaŋ phaŋ tɕhiɔ 阴平、阴平、阳平。像（心里）不断往上蹿着那样惊跳。‖趍，《广韵》入声，药韵，七雀切：行。

怦怦走票 phaŋ phaŋ piɔ 阴平、阴平、阴平。像不断往上蹿着那样跳跃。‖走票，《广韵》平声，宵韵，甫遥切：轻行。

掣掣挑 tʃhe tʃhe thiɔ 阳平、阳平、上声。像不断往外扯着那样挑动。‖挑，《广韵》上声，篠韵，徒了切：挑战；亦弄也。

蹬蹬挑 teŋ teŋ thiɔ 阴平、阴平、上声。像不断往外蹬拉那样挑动。

拂拂挑 fi fi thiɔ 阳平、阳平、上声。像不断撕扯着疼那样挑动。

悬悬挑 fiẽ fiẽ thiɔ 阴去、阴去、上声。像不断晃荡着那样挑动。‖ 縣，《广韵》，去声，霰韵，黄练切：郡县也。《释名》曰：縣，懸也。懸于郡也。古作寰。

活活跳 ho ho thiɔ 阳平、阳平、阴去。像不断存活着那样跳动。

霍霍揪 ho ho tsiəɯ 阴去、阴去、阴平。像（人、马等）不断过往、叫喊霍霍响着那样聚集。‖ 摵，《集韵》平声，将由切：《说文》：束也。引《诗》"百禄足**。" 一曰：聚也。或书作摵。

精精揪 tsieŋ tsieŋ tsiəɯ 阳平、阳平、阴平。像（头部）不断纠着疼精精响着那样聚集。

蹦蹦揪 poŋ poŋ tsiəɯ 阴去、阴去、阴平。像不断迈大步蹦蹦响着那样了聚集。

轰轰揪 hoŋ hoŋ tsiəɯ 阴去、阴去、阴平。像（车轮等）不断滚动轰轰响着那样聚集。

哇哇揪 via via tsiəɯ 阴去、阴去、阴平。像不断大声说话哇哇响着那样聚集。

喈喈揪 tsia tsia tsiəɯ 阴去、阴去、阴平。像不断惊叫喈喈响着那样聚集。‖ 喈，《广韵》去声，祃韵，子夜切：叹声。

荐荐揪 tsiẽ tsiẽ tsiəɯ 阴去、阴去、阴平。像不断往里打楔子那样聚集。

聚聚摵 tsi tsi tshiəɯ 阴去、阴去、阴平。像（物体）不断聚合着那样汇集。‖ 摵，《广韵》平声，尤韵，自秋切：束也，聚也。

逢逢惊 phoŋ phoŋ tɕiaŋ 阴平、阴平、阴平。像（心里）不断逢逢跳着那样惊吓。

当当淋 toŋ toŋ teŋ 阴平、阴平、阴去。像（拖地等）不断往下滴答着水那样滴落。‖ 淋，《集韵》去声，沁韵，力鸩切：以水沃也。按：阳平调的"淋"，长汀话念 [teŋ] 阳平。

抖抖懔 təɯ təɯ tɕieŋ 阴平、阴平、阴平。像不断颤抖着那样打寒噤。‖ 懔，《广韵》平声，侵韵，居吟切：心懔貌。

生生懔 saŋ saŋ tɕieŋ 阴平、阴平、阴平。像不断牙磕着牙那样打寒噤。

痒痒懔 seŋ seŋ tɕieŋ 上声、上声、阴平。像不断颤抖着那样打寒噤。‖ 痒，《广韵》上声，寝韵，踈锦切：寒病。

恇恇懔 khuaŋ khuaŋ tɕieŋ 阴平、阴平、阴平。‖ 恇，《广韵》平声，阳韵，去王切：怯也。

荡荡悬 toŋ toŋ fiẽ 阴平、阴平、阴去。像（篮子没挂稳）不断荡来荡去那样晃动。‖荡，《广韵》平声，唐韵，吐郎切：荡突。又吐郎切。

翻翻溅 faŋ faŋ tsiẽ 阴平、阴平、阴去。像不断翻滚着那样溅射。

躲躲闪 to to ʃaŋ 上声、上声、çiẽ。像不断躲来躲去闪避。

盦盦覆 aŋ aŋ phu 阴平、阴平、阳平。像不断往下倾斜着那样扣住。

疯疯发 foŋ foŋ pue 阴平、阴平、阳平。像（杂草等）不断发疯那样生长。

剌剌滚 la la kueŋ 阳平、阳平、上声。像（风雷等）不断刮打剌剌响着那样滚动。‖剌，《广韵》入声，曷韵，卢达切：僻也，戾也。

泡泡滚 phɔ phɔ kueŋ 阴去、阴去、上声。像（水、汤）不断冒着泡那样滚动。

赴赴滚 fu fu kueŋ 阴去、阴去、上声。像（有急事）不断赶赴着那样滚动。

蹦蹦滚 poŋ poŋ kueŋ 阴去、阴去、上声。像不断迈大步蹦蹦响着那样滚动。

冻冻滚 toŋ toŋ kueŋ 阴去、阴去、上声。像不断运笨重东西冻冻响着那样滚动。

懂懂乱 toŋ toŋ lũ 上声、上声、阳去。像（心里）不断既懂非懂那样动乱。

离离乱 li li lũ 阳平、阳平、阳去。像（心里）不断分开离别那样动乱。

乙类。后中心成分是表示趋向的动词语素的。如：

皲皲下 ta ta ha 阳平、阳平、阳去。像（眼皮等）不断往下耷拉着那样落下。‖皲，《广韵》入声，合韵，都合切：皮皲。

敝敝下 le le ha 阳平、阳平、阴平。像（短裤等）不断脱离着那样落下。

摏摏下 tʃhoŋ tʃoŋ ha 阴去、阴去、阴平。像不断撞击着那样落下。‖摏，《广韵》去声，用韵，昌用切：推击也。

厌厌入 ie ie ne 阳平、阳平、阳去。像（谷壳等）不断屈瘪着那样进入。‖厌，《广韵》入声，葉韵，於葉切：厌伏。

蠕蠕入 nu nu ne 阳平、阳平、阳去。像（虫子等）不断蠕动着那样进入。

缩缩入 su su ne 阳平、阳平、阳去。像不断屈缩着那样进入。

嘬嘬入 tsue tsue ne 阳平、阳平、阳去。像不断吸吮着那样进入。

敝敝落 le le lo 阳平、阳平、阳去。像不断脱落着那样落下。

摏摏上 tʃhoŋ tʃhoŋ ʃoŋ 阴去、阴去、阴平。像不断往上撞击着那样上升。

皱皱上 tsiəu tsiəu ʃɔŋ 阴去、阴去、阴平。像不断皱卷着那样上升。

涌涌上 ioŋ ioŋ ʃaŋ 上声、上声、阴平。像不断涌动着那样上升。

划划起 fa fa çi 阳平、阳平、上声。像不断划动着那样升起。‖ 划，《广韵》平声，麻韵，卢花切：划拨进船也。

难难起 naŋ naŋ çi 阴去、阴去、上声。像（上台阶时腿脚）不断往上使劲移步那样升起。

胖胖起 phaŋ phaŋ çi 阴去、阴去、上声。像（蛋糕等）不断潽胖着那样升起。

撑撑起 tshaŋ tshaŋ çi 阴去、阴去、上声。像（支柱等）不断支撑着那样升起。

捶捶起 tʃhoŋ tʃhoŋ çi 阴去、阴去、上声。像不断往上撞击着那样升起。

趯趯起 tshio tshio çi 阳平、阳平、上声。像不断往上惊跳着那样升起。

翘翘起 tçhiɔ tçhiɔ çi 阴去、阴去、上声。像不断支棱着那样升起。

爬爬出 pha pha tʃhe 阳平、阳平、阳平。像不断爬着那样超出。

昂昂出 ŋaŋ ŋaŋ tʃhe 阳平、阳平、阳平。像（额头等）不断凸显着那样超出。

盒盒出 aŋ aŋ tʃhe 阴平、阴平、阳平。像（身躯等）不断倾斜着那样超出。

捶捶出 tʃhoŋ tʃhoŋ tʃhe 阴去、阴去、阳平。像不断往外撞击着那样超出。

悬悬出 çiẽ çiẽ tʃhe 阳平、阳平、阳平。像不断往前悬空着那样超出。‖ 縣，《广韵》平声，先韵，胡涓切：《说文》云：繫也。相承借为州县字。懸，俗今通用。

擘擘开 pa pa hue 阳平、阳平、阴平。像不断分掰着那样张开。

化化开 fa fa hue 阴去、阴去、阴平。像不断分解着那样张开。

离离开 li li hue 阳平、阳平、阴平。像不断分离着那样张开。

丫丫开 ia ia hue 阳平、阳平、阴平。像（嘴等）不断咧着那样张开。‖ 丫，《广韵》平声，麻韵，於加切：像物开之形。

僻僻开 phia phia hue 阳平、阳平、阴平。像不断斜分着那样张开。

罅罅开 çia çia hue 阴去、阴去、阴平。像不断罅裂着那样张开。‖ 罅，《广韵》去声，祃韵，虚讶切：《说文》裂也。

愕愕转 ŋo ŋo tʃũ 阴去、阴去、上声。像（头部）不断往后移动着那样回转。

凭凭转 peŋ peŋ tʃũ 阴去、阴去、上声。像（身躯）不断后靠着那样回转。

顿顿转 teŋ teŋ tʃũ 阴去、阴去、上声。像不断要掉头回返那样回转。

溜溜转 liəu liəu tʃũ 阴去、阴去、上声。像不断出溜着那样回转。

涌涌转 ioŋ ioŋ tʃũ 上声、上声、上声。像（胃里）不断往上涌着那样回转。

捆捆转 khueŋ khueŋ tʃũ 上声、上声、上声。像不断捆绑着那样回转。

团团转 thũ thũ tʃũ 阳平、阳平、上声。像不断绕着圈那样回转。

五

前面说到，有学者可能仅凭重叠方式，认为 vvV 式状态动词与客家话 vvA 式状态形容词"冰冰冷""喷喷香""寂寂静"等近似，其实，二者不仅在内部成分构成上不同，在其"基式"、变换对应式等方面的表现也有所不同。比如：xxA 式状态形容词大都有它的双音节"基式"说法，如：

冰冰冷——冰冷　喷喷香——喷香　寂寂静——寂静

多数有重叠语素，后置于形容词语素的"Axx 哩"对应式的说法，[⑤]如：

冰冰冷——冷冰冰哩　喷喷香——香喷喷哩

寂寂静——静寂寂哩

vvV 式状态动词大多没有双音节 vV（基）式说法，如：

翻翻溅　*翻溅　　泡泡滚　*泡滚

胖胖起　*胖起

多数没有重叠语素，后置于动词的"Vvv 哩"式说法，如：

凭凭倒　*倒凭凭哩　　疯疯发　*发疯疯哩

缩缩入　*入缩缩哩

极少数状态动词有"Vvv 哩"式说法，如：

呀呀号——号呀呀哩　　眯眯笑——笑眯眯哩

vvV 式状态动词与 xxA 式状态形容词最主要的区别在于后中心成分构成的不同，前者由动词语素充当，后者由形容词语素充当，试比较：

翻翻溅:喷喷香

躲躲闪:擎擎高

挥挥走:登登燥

左栏"溅""闪""走"是动词语素，前面不能加"很"，如：*很溅，*很闪；右栏"香""高""燥"是形容词语素，前面都可以加"很"，如：很香，很高，二者基本上可以区别开来。⑥

个别的状态动词，主要是前重叠成分由拟声兼含动作语素所构成的状态动词，它的后中心成分动词语素，如"滚"，其意义似乎开始虚化，存在后缀化倾向的问题。

长汀话说，（1）伯公话起事来喈喈滚，（2）门口甚西轰轰滚响，（3）雷公刺刺滚斫下来；这些句子里的"滚"，似乎不怎么像是"滚动"意义的"滚"，它的动作义开始模糊、虚化，存在渐变为后缀的倾向，带有指代前重叠成分的功能。如果要比较的话，这里的"滚"，有点相当于普通话后缀"然"，"喈喈滚""轰轰滚"相当于"喈喈然""轰轰然"。

长汀话里跟"滚"类似的还有个"揪"[tsiəɯ¹]，如说：（1）三妹哩唔敢号到哇哇揪，（2）大风霍霍揪吹啊过来，（3）木长哥轰轰揪追出去嘞；这些句子里"揪"的"聚集"动词义，也开始模糊、虚化了。

看来，这里的"滚""揪"，似乎都开始要渐变为定位的后附加成分。请看：

喈喈滚	轰轰滚	霍霍滚	刺刺滚
喈喈揪	轰轰揪	霍霍揪	哇哇揪

附　注

① 见谢永昌《梅县客家方言志》，第 259 页。

② 见刘镇发《香港原居民客话——一个消失中的声音》，第 221 页。

③ 见台湾客家中原周刊社客家文化艺术研究会编辑《客话辞典》，第 264、265、311 页。

④ 见饶长溶《福建长汀（客家）方言的连读变调》，《中国语文》1987 年第 3 期。

⑤ 见饶长溶《长汀客话 XA 式状态形容词的构成》，载中国人民大学中文系编《语言研究的务实与创新——庆祝胡明扬教授八十华诞学术论文集》，外语教学与研究出版社 2004 年版。

⑥ 个别动词、形容词兼类的词，如"生"有"生存"（动词）和"不熟"（形容词）的用法，"死"有"死亡"（动词）和"死板"（形容词）的用法，孤立地看，有时不容易分清。如：呐呐生、皱皱生。

参考文献

——1983　《集韵》（扬州使院重刻本），北京中国书店。

罗美珍　林兰芳　饶长溶主编　2004　《客家话通用词典》，中山大学出版社。

刘镇发　2004　《香港原居民客话——一个消失中的声音》，香港中国语文学会出版。

——1982　宋本《广韵》（泽存堂本），北京中国书店。

谢栋元　1994　《客家话 北方话对照辞典》，辽宁大学出版社。

谢留文编　1998　《于都方言词典》，江苏教育出版社。

许慎撰　段玉裁注　1981　《说文解字注》，上海古籍出版社。

张继耿主编　1995　《客家话词典》，广东人民出版社。

赵元任著　吕叔湘译　1979　《汉语口语语法》，商务印书馆。

中原周刊社客家文化学术研究会编　1992　《客话辞典》，台湾客家中原周刊社。

　　　　（原载张双庆 刘镇发主编《客家纵横——第七届国际客家方言
　　　　研讨会论文集》，香港中文大学中国文化研究所吴多泰
　　　　中国语文研究中心出版　2008 年 11 月）

长汀方言表"得到"和表"给予"的"得"

长汀话表"得到"和表"给予"都念 [te˧],声韵调相同,义相反,可以看作两个词,像是受、授同辞一类的反训现象,或都写成"得"①。简要讨论如下。

一 表"得到"的"得"

长汀话表示"得到"的"得",今城关话(以及北片话)不念入声,念阳平 [te˧],一般写成"得",用作动词。按它的用法,似乎可以再分为表示"得到"和"受到"两小类。

(一)表"得到"。

1. 得+N

(1)六十岁得孙女。

(2)老张得嘞 [le˧] [了] 头奖。

(3)水生妹多得一身衫裤。

"得孙女"是说"得到孙女""得嘞头奖",意思是"得到头奖"。

2. 得+V/A

(1)看牛得料 [玩],看马得骑,看羊跌烂膝头皮。

(2)一人破财,全家得安乐。

(3)你唔改时,会得苦。

"得料""得骑"是说"得到玩耍""得到骑乘"。1、2 两项的"得"可以单独回答问题,比如问"曾曾得孙女?"回答"得嘞";或者带上动词(或形容词)宾语后,回答问题,比如,"得安乐"。

3. 得+V/A+嘞

(1)大哥得打嘞,老弟得惜嘞。

(2)二妹哩得著嘞,得清闲嘞。

(3)公爹得苦嘞,姆妈得急嘞。

动词或形容词后表完成的"嘞"(相当于"了₁")是必有的,"得 V/A 嘞"这格式像个整体一样出现在句子里,表示"得到、经历了多量的同一动作或状态"。"得打嘞"意思是"得到了大量的打","得苦嘞"是说"经历了很多的痛苦"。

（二）表"受到"。

得＋N 施＋V

1. 根据后谓语 V 的构成状况，可以分为 A、B 两种情形。

A 式，后谓语为心理动词的。例如：

（1）珊珊十分得人惜，唔会得人恼。

（2）赖妹忒过得人怕，唔得人爱。

（3）你女 [这] 个人得人讨厌。

"得人惜"是说"受到人家爱惜"，"得人怕"意思是"让人家惧怕"。本式值得注意之点：a. 可以用"得"字组成正反问句式如"得唔得人惜？""得唔得人恼？"b."得"字前面往往可以加上表程度的成分，比如，例（1）（2）的"十分""忒过"；或者在后谓语动词之后加上表程度的成分和"嘞"，组成表结果的动补式，比如，"得人性死嘞"，"得人恼伤心嘞 [让人家气恼到伤心了]。

B 式，后谓语为动作动词的。例如：

（1）李石头常回得人骂，有一回得老婆踢着嘞。

（2）长生前回得流氓抢去嘞一个皮夹子。

（3）德荣得人请去做石匠咧。

"得人骂"是说"受到人家骂"，"得老婆踢着嘞"意思是"让老婆踢伤了"。本式值得注意之点：a.一般不能用"得"字组成正反问句式，如：*"得唔得人抢？"b."得"字前面一般不能加表程度成分，可以加表频度成分，如例（1）的"常回""有一回"，例（2）的"前回"。

2. 从形式和意义看，不论 A 式 B 式，"得 NV""得 NVC"像个兼语格式，"得"字一般不能单说，表示"受到、遭受"的被动义，接近于普通话的"被""让"。需要指出的是，不论 A 式 B 式，当后谓语由动补结构充当时，"得"字表示"被"字义都相当明显，比如 A 式"得人怕死嘞"，B 式"得老婆踢着嘞"；当后谓语由单个动词充当时，A 式似乎还带些"得到"义，比如"得人惜"（比较"得唔得人惜？"）含有些"得到人爱惜"的意思；而 B 式似乎就不带或少带"得到"义，比如"得人骂"，理解为"得到人骂"似不如理解为"被人家骂"顺当。二者的区别恐怕就在于：A 式"得"字的动词单用性稍强些，B 式"得"字的单用性几乎已丧失；A 式在被动性程度方面也不如 B 式强劲。

长汀话没有"得"字后面施事名词性成分不出现的说法，比如*"李石头常回得打"，*"有一回得踢着嘞"；而变通话"李石头被打""有一次被踢伤了"这种"被＋动"句式是常见的说法。

3. 从以上的分析看，第（二）部分表"受到"的"得"跟第（一）部分表"得到"的"得"，其差别也在于受动性强度不同。表"得到"的"得"，受动性不如表"受到"的"得"那么强，那么显著。当然，二者的联系也很密切，以至有时难分清楚。因此，表"受到"的［te 24］阳平，也同样用"得"标记。它们跟表"给予"义的"得"恰好正反相对。

二　表"给予"的"得"

长汀话表"给予"的［te24］也念阳平。似乎一时还没有相应的汉字来标记。②为了叙述方便，不妨借用一下长汀话里声韵调都相同的"得"（有时加注普通话的"给"），末了再讨论用哪个汉字标记比较合适。

长汀话表"给予"的"得"，一般只用于动词之后，可以跟动词分隔开用（分用式），也可以跟动词连用（连用式）。

（一）分用式。即在动词和表"给予"的"得"之间有别的成分分隔开。例如：

（1）你交一封信得［给］大哥，送几本书得［给］老弟。

（2）分两石谷得［给］满嫂，还十块钱得［给］林金。

（3）学一样事得［给］你知。

（4）拿一包果子得［给］石水（尝），量一斗米得［给］大伯（食）。

（5）买一张电影票得［给］姊姊看。

例（1）"你交一封信得大哥"是说"你交一封信给大哥"。句子里包括了以下的动作和人、物的联系："给与者"（你）和"接受者"（大哥），"给予的事物"（一封信），"动作（如何给与）的方式"（交），以及表给予的动词"得"，主要指明给予的对象（大哥）。

有的句子在"接受者"之后还可以有表示目的的动词，同时以前面的事物（名词）为动作的受事。例（3）"学一样事得你知"，意思说"学一样事给你"的目的是"（让你）知（道）"，而"知（道）"的是前面的"一样事"；例（5）"买一张电影票得姊姊看"，是说"电影票给姊姊"，"电影票"又是可"看"的。

这种分用式的句子，可以由表"给予"语义类动词构成，如例（1）（2）（3）的"交、送、分、还、学"等；也可以由非"给予"语义类动词构成，如例（4）（5）的"拿、量、买"等。

（二）连用式。即在句子里表动作方式的动词紧接表"给予"的"得"连用。例如：

（1）你信交得［给］大哥，书送得［给］老弟。

（2）女［这］两石谷分得满嫂，十块钱还得林金。

（3）有一样事学得［给］你知。

（4）<u>女</u>几色果子拿得石水（尝），<u>解</u>［那］一斗米量得大伯（食）。

　　连用式和分用式二者表达的意思大体相同，基本上可以看作同义格式，虽然也还有些细微的差别。

　　1. 分用式表示"物"的名词可以是无定的，泛指某种某些，比如，"分两石谷得满嫂"，这"两石谷"可以是十石、百石一定数量中的任何"两石谷"。连用式表示"物"的名词往往是有定的，确指某种、某些，比如，"这两石谷分得满嫂"，"这两石谷"是确定了的，确指"那两石谷"。

　　2. 连用式里由"给与"语义类动词构成的句子，有些可以省略"得"（给）字，比如例（1）（2）（3）的"书送（ ）老弟""十块钱还（ ）林金""有一样事学（ ）你知"；也有些句子，省略了"得"字觉得不怎么顺当，比如，？"你信交（ ）大哥"，？"<u>女</u>两石谷分（ ）满嫂"，*"老张皮袄卖（ ）你"。

　　由非"给与"语义类动词构成的句子，一般没有省略"得"字的说法，比如，*"<u>女</u>几色果子拿（ ）石水，*<u>解</u>一斗米量（ ）大伯"。

　　（三）长汀话有由"给与"语义类动词构成的双宾语句子。例如：

（1）送你一块花布，发大家两双鞋。

（2）退你五角钱，补小张三个月工资。

　　但是，似乎很少甚至不说动词带"得"［给］的双宾语句子。例如：

（3）？送得［给］你一块花布，发得［给］大家两双鞋。

（4）？还得［给］你五角钱，补得［给］小张三个月工资。

　　长汀话没有普通话"给小王卖一辆车""给"字在前的用法，要表达相当的意思时，一般用"帮"，比如，"帮小王卖一辆车"。

　　讨论到这，不妨总结一下：第一节"得"字的"得到"和"受到"的共同义是"受"义或"承受"义，第二节的"给予"义是"予"（与）义或"授予"义。二者正好相对。

三　表"给予"的［te²⁴］或许可以用"得"来标记

　　（一）相应的汉字难求。

　　前面提到，长汀话里一时难找到跟表"给予"义的［te˧］形音义都相应的汉字来标记。长汀话一般不用普通话"给你"的"给"；书面上用的"供给"的"给"——《广韵》入声，缉韵，居立切，供给，③长汀话今念［ke˧］阳平，韵调相合，声母不合。

"予"或"与"（《广韵》上声，语韵，余吕切。郭璞云：予犹与也④），长汀话书面语念 [i˧] 阳平，义合调合，声韵不合。

造成方言里"有音无字"的原因是多方面的、复杂的。就手头资料看，表"给予"的 [te˧]，汉字一时难求，或许是长汀话在其形成、演变过程中，跟汉语的方言，甚至非汉语方言如苗瑶语有过接触交流，受到了影响。日本学者桥本万太郎在讨论汉语南北方言里被动标志时提到有从动词表"给予"变来的。比如：

	动词"给予"	被动标志
江苏如皋方言	[te³ a]	[te³ a]
青海西宁方言	[tɛ⁴]	[tɛ⁴]

谈到南北方非汉语的被动标志时提及跟非汉语邻近语言里表"给予、还给"义的动词有形式上的关联。⑤我们觉得长汀话表"给予"的 [te˧] 有可能属于汉字传统上正反同辞的现象。

（二）汉语自古至今存在正反同辞的反训事实。例如：

等 表"齐同"义，又表"差异"义。《说文》："等，齐简也。从竹寺，寺，官曹之等平也。"段注："齐简者，叠简册齐之，如今人整齐书籍也。引申为凡齐之称。"《广雅·释诂》："等，齐也。"《淮南子·主术》："与无法等。"高注："等，同也。""等"的本义表"齐同"，但又可表"差异"。《左传·宣公十二年》："贵有常尊，贱有等威。"杜注："等威，威仪有差等。"《荀子·富国篇》："等赋府库者货之流也。"杨注："等赋，以差等别赋。"差等而分级，分等级即有差异。⑥

受 "受"现在多用于指"接受""承受"，如"受教育"；而"授"现在多用于指"授予""传授"，如"授课"。古时受、授同辞，用一个"受"字，表示"取得"和"给予"正反两义。《说文》："受，相付也。"《广雅·释诂》："受，得也。"《大司徒》："使之相受。"郑注云："故书'受'为'授'，杜子春云：当为受。"是二字古本相淆也。徐世荣的《古汉语反训集释》共搜集了五百多个反训字，分为十三类，旁征博引，逐字训解，可说是目下集反训字之大成的专著。⑦

比照汉字反训的事例，长汀话"得"的"给予"义和"承受"义就像正反相对的授、受同辞的情形那样。施受实际是个动作过程，施者把某物"给与"受者，或者说受者从施者那里得到、承受某物。如果站在受者一方看问题，受者为正，"承受"义和"给予"义二者也是相对的正反义。总之，从语音、语义、句法形式的分析看，长汀话表"给予"义的 [te˧]，不妨也写作形音义都相应的"得"字，让"得"兼任正反两义，既可表"承受"义，又可表"给予"义。

附 注

① 长汀话还有表可能的"得",参考笔者 1991 年提交厦门中国语言学会第六届年会论文《长汀话表可能的"V 得"组合》(《中国语言学报》第 6 期)。

② 广东梅县客家话表"给予"义和表"被"字义,往往用"分"［pun］阴平调,跟长汀话有所不同。

③ 见《宋本广韵》,中国书店 1982 年版。

④ 参看郭璞注《尔雅》,上海古籍出版社 1989 年版。

⑤ 见《汉语被动式发展的历史·区域发展》,《中国语文》1987 年第 1 期。

⑥⑦ 徐世荣:《古汉语反训集释》第 4、78 页,安徽教育出版社 1989 年版。

(原载刘坚、侯精一主编《中国语文研究四十年纪念文集》,北京语言学院出版社 1993 年版)

长汀话表可能的 "V 得" 组合*

福建长汀（客家）话，往往用动词后带表可能的 "得"，组成 "V 得" 组合，表示有可能进行某动作或状态的变化。如 "得" 念 [te˧]，阳平调。跟 "得" 组合的主要是单音动词或一些单音形容词。"V 得" 之后也可以带名词宾语或形容词、动词补语。比如，"望得、望得书、望得见、大得"。"望得" 就是 "能看"，"望得书" 就是 "能看书"。为了简便，统称为表可能的 "V 得" 组合或 "V 得" 结构。

本文主要对 "V 得" 组合的句法形式进行描写，然后讨论有关的两个问题。全文分为四个部分。

一

长汀话表可能的 "得"，不能单独回答问题，总要跟动词等同现。比如，询问 "望唔望得？" 回答 "望得" 或 "望唔得"，不能单独回答 "得"。①

长汀话一般不见表可能的 "得" 前置于动词的用法，比如，"*得望""*得大"。②不过，有表可能的 "可以" 前置于动词的用法，比如，"可以写""可以写字""可以写成"。

长汀话有时也说 "不得不读下子书，写下子写"（不能说 "唔得唔读下子书，写下子字"），这大概是书面说法。"不" 念 [pe˧]，阳平，语音上有别于口语里念阳平的 "唔" [ŋ˧]。

"V 得" 的 "得" 似乎还没变成黏着性质的后缀或记号，③"V 得" 之间可以有多种形式的扩充。

1. 中间插入 "唔"，比如，"住唔得""睡唔得目"。
2. 多种的正反问形式，比如，"睡得睡唔得？""睡唔睡得？""睡睡得？"
3. 前加程度副词 "野"[很]，句法上，"野" 修饰其后的结构，而语义上是指向 "得"，不是指向动词。比如，"野睡得""野望得书" 意思是 "很能

———————
* 本文草稿曾在（1991 年 11 月厦门）中国语言学会第六届年会上宣读，与会者和学报编委提了很好的意见，发表前做了些修改和补充。谨此致谢。

睡""很能看书","野"语义都指向"得"。

"得"像是个半自由表可能的后助动词,"V 得"似乎可以看作半自由组合。

按照一般前状后补定句法成分的方式,"V 得"可以看作表可能的动补结构或述补结构。

二

长汀话表可能的"得"跟动词组合的能力比普通话强,大多数单音动词和一些单音形容词可以后带"得",并构成"V 得"组合的五种基本格式:"V 得""V 得 C""V 得 O""V 得 CO""V 得 OC"。

(一)"V 得"式   动词或形容词跟"得"组成"V 得"式短语,V 可以是及物动词或不及物动词,也可以是一些表性质、颜色的形容词,能产性较大。"V 得"短语大都可以单用。比如,"跑得、行得、坐得、累得、出得、入得、圆得、黄得"等。又如:

A. 炒得	成得	红得	(肯定式)
可以炒	可以成	可以红	(同义格式)
B. 炒唔得	成唔得	红唔得	(否定式)
唔可以炒	唔可以成	唔可以红	(同义格式)

(二)"V 得 C"式   做补语 C 的可以是某形容词、动词或趋向动词。"V 得 C"结构的层次是:V 得+C。比如,挤得+下。又如:

A. 食得饱	话得着	坐得落
可以食饱	? 可以话着	? 可以坐落
B. 食唔饱	话唔着	坐唔落
? 唔可以食饱	? 唔可以话着	? 唔可以坐落④

(三)"V 得 O"式   做宾语 O 的可以是事物名词,也可以是处所名词。"V 得 O"的结构层次是:V 得+O,可变为:O+V 得。比如,"作得+豆腐"→"豆腐+作得"。

又如:

A. 钓得鱼	去得福州
可以钓鱼	可以去福州
B. 钓唔得鱼	去唔得福州
唔可以钓鱼	唔可以去福州

(四)"V 得 CO"式   结构层次,我们倾向于采取"V 得 C+O"切分。比如,"做得+事",可变换为:"事+做得成"。又如:

　　A. 食得下饭　　　　　　　　开得入城里
　　　可以食下饭　　　　　　　可以开入城里
　　B. 食唔下饭　　　　　　　　开唔入城里
　　　? 唔可以食下饭　　　　　唔可以开入城里

（五）"V得OC"式　结构层次可以切分为"V得O+C"式，也可以切分为"V得C+O"，我们倾向于采取后者。比如"做得事成""住得三十个人下"，结构层次是："做得成+事""住得下+三十个人"。本式跟（四）"V得CO"式是同义格式，或者看作变式。又如：

　　A. 摘得豆角倒　　　　　　　跑得你赢
　　　*可以摘豆角倒　　　　　　*可以跑你赢
　　B. 摘唔得几多（豆角）倒　　放唔得十斤（豆腐）落
　　　*唔可以摘几多（豆角）倒　*唔可以放十斤（豆腐）落⑤

三

　　正反问又叫反复问，它是用正（肯定）和反（否定）相叠方式提问的一种疑问句格式。肯定的回答用肯定式，否则用否定式。

　　长汀话"V得"组合的正反问形式，有其明显的特点。可以用相叠方式提问整个句子，可以提问动词、提问"V得"，也可以提问补语，而且还存在某种问式的相应的叠（合）变调式。在句尾可以用上助词"啊"，强调语气，也可不用。所问重点虽然有所不同，但其句子意思基本相同，可以把它们看成同义格式。比如（以下例子都叠变式）：

　　（1）做得起做唔得起？　　做唔做得起？　　做做得起？
　　　　做得做唔得起？　　　　　　　　　　　做得得起？
　　　　　　　　　　　　　　做得起唔起？　　做得起起？
　　（2）　　　　　　　　　　削唔削得圆啊？　削削得圆啊？
　　削得削唔得圆啊？　　　　　　　　　　　　削得得圆啊？
　　　　　　　　　　　　　　削得圆唔圆啊？　削得圆圆啊？

　　凡是（省略了"唔"的）省变式，其相叠的前字不论它原属哪个调类，一律要念成调值为 24 [˨˦] 的变调（同阳平单字调）。比如，阴去字"做"，长汀话为 54 [˥˦]，当它相叠后作为前字也要变读成 24 [˨˦]；上声字"起"，长汀话为 42 [˦˨]，当它相叠后作为前字则要说成 24 [˨˦]。例如：

　　做 [˦˨] 做 [˥˦] 得起？　　　　做得起 [˦˨] 起 [˦˨]？
　　装 [˦˨] 装 [˥˦] 得好？　　　　扫得净 [˦˨] 净 [˥˦]？
　　究其原因，恐怕是否定词"唔"的调类（调值）在正反问句式的语流"音变"里起了主要作用；或者把它看作是个（重合）变音现象，即相叠后的前字，跟其后否定词"唔"的声调部分（24）重合而变音。

现将"V 得"组合的正反问形式分述如下：

（一）"V 得"式　"V 得"式（包括以下各式）正反问形式，一般用"V 得 V 唔得"方式提问，很少用否定词"唔"位于动词前的方式"V 得唔 V 得"提问。[⑥]正反问形式又可分为完全式、简式以及它的叠变式。例如：

全式　　　　V 得 V 唔得　　　走得走唔得？

简式 V　　　V 唔 V 得　　　　走唔走得？　　　走走得？（叠变式）

简式得　　　V 得唔得　　　　走得唔得？　　　走得得？（叠变式）

（二）"V 得 C"式　例如：

全式　　V 得 CV 唔得 C　　食得饱食唔得饱？

　　　　　　　　　　　　　睡得着睡唔得着？

简式 V　食唔食得饱？　　　食食得饱？

　　　　睡唔睡得着？　　　睡睡得着？

简式得　[?]食得食唔得饱？　[?]食得唔得饱？　　食得得饱？

　　　　[?]睡得睡唔得着？　[?]睡得唔得着？　　睡得得着？

简式 C　食得饱唔饱？　　　　　　　　食得饱饱？

　　　　睡得着唔着？　　　　　　　　睡得着着？

（三）"V 得 O"式　例如：

全式　　V 得 OV 唔得 O　　食得饭食唔得饭？

　　　　　　　　　　　　　去得福州去唔得福州？

简式 V　食唔食唔得饭？　　　　　　　食食得饭？

　　　　去得去唔得福州？　　　　　　去去得福州？

简式得　食得食唔得饭？

　　　　去得去唔得福州？

　　　　[?]食得唔得饭？　　　　　　　食得得饭？

　　　　[?]去得唔得福州？　　　　　　去得得福州？

（四）"V 得 CO"式

1. 一般动词、形容词做补语的。例如：

全式　　V 得 COV 唔得 CO

　　　　对得起你对唔得起你？　　　对得起你对唔（　）起你？

　　　　去得成福州去唔得成福州？　去得成福州去唔（　）成福州？

简式 V　对唔对得起你？　　　　　　对对得起你？

　　　　去唔去得成福州？　　　　　去去得成福州？

简式得　对得对唔得起你？　　　　对得对唔（　）起你？
　　　　　去得去唔得成福州？　　　　去得去唔（　）成福州？
　　　　　[?]对得唔得起你？　　　　　对得得起你？
　　　　　[?]去得唔得成福州？　　　　去得得成福州？

简式 C　对得起对唔得起你？　　　对得起对唔（　）起你？
　　　　　去得成去唔得成福州？　　去得成去唔（　）成福州？
　　　　　对得起唔起你？　　　　　对得起起你？
　　　　　去得成唔成福州？　　　　去得成成福州？

2. 动词"有"做补语的。

长汀话动词"有"可以做"V 得 CO"式的补语 C，这是普通话所无的现象。例如：

　　　　这块地方野打得有水。　　　老张还话得有事。
　　　　上坵田种得有禾。　　　　　岭<u>汗</u>上挖得有笋。
　　　　大猪剐得有肉。　　　　　　清早屙得有屎。

"有"表结果，相当于"到、上、出"的意思。"打得有水"是说"能打到水"，"话得有事"是说"能说上话"，"种得有禾"是说"能种出禾"。

"有"字做补语的这种句子也可以说成名词居前式，强调名词所表示的事物。例如：

　　　　这块地，水野打得有。　　　老张，事还话得有。

"有"字做补语的句子跟一般动词做补语的"V 得 CO"句有所不同，它的正反问形式较多不成立。例如：

全式　　V 得有 OV 唔得有 O
　　　　*打得有水打唔得有水。
　　　　*种得有禾种唔得有禾？

简式 V　打唔打得有水？　　　　　打打得有水？
　　　　种唔种得有禾？　　　　　种种得有禾？

简式得　*打得打唔得有水？
　　　　*种得种唔得有禾？
　　　　[?]打得唔得有水？　　　　打得得有水？
　　　　[?]种得唔得有禾？　　　　种得得有禾？

简式 C　*打得有打唔得有水？
　　　　*种得有种唔得有禾？
　　　　*打得有唔有水？
　　　　*种得有唔有禾？

其实，跟补语"有"这个动词的否定义用词直接有关，动词"有"的否定不是"唔有"，而是"无"［mɔ］，阳平［˩］24。长汀话以补语"有"作为询问重心时，"V 得有 O"句式的否定式是"V 无 O"。它有以下几种正反问形式。比较：

　　打得有无水？　　　　　　种得有无禾？
　　打得有无无水？　　　　　种得有无无禾？
　　打得无无水？　　　　　　种得无无禾？
　　打得有有水？　　　　　　种得有有禾？

　　肯定回答都是"打得有（水）"，意思是"能打到/出（水）"；否定回答都是"打无（水）"，意思是"不能打到/出（水）"。

　　"有"字做补语的句子，有时名词宾语后边还可出现动词，语义上多以名词表示的事物为动作的受事，组成"V₁ 得有 OV₂"式。[⑦]例如：

　　城里暗晡还舀得有酒食。［城里晚上还能打到酒喝。］（"食"的是"酒"）
　　南山崠背斫得有草烧。［南山背后能斫到草烧。］（"烧"的是"草"）
　　乡下暗晡舀无酒食。
　　南山崠背斫无草烧。

（五）"V 得 OC"式　例如：

全式　　　V 得 OC　V 唔得 OC
　　　　　对得你起对唔得你起？
　　　　　去得福州成去唔得福州成？
简式 V　　对唔对得你起？　　　　　对对得你起？
　　　　　去唔去得福州成？　　　　去去得福州成？
简式得　　对得对唔得你起？
　　　　　去得去唔得福州成？
　　　　ˀ对得唔得你起？　　　　　对得得你起？
　　　　ˀ去得唔得福州成？　　　　去得得福州？
简式 C　　对得你起唔起？　　　　　对得你起起？
　　　　　去得福州成唔成？　　　　去得福州成成？

四

讨论两个问题：

（一）"V 得 C"的否定式似乎应是"V 唔得 C"（"V 唔 C"是变式）。

1. 从结构层次看，V 得、V 得 O、V 得 C 的层次应是：望+得、望+唔得、望得+书、望唔得+书、望得+见、望唔（得）+见；而不宜是：望唔+得、望得+书、望唔+得书、望得+见、望唔+（得）见。

"V唔得O"可变换为同义格式"VO唔得"。例如：

望唔得书 → 望书唔得　　　做唔得事 → 做事唔得

惹唔得你 → 惹你唔得　　　开唔得嘴 → 开嘴唔得

只有"望+唔得""望唔（得）+见"，没有"望唔"的说法。"（V）得""（V）唔得"是"V得""V得O""V得C"式肯定、否定形式在同一层次上同性质的直接成分。可见，"V得C"的否定式应该是"V唔得C"。

2. 从问答的形式看，在提问和回答的这种特定言语环境里，"V唔得C"的说法是有的。

用正反问形式提问，完全式及其变式都反映存在"V唔得C"的说法。比较：

"V得C"式　　　a. 食得饱食唔得饱？　　　食唔得饱

　　　　　　　　b. 食得饱食唔得（）？　　　食唔得（）

　　　　　　　　c. 食得饱食唔（）饱？　　　食唔（）饱

"V得O"式　　　a. 读得书读唔得书？　　　读唔得书

　　　　　　　　b. 读得书读唔得（）？　　　读唔得（）

　　　　　　　　c. *读得书读唔（）书？

"V得CO"式　　a. 去得成厦门去唔得成厦门？　　去唔得成厦门

　　　　　　　　b. 去得成厦门去唔得（）厦门？　去唔得（）厦门

　　　　　　　　c. 去得成厦门去唔（）成厦门？　去唔（）成厦门

"V得O"式c句，名词"书"不能同否定词"唔"组合，此句不能成立。三种句式的a句可看作基式句，b、c句可看作变式句。单括号（）处，可看作省略了该成分。

"V得C""V得O""V得CO"三种句式的正反问句子，它们是带"得"组合的平行句，所以"V得C"句式的否定式应该是"V唔得C"。

3. 在长汀话里，前面已经提到，"V得CO"句和"V得OC"句意思基本相同，可以看作同义句式。这种句式，用特指问形式数量"几多"提问，都可以拿下列的肯定式或否定式回答。

"V得CO"式　　一块钱买得倒几多东西？

"V得OC"式　　一块钱买得几多东西倒？

　　　　　　　　a. 买得倒三斤茄子。⎱
　　　　　　　　b. 买得三斤茄子倒。⎰（肯定式）

　　　　　　　　a. 买唔倒三斤茄子。⎫
　　　　　　　　b. 买唔得三斤茄子倒。⎬（否定式）
　　　　　　　　c. 买三斤茄子唔倒。⎭

其中回答的否定式 a 句，说成"买唔（得）倒三斤茄子"也是可以的；同理 b 句说成"买唔得（倒）三斤茄子"也行。

以上的讨论说明，在特定的言语环境里，"V 唔得 C"是存在的，但是在长汀话一般的情况下即通常的口语交谈里，较多说"V 唔 C"。这大概由以下两个原因造成。

第一，是语言结构的对称性和语言运用的经济原则所致。

肯定式"望得见"和否定式"望唔见"，其结构成分和音节数都对称，少用一个字能表达同样的意思，是说者听者都希望的事。"望唔见"包含了"望唔得见"的意思。

第二，是表达上对语法结构形式实行分工原则的结果。

长汀话里实际还存在另一种"V 唔得 C"的说法（充当补语 C 的限于形容词）。比如，"芋头煮唔得烂""这种病医唔得好"是说（能烂、能好，但是）"不容易烂""不容易好"（有别于"不能烂""不能好"）。动词"煮""医"可以不出现，说成"芋头唔得烂""这种病唔得好"。为了加以区别，或可记"V 唔得 $_2$C"。

在一种话里，既然有两个结构同形而意思有所不同的否定式"V 唔得 C"，依照语言形式科学分工的原理，一般要进行结构形式"所有权"的竞争，结果表可能的"V 得 C"否定式可能就让给了表"不容易"的"唔得 $_2$C"式，语义上有所区别，形式上也有所分工。

当然，另一种情形也可能存在。那就是表"不容易"的"V 唔得 $_2$C"（煮唔得烂）是由表可能的"V 唔得 $_1$C"（望唔得见）脱变而来（同出一格），而后形成了让"V 唔 C"多表可能，让"V 唔得 C"多表"不容易"的局面，这也达到了表达上分工的目的。

（二）"可以食得饱"像是两个表可能同义格式的（部分成分）重合式，它似乎可以被看作语言演变中重要的迹象。

正如前面所描述的，长汀话表可能的"V 得""V 得 C""V 得 O"句式，有时还可以有相应的表可能的"可以"前置于动词的同义格式："可以 V""可以 VC""可以 VO"。比如，"食得""食得饱"，其同义格式"可以食""可以食饱"⑧。此外，长汀话有时还可以有像是这前置、后置两种同义格式动词重合方式的说法，即"可以 V 得""可以 V 得 C"。比如，"可以食得""可以食得饱"。

设"V 得"为 VA 式，"可以 V"为 BV 式，则 BV+VA→BVA 重合式。再举几个例子：

VA 式	BV 式	BVA 式
睡得	可以睡	可以睡得

喊得来　　　可以喊来　　　可以喊得来

写得字　　　可以写字　　　可以写得字

这里暂且不论表可能的"得"是否时期前置于动词。就长汀客家话发展演变来说,"V得"式用得普遍,出现比较早;"可以得"式大概是受普通话影响后起的,用得也不那么普遍。有个事实可以证明:说长汀话的五六十岁以上中老年人多用"V得",年轻人多用"可以V",少用"V得"式。

从演化的观点看,BVA重合式像是由VA式发展到BV式的中介格式,它可能正处于过渡的历史阶段。换句话说,VA式有可能发展演变为BV式,现阶段存在的BVA重合式或许只是起中介作用的过渡形式。

长汀话里类似的现象,也反映出由此及彼的过渡趋向。[9]例如:

VA式　　　　　　BV式　　　　　　BVA式

写两张字添　　　再写两张字　　　再写两张字添

爬啊起来就走　　一爬起来就走　　一爬啊起来就走

如今普通话里也有类似的重合式说法。例如:

这件事能办得到。

那样,我就可以看得清楚,可以读得通了。

从规范的角度看"可以V得"的说法,有些人觉得表达上有同义重复的毛病,但从语言变化发展的角度看,历时观点看,它确实记录了这种由此及彼演变的句法现象,它是研究方言语法史的重要迹象。

附　注

① 本文"表可能"主要指客观上是否容许,或指主观上是否有能力从事某种活动或变化。

长汀话说"(甲:西瓜甜不甜?乙:还得)。"这个"得"是(还)不坏的意思,可以看作形容词。

② 长汀话说,"看马得骑,看牛得<u>料</u>[玩],看羊跌烂膝头皮。"其中的"得"是动词,表示"获得""得到"的意思。

在一定的语言环境里,有时或可以说表可能的否定式"唔得V",如"生唔得生,死唔得死",意思是"生不能生,死不能死"。

③ 个别"V得"组合形式,中间不能插入别的成分,可以看作是词,比如书面说法的"觉得"[tɕio˧ te˨],阳平。

④ 有些同义格式的说法觉得有点生硬,比如"可以话着"(可以说对)、"唔可以食饱",表明"可以V"这种表可能的说法大概是新起的,还有待于发展,或者如同普通话那样,习惯上就不这么说。

⑤ 宾语为带有数量的名词短语时，可以有否定式，宾语为人称代词时一般没有相应的否定式。比如，"跑唔得你赢"。不过，可以是同义的另一否定式，比如，"跑你唔赢"。

长汀话里还有几个"V 得"组合的格式，它们一般只有相应的否定式，往往不见肯定式。列举如下：

1．"VC 得"式

　　*食饱得　　　　*跌着得　　　　　?拿去得　　（肯定式）

　　食饱唔得　　　　跌着唔得　　　　拿去唔得　　（否定式）

补语为趋向动词充当时，用正反问方式询问，似乎可以作为答语说。比如：

　　甲：　拿唔拿去得？　　　　　　乙：　拿去得。

　　　　　爬唔爬上来得？　　　　　　　　爬上来得。

2．"VO 得"式

　　*著衫得　　　　　*坐凳子得　　　　　*近你得

　　著衫唔得　　　　　坐凳子唔得　　　　　近你唔得

3．"VCO 得"式

　　*食多东西得　　　*行到童坊得　　　*炒正 [好] 菜得

　　食多东西唔得　　　行到童坊唔得　　　炒正 [好] 菜唔得

4．"VO 得 C"式

　　*做事得成　　　　*睡目得着　　　　　?放心得下

　　做事唔成　　　　　睡目唔着　　　　　放心唔下

⑥ "V 得唔 V 得"这个提问方式，长汀城关话似乎有时还说，但觉得有点生硬，比如，"记得唔记得？""*食得唔食得？"而如今的长汀县南片有些乡镇的话，似乎说得要自然得多，比如，徐坊话说"记得唔记得？""食得唔食得？"

⑦ 长汀话有时还可以说：

　　打得有水出　　　　　　种得有禾倒（"V 得 C₁OC₂"）

"有"字和"出"字作为一前一后的补语，所表示的意义基本相同，前后重复。这种句式跟

　　打得有水　　　　　　　种得有禾（"V 得 CO"式）

　　打得水出　　　　　　　种得禾倒（"V 得 OC"式）

格式基本同义，它们相应的否定式如下：

肯定式		否定式	
打得月水	（V 得有 O）	打无水	（V 无为）
打得水出	（V 得 OC）	打无水出	（V 无 OC）
打得有水出	（V 得有 OC）	打无水出	（V 无 OC）

⑧ "V 得"组合的五种基本句法格式，不都有相应的"可以 V"等前置格式的说法，

详见以上有关小节综述。

　⑨ 参看饶长溶《修饰成分后见小集》，载《徐州师范学院学报》（哲社版），1989 年第 3 期。

参看文献

丁声树等　1962　《现代汉语语法讲话》，商务印书馆。

吕叔湘　1984　《与动词后得与不有关之词序问题》，见《汉语语法论文集》，商务印书馆。

朱德熙　1982　《语法讲义》，商务印书馆。

（原载《中国语言学报》第六期，商务印书馆 1995 年版）

长汀方言动词的体貌*

　　动词是表示动作、活动、变化等的词。汉语里动词所表示的动作的情貌、时间、数量，恐怕与印欧语动词的时（tense）、体（aspect）、态（voice）在形式和意义的表现上都有所不同。

　　比如，汉语大多不以词的形态变化来表示动词的"体"，而更多以某些助词或词语附加在动词之后或之前来表示。汉语里动词的"体"，有学者叫作"相"，有学者又称为"态"，我们采取一般的说法，称作"体"或"体貌"。

　　动作体貌的讨论恐怕主要是探讨、分析一个动作处于动作过程中的某个阶段、某种情貌及其具有什么相应的表现形式。一个动作，从运动过程看，可以粗略地分为起始、进行、终结三个阶段，如果不把相关的起始前和终结后也算上的话。

　　长汀方言属于汉语南部方言的客方言支，它有自己独特的发展演变情况，大概形成于唐五代以后赵宋年间以古汀州为中心的闽粤赣交界地区。[①]

　　本文讨论的方法方式是：（1）着重分析长汀方言动词所表示的动作在过程中的情貌，也常兼及动作的"时间""数量"；（2）主要分析各种情貌在动作过程中所处的阶段，同时也讨论情貌作为整体单位与外部有关成分的关系；比如，进行貌"V+定嘞（+O）"被确定处于正在进行阶段，同时也指出多作为分句用于陈述句，一般不能用于祈使句，"V+定嘞"之前还可以出现"正"等有关词语；（3）以北京话为参照点，注意从语法形式和语法意义两方面进行考察；（4）所说的动词有时包括相关的形容词在内。长汀方言语料来自笔者自身口语（福建长汀县城关镇生人），有些语料还经同乡核对。对于需要注释的字词，用国际音标注音，声调大都只标本调，个别字词有时标明轻声或连读变调。调值用小号阿拉伯数字标在右上角，变调标在斜线"/"之后。[②]

　　以下拟分为起始体、持续体、完结体三方面对长汀方言动词的体貌做个初步的探讨。

---

　　* 本文稿1994年10月曾于（北京）"汉语方言语法比较研究研讨会"上宣读，承蒙与会学者提出宝贵意见，发表前做了修改。谨此致谢！

一　起始体

起始貌　V+起来

起来 [çi↘ lai↝]，念本调上声、阳平，不念轻声。放在动词（或一些形容词）之后，组成"V+起来"或"V+起+O+来"格式，表示动作开始进行的意义，简称"起始貌"。例如：

（1）大家快滴唱起来，跳起来！

（2）上厅个人都坐起来嘞，你们也坐起来。[上厅的人都开始坐起来了，你们也开始坐起来。]

（3）细猪子前几日壮起来嘞，唔会解 [音，那么] 瘦咧。

（4）嚯，你们做起屋来咧，（真有本事）

例（1）祈使句"大家快滴唱起来"是说将要开始进行"唱"这个动作，例（3）陈述句"细猪子前几日壮起来嘞"是说小猪前几日已经由不健壮开始进入健壮的状态。

宾语 O 用于"起"和"来"之间，组成嵌宾式，如例（4）。嵌宾式单用时大都要带表示动作完成的"嘞"或表示出现新情况的"咧"。如果不带，往往用于"以起为承"的偏正复句前一分句，表示"提起某事件"的意义。例如：

（5）做起屋来，无解 [那么] 好话事。[真要建房，就没那么简单。]

（6）老张话起事来，神气十足。

例（5）"做起屋来"除了充当复句前分句外，还起承接"先行话语"的关联作用；例（6）意思是"老张说起话来，神气十足"，"话起事来"，有学者看作"插入成分"。

长汀话有时用"V+起"表示起始貌，动词前往往有"从+宾"一类价词结构。例如：

（1）你就从第 3 行写起。

（2）好！一切从今朝做起。

二　持续体

长汀话表动作的持续体貌，不像北京话那样用助词"着"，而是用另外的助词或语句形式来表现。以下分进行貌、接续进行貌、尝试貌、持续貌几项进行简要的描述。

（一）进行貌

长汀话表示动作正在进行，似乎有以下几种方式。

1. 在/正+V（+O）

在 [ts'ai˥]、正 [tʃeŋ˥] 都念阴去。把"在"或"正"放在动词之前，组成"在/正+V+（+O）"格式，表示动作正在进行。例如：

（1）文静两公婆在话事，唔要入去。

（2）大哥正推石头，等下子会过来。

（3）唔要吵人，大家正在开会。

2. V+定嘞/稳嘞（+O）

定嘞 [t'eŋ˩ le˥]（较常见）[直译为"定了"]，或稳嘞 [veŋ˩ le˥]，[直译为"住了"]附着在动词之宾语之前，组成"V+定嘞/稳嘞（+O）"格式，表示动作正在进行，相当于北京话"V+着（+O）"。例如：

（1）叔叔看定嘞书，出来唔得。[叔叔看着书，不能出来。]

（2）大姊切稳嘞菜，无工夫下楼。[大姐切着菜，没工夫下楼。]

（3）两个跑定嘞，蹿出来一隻狗。

动词后的"定嘞"或"稳嘞"一般要同现，不能缺少"嘞"，有时动词前还可加用"正" [tʃeŋ˥]。例如：

（4）叔叔正看定嘞书，出来唔得。

（5）大姊正切稳嘞菜，无工夫下楼。

动词前有了"正"，后面又有宾语时，"定嘞"或"稳嘞"的"嘞"，可以不用。比较：

（6）叔叔正看定书，出来唔得。

（7）大姊正切稳菜，无工夫下楼。

3. V+啊+V，VP

啊 [a˩]（同音字，本字待考）念轻声，放在重叠动词的中间，用于紧缩承接复句前一分句里，组成"V+啊+V，VP"格式，表示动作正在进行时，出现了情况。"啊"的作用相当于北京话的助词"着"，句意相当于"V 着 V 着，VP"[3]。例如：

（1）挖啊挖，挖到嘞一个金戒指。[挖着挖着，挖到了一个金戒指。]

（2）讲啊讲，喉咙都讲哑嘞。[讲着讲着，嗓子都讲哑了。]

（3）锉啊锉，手拿来锉着嘞。[锉着锉着，手给锉伤了。]

4. VVV，VP

以同一个动词重叠三次的方式，用在紧缩承接复句前一分句，组成"VVV，VP"格式，表示该动作正在进行时，又发生了另一个动作。例如：

（1）话话话，两个人打起来嘞。［说着说着，两个人打起来了。］

（2）两个细鬼子搞搞搞，一<u>套</u>子翻面咧。［两个小孩儿玩着玩着，一会儿翻脸了。］

（3）忒累咧，看看看，就睡着嘞。［太累了，看着看着，就睡着了。］

表示动作正在进行的进行貌，一般以动词前有"在"或"正"为形式标志，第3、第4项虽然没有出现，往往隐含着"在/正"的意味。

（二）接续进行貌　V+下去

下去［ha˦ he˧］，念阴平、阴去本调，不念轻声。用于动词之后，组成"V+下去"格式，表示已进行的动作接着进行的意义，简称接续进行貌。例如：

（1）你故事讲下去！

（2）作田作下去，会有饭食。

（3）戏唔好看，也要看下去！

例（1）"故事讲下去"是说"故事已经讲说，继续往下进行"，例（2）的意思是"已经做了这耕作田地的活儿就接着去做，能赚到饭吃"。

"V+下去"之间可以插入表可能的"得/唔"，比如，"故事讲唔下去"，意思是"故事不能接着讲"，"故事讲得下去"，意思是"故事能接着往下讲"。

长汀话有时也用"V+落去［lo˦ he˧］"，表示动作的接续进行。例如：

（4）你故事讲落去！

（5）唔要怕，唱落去！

不过，比较少人这么说了，更多人说"故事讲下去！""唔要怕，唱下去！"似乎觉得比较顺溜。

表示接续进行的"V+下去/落去"，多用于祈使句，如，例（1）（3）（4）（5）。

（三）尝试貌　V+下子

下子［ha˦ tsɿ˩］，是个动量词。也说"一下"［i˦ ha˦］，或"一下子"［i˦ ha˦ tsɿ˩］，或"下"［ha˩］。它们是同义变体，这里以"下子"为代表。它放在动词之后，组成"V+下子"格式，表示动作短暂进行的尝试意义。"下子"表示所进行的动作量少时短，姑且叫作尝试貌。例如：

（1）试做下子代数题！

（2）催来着一下新衫。

（3）来去上海<u>料</u>［玩］一下子。

例（1）"试做下子"是说"尝试做做"，例（2）"着一下新衫"意思是"试穿穿新衣裳"。

长汀话为了表示所进行的动作时短、量少，动词前大多可以加上"试"字，比如，"试做下子""试着一下新衫""来去上海试料下子"。这个格式的句子可以与表示时短量少的同义句子变换。试比较：

试做下子代数题→试做一回哩代数题

来去上海试料 [玩] 一下子→来去上海试料 [玩] 得几日哩

"一回哩"即"一回子"，次数少、量少；"几日哩"即"几天"，也是时、量短少。

（四）持续貌

长汀话表示动作持续进行的持续貌，似乎有以下几种方式。

1. V_1+倒来/起来+V_2

倒来［tɔ˩ lai˩］或起来［çi˩ lai˩］，放在连动式前项动词之后，组成"V_1+倒来+V_2"或"V_1+起来+V_2"格式，表示动作的持续方式。"倒来"或"起来"相当于北京话连动式前项动词所带的助词"着"。例如：

（1）徛倒来讲。［立着讲。］

（2）布狗子抱倒来搞。［布小狗抱着玩。］

（3）挂倒来望，唔要拿倒来望。［挂着看，不要拿着看。］

"徛倒来"表示"徛"这个动作的持续，作为后一个动作"讲"的方式；"抱倒来搞"的"抱倒来"是"抱着"的意思，表示"搞"的方式。

"倒"和"来"之间可以插入宾语，比如，"抱倒布狗子来搞"［抱着布小狗玩儿］

这个格式里，大都要有"来"，长汀话很少说"徛倒讲"，"抱倒布狗子搞"。

用于祈使句时，无须后项动词，但大多也有"来"。例如：

（4）（你）徛倒来！［(你) 立着!］

（5）（你）坐倒来！［(你) 坐着!］

"起来"放在连动式前项动词之后的。例如：

（6）行起来讲 ［走着说］

（7）抱起来搞 ［抱着玩］

（8）挂起来望 ［挂着看］

"V_1+起来+V_2"这种说法，不很常用，可能因为"起来"放在动词之后容易有歧义。比如，"抱起来搞"，可以表示"抱着玩"的意义，也可以表示"先（由低到高）抱起来，后玩"的意义，等等。

2. V+啊+V$_{去}$

啊 ［a˩］（同音字，本字待考），念轻声，放在连动式前项动词之后，而后项动词大都为"去、来、上、下、出、入、转、过"以及"上去、下去、出去、入来……"等"去来"义移动动词，组成"V+啊+V$_{去}$"格式，表示动作的持续方式。"啊"相当于北京话连动式前项动词之后的助词"着"。例如：

（1）樵草一下用车子推啊转来。[柴草全部用车子推着回来。]

（2）买卧铺，睡啊去北京。[买卧铺，躺着上北京。]

（3）大嫂捡嘞窖，一路哩笑啊到屋下。[大嫂拾了财宝，一路笑着到家里。]

"V 啊 V 去"的"啊"，有时可以不出现，比较：

（4）a. 坐啊去福州　　　　b. 坐去福州

（5）a. 行啊到厦门　　　　b. 行到厦门

不过，b 式的说法容易有歧义，比如，（5）b "行到厦门"的"到厦门"也可以是述语动词"行"的补语——"行到了厦门（，不是漳州）"，而不是连动式"行啊+到厦门"。

3. N 处+V+嘞+O

长汀话在动作动词之后附着表"完成"的"嘞"，用于存在句里，组成"N 处+V+嘞+O"句式，表示动作完成之后的持续状态。例如：

（1）床边放嘞一大堆书。[床边放了一大堆书。]

（2）大门口坐嘞个告化子。

（3）壁头汗 [音，上] 挂嘞自鸣钟。[墙壁上挂了自鸣钟。]

长汀话也可以有"N 处+V+倒+O"的说法，"倒"[tɔ˅]，相当于北京话的"着"。例如：

（4）床边放倒野多书。[床边放着很多书。]

（5）大门口坐倒好几个告化子。[大门口坐着好几个要饭的。]

（6）壁头汗挂倒三四架自鸣钟

不过，与"V+嘞"说法似乎有点儿不同，它的宾语名词前更强烈要求有数量成分，否则，显得更不顺溜、现成。比较：

床边放嘞书　　　　　　*床边放倒书

大门口坐嘞告化子　　　*大门口坐倒告化子

壁头汗挂嘞自鸣钟　　　*壁头汗挂倒自鸣钟

也许*"床边放倒书"这样的句子，早些年的长汀话也都能说，只是发展演变至今成为不那么自由了。至于"N 处+V+嘞+O"与"N 处+V+倒+O"二者用法上究竟有什么细微差别，还要进一步考察。

以上第 1、第 2 项，它们是处于动作的继续状态，运动并没有停止，没有终结，比如，"抱倒来搞"，仍然还在"抱着""行起来讲"，仍然还"走着"，像北京话的"跑着玩""吹着军号行进""开着汽车兜风"那样，前一个动作仍处于"运动"状态，是一种动态，可称为动态持续貌。

第 3 项与第 1、第 2 项恐怕有所不同。语法上，它是个存在句式，语义上是表示动作完成以后的静止状态，表示某处"有"某事，即一般所谓静态，可称为静态持续貌。[④]

　　如果把动作过程的起始、终结阶段的两端前后加以延伸,在起始阶段前,伸延一个"起始前阶段"(将起始),在"终结"阶段后,伸延一个"终结后阶段"(终结后),那么,第3项静止的持续状态或许可以看作属于终结后状态。如下图所示:

- - - - - -|→ ＿＿＿＿＿　　→　　　→　|- - - - - -
（将起始）起始　　　　　进行　　　终结（终结后）

　　如上所述,进行貌、接续进行貌都是表示动作正在进行,处于通常运动的情状,并非以持续方式表现出来,这种状态不妨称为一般运动状态;动态持续貌则是以动态的持续方式表示运动的情状,这种状态不妨叫作情意运动状态。

　　可见,进行貌、接续进行貌、动态持续貌,它们都处于动作的进行阶段,静态持续貌则处于动作的终结后阶段。

　　至于尝试貌,就其动作的尝试义,似乎可以看作动作的体貌;就其重在动作的量少和时短,似乎不怎么像动作的体貌,现今暂且寄搭在进行貌小类之下。

　　以上持续体的类别、关系或可归结见下表:

持续体类别表

持续体	进　行　貌	一般运动状态	动作进行阶段
	接续进行貌		
	尝　试　貌		
	动态持续貌	情意运动状态	
	静态持续貌	静止持续状态	终结后阶段

三　完结体

长汀话表示动作的完成、结束、经历,有以下几种貌。

1. 完成貌　V+嘞（+O）

　　助词嘞［le²⁴］(同音字,本字待考),念阳平本调,用在动词(或一些形容词)之后,组成"V+嘞(+O)"格式,表示动作的完成(或性状的变化)。"嘞"近似北京话的"了₁"。例如:

　　（1）老王前日看嘞电影,走撇嘞。[老王前天看了电影,已经走了。]

　　（2）公爹下嘞上杭咧。[爷爷去了上杭了。]

　　（3）秀秀出去嘞广东一年,高嘞野多咧。[高了许多了。]

（4）细妹哩睡嘞咧。[小妹睡了。]

例（1）"看嘞电影"是说已经完成了"看电影"这个动作，例（3）"高嘞野多咧"是说秀秀已经变化，变高了很多。"咧"相当于北京话的"了₂"，表示出现新情况或有变化。

至于"嘞"和"咧"，"嘞"和表结果的"了""撇"的关系等，笔者另有《长汀方言的助词"嘞"和"咧"》一文专门讨论。

2. 先然貌　V（V+O）+来来，再+VP

来来[lai²⁴ lai²⁴]，不念轻声，后附加成分，放在动词之后，组成"V（+嘞+O）+来来，再+VP"格式，表示"先做什么，然后再做什么"先后动作的连接关系。"来来"相当于后置副词性成分，表示"先然"意义，简称"先然貌"。例如：

（1）偓唔会腹饥，洗嘞衫来来再食。[我不饿，先洗了衣服再吃。]

（2）看成嘞来来再抄。[先看完了再抄。]

（3）做好嘞事来来再看电视。

例（1）"洗嘞衫来来再食"是说"先洗了衣服再吃"。例（2）（3）动词之后分别有补语"成""好"，例（1）（2）（3）都有助词"嘞"。有了上述这些成分，句子说起来比较顺，更能满足表达上的语感。当然这些成分，从成句角度看，并非必有的，即使是受事宾语在语义上应是必有的，但在字面上也可以有条件省略。试比较：

（4）a. 做成来来再食　b. 做嘞来来再食　c. 做来来再食

甚至在特定的言语环境（比如说话现场）或上下文里，后半段"再VP"有时也可以省去不露。例如：

（5）做来来（　　）

"来来"有时也可以只用一个"来"，比如，"做成来，再食"，"做嘞来，再食"；但是，述语为光杆动词时，必须用"来来"。试比较：

（6）a.做来来（再食）　　　　b.*做来（再食）

长汀话里，还同时存在与表"先然"同义的副词性成分，先见于动词的格式："先+V（嘞+O），再+VP"。例如：

（7）先做嘞再食。

（8）先洗好衫裤再看电视。

或者用同义成分前后同现的重合格式"先+V（+嘞+O）+来来，再+VP"，重复表示"先然"义。例如：

（9）先做嘞来来再食。

（10）先洗好嘞衫裤来来，再看电视。

3. 刚然貌 V+啊叮+C _结，就+VP

啊叮 [aɪ taɪ]（同音字，本字待考）念轻声，后置副词性成分。放在动词之后、（动词或形容词充当的）补语之前，作为先后两个动作紧密承接的复句的前一分句，组成"V+啊叮+C _结，就+VP"格式，表示"刚完成某事件，就做某事件"的关系，"啊叮"表示动作才刚完成的"刚然"意义，相当于北京话"一 X，就 Y"格式的"一"的作用和意义，简称"刚然"貌。例如：

（1）碗筷洗啊叮净，就行开。

（2）贼牯捉啊叮倒 [tɔ↘]，就送来。[小偷一捉住，就送来。]

（3）笋干炙啊叮燥，就包起来。

例（1）"洗啊叮净，就行开"是说"才刚洗干净，就走开了"，例（3）"笋干炙啊叮燥，就包起来"意思是"笋干一晒干，就包起来"。

该格式里的"啊叮"必须位于动词和补语之间，而且补语是必有的成分。"叮"字意思比较虚灵，以至像是"衬音"字，没有它，也往往成话，特别是补语为双音节词充当的时候。比较例（4）a 和（4）b：

（4）a. 芳芳抱啊叮入去，就睡着嘞。[芳芳一抱进去，就睡着了。]

　　 b. 芳芳抱啊入去，就睡着嘞。[芳芳一抱进去，就睡着了。]

长汀话同时还存在同义的表"刚然"的副词性成分先见于动词的格式："一+V+C _结，就+VP"。例如：

（5）碗筷一洗净，就行开。

（6）贼牯一捉倒，就送来。

还有用同义成分前后同现的重合格式："一+V+啊叮+C _结，就 VP"，重复表示动作的"刚然"义。⑤例如：

（7）碗筷一洗啊叮净，就行开。

（8）贼牯一捉啊叮倒，就送来。

4. 经历貌 V+过（+O）

过 [ko⁵⁴]，念阴去，放在动词之后，组成"V+过（+O）"格式，表示曾经有某种情况或经历过某事件。"过"表示动作的"经历"意义，简称经历貌。例如：

（1）明生去过福州，食过嘞福桔。

（2）珊珊以前在厦门住过半年。

（3）桌椅早就拭过嘞，唔会醒齀。

（4）旧年里，两个人就见过嘞面咧。

长汀话表"经历"的"过"，往往后跟表完成的"嘞"，以加强该经历已经完成的意味。像例（1）（3）（4）。语法形式上，动词前常常出现"以前""早就""旧年里"一类表过去时间的词语。

长汀话里似乎比较少用表示动作“完结”的“过”。例如：

（5）纸票［钱］算过嘞，无错。

小　结

综上所述，长汀方言动词的大部分体貌，按其情貌的类别和关系，可以小结见下表：

体　貌		表现形式	
		动词前	动词后
起始体	起始貌		V+起来
持续体	进行貌	1. 在/正+V（+O）	
			2. V+定嘞/稳嘞（+O）
			3. V+啊+V，VP
			4. VVV，VP
	接续进行貌		V+下去/落去
	尝试貌		V+下子
	持续貌		1. V_1倒来/起来+V_2
			2. V+啊+$V_{去}$
			3. $N_{处}$+V+嘞/倒+O
完结体	完成貌		V+嘞（+O）
	先然貌	先+V（+嘞+O），再+VP	V（+嘞+O）来来，再+VP
	刚然貌	一+V+啊吖+$C_{结}$，就+VP	V+啊吖+$C_{结}$，就+VP
	经历貌		V+过（+O）

附　注

① 参看饶长溶《长汀客家人》一文，载《汀州客家研究》第1辑，1993年，福建长汀。

参看罗美珍《谈谈客家话的形成》一文，载《客家纵横》1994年增刊，福建龙岩。

② 长汀方言有声母20个（从略）；韵母31个（从略）；声调，单字调5个，轻声在外：阴平33，阳平24，上声42，阴去54，阳去21。长汀方言有较丰富的连读变调，详细情况请参看饶长溶《福建长汀（客家）方言的连读变调》一文（《中国语文》1987年第3期）。

③“啊”的实际读音，往往随着所附的前面动词韵尾而变化为：[a]、[ia]、[ŋa]、[ʃa]。以后几项格式里后的“啊”，也随所附词的韵尾作相应的变化。

④ 参看王安龙《略说显示状态功能的动词》一文,《中国语文》1993 年第 3 期。

⑤ 参看饶长溶《修饰成分后见小集》一文,《徐州师范学院学报》(哲社版)1989 年第 3 期。

参考文献

刘月华　1989　《汉语语法论集》,现代出版社。

吕叔湘主编　1980　《现代汉语八百词》,商务印书馆。

张秀　1957　《汉语动词的"体"和"时制"系统》,载中国语文丛书《语法论集》第一集,商务印书馆 1959 年新 1 版。

赵元任　1926　《北京、苏州、常州语助词的研究》,载袁毓林主编《赵元任语言学论文选》,清华大学出版社 1992 年版。

朱德熙　1982　《语法讲义》,商务印书馆。

（原载《中国语文》1996 年第 6 期）

长汀方言助词"嘞"和"唎" *

长汀方言助词"嘞"和"唎",颇有些令人感兴趣的特色,过去并没有很好的注意。本文拟从语法形式和意义对它们进行一些描写和比较。全文分三部分:一、助词"嘞";二、助词"唎";三、"嘞"和"唎"的比较。

一　助词"嘞"

先讨论"嘞",然后讨论同"嘞"有关的"了"和"撤"。

(一)"嘞"

"嘞"(同音字,本字待考)念 [le˧],阳平调。用在动词之后,表示动作的完成。近似北京话的"了1"。按语法结构分小类举例如下,语法结构符号之后单短画代表"嘞"的位置,例句包括"答话"在内。

1. V-　　　　　(老李)洗嘞|走嘞

2. V-O　　　　a. 写嘞一张字唎|看嘞电影《家》唎
　　　　　　　b. 昨晡上嘞城唎|前几日地嘞江西唎

3. V-C$_2$　　　a. 上个月来嘞一回|先头子才得[被]人踢嘞一下
　　　　　　　b. 新屋做嘞一年,还唔曾做成|在女角[这里]坐嘞一刻子

4. V-C$_2$O　　a. 来嘞一回城里|先头子才得[被]人踢嘞一下脚①
　　　　　　　b. 做嘞一年新屋,还唔曾做成|在女角[这里]坐嘞一刻子时间

5. VC$_1$-　　　a. 洗净嘞|睡着嘞
　　　　　　　b. 收起来嘞|拿转去嘞

6. VC$_1$-O　　a. 洗净嘞手唎|睡着嘞目唎
　　　　　　　b. 收起来嘞两石谷唎|拿转去嘞一包糖子唎

7. VC$_1$-C$_2$O　女[这]回总算种好嘞一回柑哩|唉,张[受]倒嘞一阵风

---

*本文稿 1994 年 10 月曾于(北京)"汉语方言语法比较研究研讨会"上宣读,与会学者提了宝贵意见,发表前做了修改,谨此致谢。

"洗嘞"是说"洗"这个动作已经完成,"写嘞一张字"意思是"写一张字"这个动作已经完成。

"嘞"也可以用于一些形容词之后,表示性质变化的完成。例如:

1. 水生大嘞好多咧。[水生大了许多。]茶花红嘞。[茶花已经红了。]
2. 比先前细嘞两个手指头。|前几日就黄嘞半皮叶哩。[叶子]
3. 天暗嘞野久咧|你望佢,面角红嘞一圈。
4. 哀哟,茄子烂了嘞|嘿,手指甲都乌撒嘞。
5. 好快!老妹高起来嘞两寸。|你呀腹屎 [肚子] 细 [小] 撒嘞一圈。

从语法结构看,"嘞"用于形容词之后所形成的小类,远不如动词的多,说明形容词之后带"嘞",较有限制。

(二) 做补语的"了"

长汀话还有个"了"字,念 [liɔˇ],上声。它是个动词,表示"了结、完毕"的意思,比如,"你个账已经了嘞"。它常用作动词(或一些形容词)的结果补语,表示"完尽、结束"的意思。例如:

(1) 人都走了嘞,快滴子食!
(2) 一车米得 [被] 水泡了嘞,纸票全部都丢撒嘞。
(3) 三姑嫁得 [给] 一个大户佬,食唔了,着唔清。

"走了嘞""泡了嘞"就是"走完了""泡尽了","食唔了,着唔清"是说三姑嫁了个阔佬,"吃不完,穿不完"。

"V+了"不仅可以后带表动作完成的"嘞",还可以在"嘞"之后再带表示出现新情况的"咧"。例如:

(4) 人都走了嘞咧,快滴子食!
(5) 一车米全下得水泡了嘞咧。

它们的结构层次是:[(走+了) +嘞] +咧

附着于动词之后的"嘞",在来源上可能与做动词补语的"了"有关,不过,长汀话做补语的动词"了"和做动词后附成分(后缀)的助词"嘞",在语法功能和意义上已经有了较明确的分工,二者各司其职。

(三) 做补语的"撒"

长汀话还有个"撒",古入声,今念 [pheˊ],阳平。它原是个动词,表示"分开、离弃"的意思,比如,老王唔用老李,特事撒在一边。不过,它更常用作动词(或一些形容词)的结果补语,表示"离弃、丢失、完尽"等意义,近似普通话的"掉"。例如:

(1) 细虫子捉撒嘞。|快滴帮小赵个伞拿撒!

（2）金戒指跌撇嘞。｜大妹哩无撇［丢失］嘞。

（3）红烧肉食撇嘞。｜天时会暗撇咧，快滴走。

例（1）"细虫子捉撇嘞"是说将"小虫捉掉了"，表"离弃"义，例（2）"金戒指跌撇嘞"意思是"金戒指丢失了"，表"丢失"义，例（3）"天时会暗撇咧"是说"天快黑尽了"，表"完尽"义。

"V+撇+嘞"之后，还可以带表示出现新情况或变化的"咧"。例如：

（4）细虫子捉撇嘞咧。

（5）金戒指跌撇嘞咧。

它们的结构层次是：[（捉+撇）+嘞]+咧。

"撇"和"了"［lioↄ］都常用做补语，二者相比，在表示"完尽"意义的用法上有些近似。试比较：

食撇嘞：　食了嘞

黄撇嘞：　黄了嘞

这里"撇嘞"和"了嘞"都表示动作的"全尽、完尽"意义，不过"食了嘞"比"食撇嘞"更明显表示动作达到的"量"的"完尽"义。

至于"撇"的另外两个小类，例（1）（2）为代表的表"离弃"和表"丢失"义的用法，是"了"一般所不具备的，可见，"撇"的用处比"了"要大得多。②

跟"了"一样，长汀话做补语的动词"撇"和做动词后附成分的"嘞"在语法功能和意义上有明确的分工，二者各司其职。

二　助词"咧"

先讨论"咧"，然后再讨论同"咧"有关的"哩"。

（一）"咧"（同音字，本字待考），念［leↄ］，阳去本调。它用在语句末尾，表示要出现或出现新情况或变化，近似北京话的"了 2"。按语法结构分小类举例如下，结构符号之后双短画代表"咧"的位置。请看：

1. V=　　　　　（老李）洗咧！｜走咧！

2. V-O=　　　　a. 写嘞一张字咧｜看嘞电影《家》咧

　　　　　　　　b. 上嘞城咧｜过嘞江西咧

3. V-C₂=　　　　a. 总算来嘞一回咧｜又得［被］人踢嘞一下咧

　　　　　　　　b. 新屋做嘞一年咧，还唔曾做成｜坐嘞一个钟头咧，来去走咧

4. V-C₂O=　　　a. 总算来嘞一回城里咧｜看嘞两次电影咧

　　　　　　　　b. 好快！做嘞一年新屋咧｜又得人踢嘞一下脚咧

5. VC$_1$=　　　　a. 快洗净咧|会来睡着咧

　　　　　　　　b. 收起来咧！|拿转去咧！

6. VC$_1$-O=　　　a. 洗成嘞衫咧|坐好嘞姿势咧

　　　　　　　　b. 收起来嘞两石谷田咧|拿转去嘞一包糖子咧

7. VC$_1$-C$_2$O=　a. 总算种好一回柑哩咧|过毛做，又张 [受] 倒嘞一阵风
　　　　　　　　　咧

8. VO=　　　　　a. 写字咧|睡目咧！

　　　　　　　　b. 落雨咧|来亲戚咧

9. V 到 C$_1$=　　话到野好咧|喊到十分哑咧

10. N=　　　　　a. 春天咧|八角钱咧

　　　　　　　　b. 两年咧｜十三岁咧

　　"走咧！"是说"出现了可以走的新情况（以前还不可以走）"，"写字咧！"是说"出现了可以写字或该写字的新情况（之前还不可以写字）。

　　"落雨咧"有两种含义。一种是说"出现了要下雨的变化（雨还没下）"，另一种是说"开始并正在下雨"。

　　长汀话的"咧"，还可以用在"嘞"之后，表示"出现"'动作完成'的这种新情况"。例如：

　　　　V-=　　　洗嘞咧|走嘞咧

　　　　VC$_1$-=　　写成嘞咧|坐好嘞咧

"走嘞"是说"走"这个动作已经完成，"走嘞咧"则是说"走嘞"是个新情况，是个变化（暗含"之前本来动作还没有完成"）；

　　"写成嘞"只是说完成了"写成"这个有结果的动作，"写成嘞咧"则增添了"完成这个有结果的动作"是种新的变化（之前还不是这种新情况）的意义。

　　它们的结构层次是：（走+嘞）+咧。

　　（二）长汀话还有个确认语气词"哩"（同音字，本字待考），念 [le^{21}]，阳去调，口语里常念轻声 [10]，强调时可念成 [30]。它用在语句末尾，表示确有其事或带分辩式的肯定语气，近似北京话表肯定语气的"呢"。例如：

　　（1）鸡公在哩

　　（2）係哩，落嘞雨哩

　　（3）有女 [这] 件事哩

　　"鸡公在哩"意思是"公鸡确实存在（，没有丢失）"，"係哩，落嘞雨哩"是说，"是的，的确下了雨呢"！

　　"哩"还可以用在表示动作完成的"嘞"或表示出现新情况的"咧"之后，以表示确认的肯定语气。例如：

（4）a. 饭做嘞哩｜醒嘞哩

　　　b. 丢撇嘞哩（，唔信你去看下子）｜食净嘞哩

　　　c. 拿上来嘞哩（，再也唔会天放[忘记]）｜偋起嘞哩（无搞无笑个）

　　　[藏起来了呢（不开玩笑的）]

（5）（老师）会来唎哩｜真箇个，出事唎哩｜女[这]回无去唎哩

　　例（4）a"饭做嘞哩"意思是"饭已经做了肯定无疑"，"醒嘞哩"是说"确实已经醒了"，例（5）"（老师）会来唎哩"是说"（老师）肯定会来的，不会不来）"。

　　它们的结构层次是：（做+嘞）+哩；（会来+唎）+哩。

　　"哩"和"唎"有两点区别。第一，实际出现的位置不同，它们同现时，"哩"在"唎"之后；第二，语音形式不完全相同，"哩"往往念最低轻声，"唎"一般念阳去本调。比较：

（6）食嘞饭哩［leᴸ］对完成了"食饭"这个动作的确认。

（7）食嘞饭唎［leᴸ］认为完成了"食饭"这个动作是个新情况。

三　"嘞"和"唎"的比较

　　下面打算从意义、语法结构、前加词语、"将"字句四项作个简要的比较。

（一）意义

　　1. 一个动作一般可以粗略地分为起始、进行、终结三个阶段。"嘞"用于动词之后，表示动作的完成，它重点回答动作完成与否，不回答动作的其余过程，尽管这个动作并非没有起始和进行的过程。

　　提问方式：用"曾 V？"或"V 嘞唔曾？"提问。

　　肯定回答："V 嘞"；否定回答："唔曾（V）"。例如：

　　曾写？　　写嘞。"写"这个动作已经完成。

　　　　　　唔曾（写）。[没有写] 没完成"写"这个动作。

　　语义特征：可以概括为［+完成］。

　　2. 一种事态的变化，往往也有起始、进行、终结三个阶段。"唎"用于语句末尾，表示出现新的情况或变化。它重点回答是否出现新情况或变化，不回答事变的完成，而且往往暗含一定的变化背景，即"此前如何如何"。

　　所谓"出现新的情况或变化"，这是比较概括的说法；如果往细里分，大体可以分为两种情形。一种是这种新情况由不可以出现到可以出现但还没有开始进行，比如，"写字唎"，当用于提醒式弱祈使句时，意思是"可以或该写字了"（此前还不可以或不该写字）；另一种是这种新情况新变化不仅

可以出现而且开始进行了，比如"写字咧"，当用于陈述句时，意思是"开始写字"（此前不可以写字）。

　　提问方式：用"係唔係 V（+O）咧？"提问。

　　肯定回答：V（+O）咧；否定回答：唔係 V（+O）即唔存在 V（+O）。例如：

　　　　係唔係写咧？　写咧。意思是"（可以）写了"；

　　　　　　　　　　　唔係写。意思是"唔存在写"即"唔可以写"（此前情况还没变化）。③

　　"咧"似乎也可以用语义特征来表示，如果把上述两种情形归到一起，它的语义特征是：[+起始-完成]。

（二）语法结构

　　"嘞"和"咧"在语法结构上所出现的位置基本不同。如果把前面带"嘞"的结构七小类归并一下，"嘞"可以出现的位置大的类别可分为三类：

　　甲、V 嘞，乙、VC 嘞，丙、V 嘞 O。

　　丙类是"嘞"特有而为"咧"所无的位置。

　　"咧"可以出现的位置。如果把前面带"咧"的结构十小类归并一下，"咧"可以出现的位置分为六类：

　　甲、V 咧，乙、VC 咧，丙、V 嘞 C 咧，丁、VO 咧，戊、V 到 C 咧，己、N 咧。

　　第丙、丁、戊、己类，是"咧"特有而为"嘞"所无的位置。

　　剩下来的各自第甲、乙类的"嘞"和"咧"，都在 V 和 VC 之后，乍一看好像出现的位置相同，若是对比一下"嘞""咧"同现时，"咧"总是在"嘞"之后的情形，就不难分清"嘞"和"咧"在 V 和 VC 之后的位置，实际是一先一后不同的，比如：写嘞咧；写成嘞咧。

（三）前加词语

　　带"嘞"和"咧"的语句，在述语动词前的前加词语有所不同。带"嘞"字的语句，动词前经常用"已经""早就"等词语。例如：

　　（1）二嫂已经洗嘞两桶衫裤咧。

　　（2）大哥早就写成嘞一篇文章。

　　带"咧"字的语句，动词前经常用"可以""敢""会"一些表可能的词语和"快""就要""正在"等一些表示将要变化或开始变化等词语。例如：

　　（3）四珍可以洗浴咧。

　　（4）老弟就要醒咧。

（5）大舅正在来咧。

只有在表示"事态开始或正在变化"的提示陈述句里，动词前有时可以加"已经"或"早就"等词语。例如：

（6）哟，已经落雨咧。

（7）唉，壮牯早就出事咧。

（四）"将"字句与"嘞""咧"

长汀话表示处置意义，往往是采用以带有"拿去"或"拿去"字样为标记的受事主语句，既可以用于陈述句，也可以用于祈使句。

用于祈使句的：N受+拿去+V（C）！例如：

（1）苹果拿去食（撇）！

（2）衫裤拿去洗（净）！

长汀话有时也采用"将"字句表示"处置"意义，既可以用于陈述句，也可以用于祈使句。

用于祈使句的：将+N受+拿去+V（C）！例如：

（1）将苹果拿去食（撇）！

（2）将衫裤拿去洗（净）！

以上都是强祈使句（命令句），不带"咧"；若是弱祈使句（劝使句），大都可以在动词后带"咧"。例如：

（3）将苹果拿去食（撇）咧（！唔时会坏了）[快将苹果（拿去）吃完了！不的话会完全坏掉。]

（4）衫裤浸嘞野久咧，快滴将衫裤拿去洗（净）咧！

但是，祈使句里（不认强弱），一般不能用表示动作完成的"嘞"。例如：

（5）*将苹果拿去食（撇）嘞！

（6）*将衫裤拿去洗（净）嘞！

而"嘞"用于一般陈述句里，则是非常自然的，不论是在动词之后或动补结构之后。例如：

（7）老李将苹果拿去食（撇）嘞。

（8）小赵将衫裤洗（净）嘞。

通过以上四项的比较，不妨整理出一个"嘞"和"咧"的比较简表：

	嘞	咧
	1. 表示动作的完成	1. 表示出现新情况或变化
意义	2. 语义特征：［+完成］	2. 变化特征：［+起始］［-完成］
	3. 提问方式：曾 V？V 嘞；唔曾 V	3. 係唔係 VP 咧？VP 咧；唔係 VP

续表

	嘞	咧
形式	1. 在动词之后："嘞"在"咧"前	1. "咧"在"嘞"后
	2. 前加词语：唔曾、已经、早就	2. 唔，可以、会，快、快要、正在
	3. 祈使句：不能用"嘞"	3. 弱祈使句：可以用"咧"

至于长汀话"嘞""咧"与北京话"了"的比较，容待以后有机会时再进行讨论。

附 注

① 长汀话"得"，念 [te˧]，阳平。既可表示"得到"义，又可表示"给予"义，似乎"受、授"同词。参看饶长溶《长汀方言表"得到"和表"给予"的"得"》，见刘坚、侯精一主编《中国语文研究四十年纪念文集》，北京语言学院出版社 1993 年版。

② 长汀话"撇嘞"，有时作为一个黏合单位，相当于后置副词性成分，用于形容词之后，表示相当于"得很"或"极了"的程度意义。例如：大撇嘞［大得很］｜好撇嘞［好极了］｜甜撇嘞。它们的结构层次是：大+撇嘞。

③ "係唔係写咧"这样提问，它主要问是否存在新情况或变化。肯定回答："係写咧"，即存在"写"的新情况，也就是存在可以"写"的情况，因此可简化为"（可以）写咧"；否定回答："唔係写"，即不存在"写"的新情况，也就是"唔可以写"（此前情况还没有变化）。

参考文献

陈　刚 1957 《北京话里 lou 和 le 的区别》，《中国语文》第 12 期。

吕叔湘 1980 《现代汉语八百词》，商务印书馆。

赵元任 1926 《北京、苏州、常州语助词的研究》，载袁毓林主编《赵元任语言学论文选》，清华文丛之四，清华大学出版社。

朱德熙 1982 《语法讲义》，商务印书馆。

（原载《语文研究》1996 年第 2 期）

长汀客话 "半哩" 以及 "似哩"

一 半哩

长汀客话 "半哩" [paŋ˥ le] 阴去、轻声。比况结构助词。表示（跟……）一样；（跟……）一般；（跟……）似的的意义。

"半" 是个同音字，从音义上看，很可能是念阴平的 "般" [paŋ˦]。

长汀话常说：	1a. 明生搭你<u>半</u>（哩）高。
	1b. 石金无你<u>半</u>（哩）大。
也可说：	2a. 明生搭你<u>般</u>高。
	2b. 石金无你<u>般</u>大。
还可以说：	3a. 明生搭你<u>一般</u>高。
	3b. 石金无你<u>一般</u>大。

例句里 "般" 和 "一般" 的 "般"，都念阴平调，其意思与 "半哩" 的 "半" 相同。不过，"般高" 的 "般"，要看作 "助词"，"一般高" 的 "一般"，可以说 "唔 [不] 一般"，是形容词，二者意义关联，词性不同。

"哩" 是同音字，是个后缀，有点近似北京话 "白白儿" "胖胖儿" 的 "儿"。长汀话口语里可以说不带后缀 "哩" 的 "搭你半高" "无你半大"，但是，更常说带后缀 "哩" 的 "搭你半哩高" "无你半哩大"；后缀 "哩" 几乎是必须有的，特别是位于句子末端，其后没有谓词成分的时候。比如："石金、石水两兄弟半哩" "春兰行起路来，蛇啊半哩"。

长汀话 "搭你般高" "无你般大" 的 "般"，就是 "样"。

"樣"，《集韵》去声，漾韵，弋亮切：法也。《现代汉语词典》[一样] yī yàng 形 同样；没有差别：哥儿俩相貌~，脾气也~。

"般"，《广韵》平声，桓韵，北潘切。《现代汉语词典》般 ¹bān ① 量 种；样：十八~武艺。② 助 一样；似的：暴风雨~的掌声。

手头的名著有例证如下：

（1）问："临漳士友録先生语，语气之清浊处甚详。"

　　曰："粗说是如此。然天地之气有多少<u>般</u>。"（《朱子语类》卷第四，

76页）

（2）气禀所拘，只通得一路，极多<u>样</u>；或厚於此而薄於彼或通於彼而塞於此。（同上，75页）

（3）候这一章透彻后，却理会第二章，久后贯通，却事事会看。如喫饭<u>样</u>，喫了一口，又喫一口，喫得滋味后，放解生精血。（同上，卷第十九，433页）

（4）曰："人生得多般<u>样</u>，这箇便全是气禀。……人之气禀，极多<u>般样</u>，或有馀於此，不足於彼。（同上，卷第十三，239页）

（5）那匹马，头至尾一丈，蹄至脊高八尺，浑身上下没一根杂毛，纯是火炭<u>般</u>赤，拴一副皮甲，束三条肚带。（《水浒传》第六十四回，895页）

（6）林冲怕他夺了头功，猛可里飞枪起来，径奔关胜。三骑马向征尘影里，转灯<u>般</u>厮杀。（同上，896页）

（7）阮小二道："王伦那厮不肯胡乱着人。因此，我弟兄们看了这<u>般样</u>，一齐都心懒了。（同上，第十五回，192页）

长汀话"般"为什么读作"半"？待考。

"半哩"，它附着在名词、代词、动词、形容词等语语之后，形成谓词性比况结构。例如：

（1）你们两个野味道，两子爷半哩。

（2）老伯呗，猴哩子半哩，老妹呗，像新妇子半哩。

（3）墙角落头个石头，好似甚西 [什么东西] 半哩？

（4）金生飞啊半哩跑走嘞 [了]。

（5）望着，会落雨半哩，你快滴子去归 [回家]。

（6）你唔要搭做贼半哩怕佢。

（7）李大嫂食到行唔动半哩咧 [了]。

（8）昨晡买个钵头，好像大嘞 [了] 滴子半哩。

（9）吴三妹打扮得野醜半哩。

（10）刘长生屋下 [家里] 门楼有六七尺高半哩。

（11）你女 [这] 个观音菩萨半哩个人，还会咒人！

1."你们两个野味道，两子爷半哩"，意思是"你们两个很有意思，父子俩一样"。"老伯呗，猴哩子半哩，老妹呗，像新妇子半哩"，是说"哥哥吗，猴子一样，妹妹吗，像小媳妇一样"。"半哩"的语法作用，是使与之组合的结构，成为谓词性，表示"（跟……）一样"的比况意义。

2."半哩"，往往与"搭""像""好像""好似"这些介词、准介词连用，构成"（'搭'+名/动）+半哩"形式，如：例（2）（3）（6）（8）。它们可以看作比况结构全式，而没有同"搭""像"等介词、准介词连用的形式，可以看作比况结构简式；二者互为变体，统称"半哩"比况结构。

3. 例（4）"金生飞啊半叶跑走嘞"是说"金生飞啊似的跑走了"，助词"半哩"之前出现的这个"啊"（音 [a˧] 或 [ia˧]，轻声，它是个受前音节韵尾影响的变体音节），有点像长汀话"坐啊去福州"[坐着去福州] 或"挂啊去墙汗"[挂了/着在墙上] 表示动作持续状态的助词"啊"；但是，又有所不同，它还可以附着在名词之后，如"你鬼啊半哩吓死人""蛇啊半哩溜过来"，还含有指代所附动作的作用，意思好像是"那样"，"你鬼那样似的吓死人""蛇那样一般溜过来"。这个"啊"，本字待考。

4. "半哩"比况结构，常用做谓语，如：例（1）（2），也可做状语，如：例（4），也可做补语，如：例（7）。长汀话，"半哩"比况结构，一般不能直接做定语，要加"个"[的]，如：例（11）"你女[这]个观音菩萨半哩个人"，不能说成"你女[这]个观音菩萨半哩人。"再举个例子："告化子半哩个手乌过乌绝。"

"半哩"比况结构，带"个"以后，可以形成能单用的"个"字结构，比如：你店里个玉佩，搭蛤蟆子半哩个，无人要。

总之，"半哩"是个黏着助词，它的语法作用是使与之组合后的结构谓词化，表示"（跟……）一样"，"（跟……）似的"的比况意义。

二　似哩*

似哩 [sʅ˧ le˧] 阴平、轻声，准比况结构助词。表示"跟……相似""跟……近似"的意义。

似，《广韵》上声，止韵，详里切：类也，象也。中古全浊"邪"母上声，今长汀客话念阴平。动词：像；类似。哩，同音字，后缀，附着在"似"的后面，构成"似哩"，使之成为谓词性准比况助词。

长汀话"半上昼似哩"，意思是"跟半上昼相似"，"挨夜似哩"是说"跟傍晚近似"。

"似哩"与"半哩"有很多不同（更不好说相当于北京话的"似的"）。它使用范围相当窄，主要用在表示时间的名词、动词词语及个别表品评的形容词词语之后，表示"与之近似"的意思。例如：

（1）昨晡，昼边似哩还落嘞 [了] 滴子雪。

（2）前回上新桥，到挨暗似哩正行到屋下 [家里]。

*本节语料，承蒙笔者家乡同学、年已八十挂零的黎治行先生接受咨询，参与讨论，提供了宝贵意见。谨此鸣谢。

（3）叔叔间花<u>似哩</u>会下城来看公爹。

（4）老赖嬷今年六十岁上下<u>似哩</u>。

（5）两姊妹面貌发 [长] 得何如<u>似哩</u>？

（6）一把尼龙布伞八块钱，可以<u>似哩</u>，唔会贵。

（7）水生妹搭秀秀差唔多<u>似哩</u>高。

（8）柚哩发 [生长] 到半大<u>似哩</u>个时节，摘下来搞 [玩]。

"叔叔间花似哩会下城来看公爹"，意思是"叔叔近似间隔一段时间会下城来看公爹"，"可以似哩，唔会贵"，是说"近似还行，不会贵"。

与"半哩"比较，首先，带"似哩"的结构，只有个别的情形，在它前面可以出现"搭"一类介词，如：例（7）搭秀秀差唔似哩高"，大多数似乎都不能用"搭"，如：*搭昼边似哩还落嘞 [了] 滴子雨，*老赖嬷今年搭六十岁上下似哩。其次，后附于有些时间名词语的"似哩"，也可以说成"半哩"。比较：

　　昼边似哩还落嘞滴子雨：昼边半哩还落嘞滴子雨

　　差唔多似哩高：差唔多半哩高

　　六十岁上下似哩：六十岁上下半哩

但是，"会拗撒半哩""睡嘞目半哩"这类动词语"半哩"结构，恐怕都不能说成"会拗撒似哩""睡嘞目似哩"。可见，"似哩"结构，虽然也含有"比况"的意义，但是，远不如"半哩"结构所含有的充分而显著的"比况"意义。

长汀话"似哩"结构与长汀话时间名词语后带"边哩"的短语，形式上有点相似，其实是不同的东西。请看：

　　半上昼似哩：半上昼边哩

　　挨暗似哩：挨暗边哩

　　过年似哩：过年过哩

"半上昼边哩"是说"半上昼边缘"，"挨暗边哩"意思是"傍晚边上"。"边哩"是在某时间"边缘"或"边上"的意思，是对所附时间名词语的直接表述；"半上昼似哩""挨暗似哩"的"似哩"，是拿"半上昼""挨暗"等时间词语作为相比对象，表示近似、比况的意思。二者在表达方式及意义上都不相同。

"似哩"结构在句中可以用作谓语，如：例（4）、（6）；可以用作补语，如：例（5）；可以用作状语，如：例（1）、（3）；用作定语，一般要加"个"[的]，如：例（8）。

总之，"似哩"是个黏着助词，主要附着在表示时间的名词、动词语及个别形容词语之后，使之形成"似哩"准比况助词结构，表示"跟……相似"

"跟……近似"的意义。

参考文献

罗竹风主编　1994　《汉语大词典》,汉语大词典出版社。

罗竹风　1983　《集韵》(扬州使院重刻本),北京中国书店。

罗竹风　1982　宋本《广韵》(泽存堂本),北京中国书店。

许慎撰　段玉裁注　1981　《说文解字注》,上海古籍出版社。

中国社会科学院语言研究所词典室编　2005　《现代汉语词典》(第5版),商务印书馆。

引例书目

黎靖德编　王星贤点校　1994　《朱子语类》,中华书局。

施耐庵　罗贯中著　1975　《水浒传》,人民文学出版社。

长汀话的"拿"字句

　　长汀话处置式有"将"字句,比如,"老张将汽车开出去嘞(了),将杉木了也带走嘞(了)",这是比较文雅的说法。口语里经常用的似乎是"拿"字位于受事名词之后、述语动词结构之前、连着"来"或"去"的"拿"字句。例如:

　　(1)衬衫拿来洗。　　　(2)衬衫拿去洗!

　　"衬衫拿来洗"的"衬衫"是受事名词主语在前,述语动词"洗"在后,中间用"拿来""拿去"面构成的主谓结构句,在这种句子里,光说"衬衫拿来""衬衫拿去"是站不住的,其后必得有述语动词"洗"。"拿"一般看作次动词(或叫介词),带着必须有的趋向动词"来"或"去","来"或"去"都不念轻声。语义上,"衬衫"先是"拿"的对象,后又是动作"洗"的受事,"来"或"去"连在"拿"后表示目的。句子意思与"拿衬衫来洗""拿衬衫去洗"一般所谓连动式相当。我们不妨把"衬衫拿来洗"和"衬衫拿去洗"分别码化为:

　　Ⅰ.名受+"拿·来"+动₂　　　Ⅱ.名受+"拿·去"+动₂

　　"名受"意为动作的受事名词,"拿·来""拿·去"中间的连接点,表示"拿"和"来"或"去"连用,还没虚化成"词"。"动₂"意思是动词结构,包括光杆动词、动补、动宾等动词性结构。

　　但是,这种受事主语句又不同于一般连动式主谓句,它的特点恐怕在于:说话人有意把要处置的事物先提出来,放在句首,突出其受事的地位,使之成为支配的焦点(受其后动作处置)。例(1)(2)受事主语"衬衫",语用上叫作话题,其后的谓语动作"拿来洗""拿去洗"是对话题的"说明"。我们不妨把这种句子称为处置式受事主语句,它属于受事主语句的一种。

　　Ⅰ.名受+"拿·来"+动₂,多用于叙述句;Ⅱ.名受+"拿·去"+动₂,多用于祈使句。分开来说,叫"拿·来"句,"拿·去"句;合起来说,可以称为"拿"字句。

　　本文以施事出现与否、有无"将"字存在等方式对"拿"字句以及有关的"拿来"句,作形式和意义的描写、分析或解释。类似这种受事主语名词在前的处置式,在其他一些汉语方言里也存在。[①]本文不打算讨论"拿"字句与"把（将）"字句的关系、生成等问题。全文共分两大部分：甲、表示"处置"的"拿"字句；乙、表示"意外经历"的"拿来$_1$"句。

甲　"拿"字句

一、"拿·来"句　　名受+"拿·来"+动$_2$

"拿·来"句，动$_2$之后可以再带"来"，又后加动$_3$，继续表示动作目的，但一般不再带"去"。以有无施事名词的出现，下分三个小类。

（一）无施事名词的。

A. 动$_2$煞尾的。例如：

（1）梨哩拿来削。　　　　（2）衬衫拿来洗净。

B. 动$_2$+"来"+动$_3$。例如：

（1）梨哩拿来削来食撒。　　（2）衬衫拿来洗净来著。

（二）受事名词前有施事名词的。

A. 动$_2$煞尾的。例如：

（1）偃［我］粉皮拿来炙咧。　（2）偃［我］番薯拿来蒸好。

B. 动$_2$+"来"+动$_3$。例如：

（1）偃桌子拿来整来用。　　（2）偃树蔸拿来破倒来烧。

（3）偃一双脚拿来包稳来行路。

（三）受事名词后，有施事名词的。

A. 动$_2$煞尾的。例如：

（1）粉皮偃拿来炙咧。　　（2）番薯偃拿来蒸好。

B. 动$_2$+"来"+动$_3$。例如：

（1）桌子偃拿来整来用。　　（2）树蔸偃拿来破倒来烧。

（3）一双脚偃拿来包稳来行路。

二、"拿·去"句　　名受+"拿·去"+动$_2$

"拿·去"句，"动$_2$"之后还可以再带"来"或"去"，继续表示动作目的。不过，"动$_2$"之后再带"来"，似乎比再带"去"，少受限制（带"去"例句前打了问号）。"拿·去"句，多用于祈使句。以有无施事名词的出现，下分三个小类。

（一）无施事名词的。

A. 动$_2$煞尾的。例如：

（1）梨哩拿去削咧［了］！（催促）　　（2）衬衫拿去洗倒！

B. 动₂＋"来"／"去"＋动₃。例如：

（1）a. 梨哩拿去削来食！　　　b. 梨哩拿去削去食！

（2）a. 衬衫拿去洗净来著！　　ᵗb. 衬衫拿去洗净去著！

（二）受事名词前，有施事名词的。

A. 动₂煞尾的。例如：

（1）你粉皮拿去炙咧！　　（2）大妹哩梨哩拿去削正［好］！

B. 动₂＋"来"／"去"＋动₃。例如：

（1）a. 你桌子拿去整来用！　　　b. 你桌拿去整去用！

（2）a. 你粉皮拿去炙燥来卖！　　ᵗb. 你粉皮拿去炙燥去卖！

（三）受事名词后，有施事名词的。

A. 动₂煞尾的。例如：

（1）粉皮你拿去炙咧！　　（2）梨哩大妹哩拿去削正！

B. 动₂＋"来"／"去"＋动₃。例如：

（1）a. 桌子你拿去整来用！　　b. 桌子你拿去整去用！

（2）a. 粉皮你拿去炙燥来卖！　　ᵗb. 粉皮你拿去炙燥去卖！

"拿·去"句用于祈使句时，施事为第二人称"你""大妹哩"或"老张"等；也可用于征询意见的询问句，施事既可以是第二人称，也可以是第一人称。如，"你粉皮拿去炙，好唔好？""偓粉皮拿去炙，好唔好？"也可用于陈述句，施事为第一人称，如："偓粉皮拿去炙咧。""番薯偓拿去蒸嘞。"

三、"将"字与"拿·来"同现句

长汀话表处置的"拿·来"句，还可以在受事主语之前出现"将"字，与"拿·来"同现，形成一前一后重复对受事的介引和处置。有了"将"字显然带有书面语色彩。以有无施事名词的出现，可分三个小类。

（一）无施事名词的。

A. 动₂煞尾的。例如；

（1）将梨哩拿来削。　　（2）将衬衫拿来洗净。

B. 动₂＋"来"＋动₃。例如：

（1）将梨哩拿来削来食。　（2）将衬衫拿来洗净来著。

（二）受事名词前，有施事名词的。

A. 动₂煞尾的。例如：

（1）偓将粉皮拿来炙。　　（2）偓将番薯拿来蒸。

B. 动₂＋"来"＋动₃。例如：

（1）偓将桌子拿来整来用。（2）偓将一双脚拿来包稳来行路。

（三）受事名词后，有施事名词的。

A. 动$_2$煞尾的。例如：

（1）将粉皮偓拿来炙。 （2）将番薯偓拿来蒸。

B. 动$_2$+"来"+动$_3$。例如：

（1）将桌子偓拿来修来用。 （2）将一双脚拿来包稳来行路。

四、"将"字与"拿·去"同现句

"将"字与"拿·去"同现，"动$_2$"之后还可以再带"来"或"去"，表示动作目的。不过，再带"去"似乎比再带"来"受限制（例句前打问号）。以有无施事名词出现，下分三个小类。

（一）无施事名词的。

A. 动$_2$煞尾的。例如：

（1）将梨哩拿去削皮！ （2）将衬衫拿去洗净！

B. 动$_2$+"来"／"去"+动$_3$。例如：

（1）a. 将梨哩拿去削来食。 b. 将梨哩拿去削去食！

（2）a. 将棉袄拿去洗净来偋起！ $^?$b. 将棉袄拿去洗净去偋起！

（二）受事名词前，有施事名词的。

A. 动$_2$煞尾的。例如：

（1）你将梨哩拿去削咧！ （2）你将衬衫拿去洗净！

B. 动$_2$+"来"／"去"+动$_3$。例如：

（1）a. 你将梨哩拿去削来食！ b. 你将梨哩拿去削去食！

（2）a. 老妹将衬衫拿去补好来著！ $^?$b. 老妹将衬衫拿去补好去著！

（三）受事名词后，有施事名词的。

A. 动$_2$煞尾的。例如：

（1）半梨哩你拿去削！ （2）将梨哩你拿去削好！

B. 动$_2$+"来"／"去"+动$_3$。例如：

（1）a. 将梨哩你拿去削来食！ b. 将梨哩你拿去削去食！

（2）a. 将衬衫老妹拿去洗 净来收起！

　　$^?$b. 将衬衫老妹拿去洗净去收起！

"拿·来"句和"将"字、"拿·来"同现句，在"拿·来"之后，有时还可以连上一个半虚化的"去"，形成"拿·来去"句，强调动作趋向，显示了客家方言表动作趋向的一种特色。它的结构层次是：（拿来+去）+动$_2$。例如：

（一）（将）番薯拿来去蒸。

（二）（将）番薯偓拿来去蒸。

（三）偓（将）番薯拿来去蒸。

"拿·去"句，在"拿去"之后，则不能再连"去"，如：*番薯拿去去蒸。

"拿·来"句，如果"动₂"是由动补结构充当时，后再带"来"，可以煞尾，不必再加"动₃"；如果"动₂"为光杆动词时，则不行。比如，可以说"（将）衬衫拿来洗净来"，"（将）粉皮倕拿来炙燥来"，但是不能说"（将）衬衫拿来洗来"，"（将）粉皮拿来炙来"。

在客家山歌里，也许受七言歌体的限制，"拿来"句有时似乎可以只出现"来"。请比较：

（1）大年三十大团圆，红纸**拿来**写对联。对联**拿来**架鹊桥，阿妹敢过倕敢恋。

（2）山歌又好声又娇，月弦**来**和九龙箫。哥妹今日成双对，玉石**来**造万年桥。^②

趋向动词"来"和"去"，原本有其各自语义上由彼及此和由此及彼朝近和朝远的朝向区别。在"拿·来"句和"将"字、"拿·去"同现句中，处于动₂之后，再带"去"的，其动作语义不仅指向被使令者，还可能包括被使令者以外的人（如使令者）在内。例如：

　　a.（将）芋子拿去煮来食！　　b.（将）芋子拿去煮去食！

b例"煮去食"，吃芋子的是被使令者（煮芋子的）一类；a例，"煮来食"，吃芋子的不仅是煮芋子的，还可能包括使令者（说话人自己）在内。

乙　"拿来₁"句

一、表示"意外经历"的"拿来₁"句

长汀话还有一种与上述句式近似但却表示"意外经历"的"拿来"句。比如："（唉！唔小心）粥拿来熬煳嘞。""（哎哟，唔晓得）衬衫拿来洗嘞。"意思是说"（唉！不小心）粥给熬煳了"，"（哎哟，不知道，本不该洗的）衬衫竟给洗了"。它表示一种非自主的意外动作结果。

这种"意外经历"句，一般都有"话语背景"或上下文，像"没想到""不小心""不经意""本该如何，却……"等一些意外遭遇的背景。在这类句子里，"拿来"已经结合很紧密，几乎虚化为语法标志（助词），句尾表示完成的"嘞"[了]，是必须有的，述语多由动补结构充当。概括地说，它是一种表示"本该那样，居然这样"非主观意愿的"意外经历"句。不妨叫作表意外经历的"拿来₁"句，以区别于表处置的"拿·来"句。

"拿来₁"句的"意外经历"，可以是有损的、遗憾的，比如"粥拿来熬

煳嘞""衬衫拿来洗烂嘞""脚盘拿来行肿嘞",其中"熬煳""洗烂""行肿",
是人们不愿意遇到的;也可以是有益的、高兴的,比如,"粥拿来熬好嘞"
"衬衫拿来洗净嘞""脚盘(肿)拿来行消嘞",其中"熬好""洗净""(肿)
行消",都是人们乐意接受的。

这类"拿来₁"句,可以码化为名受+"拿来₁"+动结+"嘞"。

以有无施事名词的出现,可以分为以下几类。

(一)无施事名词的。例如:

(1)白衫个墨迹拿来洗净嘞。(本以为洗不干净)

(2)一锅番薯拿来蒸煳嘞。(真没料到)

(3)三珊个手拿来拗着[伤]嘞。

(4)大伯个烂凳子拿来整好嘞。(真没想到)

(二)受事名词之后,"拿来"之前,有"得[被]+施事名词"的。例
如:

(1)衬衫得偓拿来洗烂嘞。

(2)一锅番薯得偓拿来蒸煳嘞。

(3)三珊个手得人拿来拗着嘞。

(4)大伯个目珠子得三叔拿来医好嘞。

(三)"得(被)+施事名词"在"拿来"之后的。例如:

? (1)衬衫拿来得偓洗烂嘞。

? (2)一锅番薯拿来得老妹蒸煳嘞。

(3)三珊个手拿来得人拗着嘞。

(4)大伯个目珠子拿来得三叔医好嘞。

(二)(三)小类受事名词之后有"得+施事名词",增强了它的"意外经
历"的意义,尤其是(三)小类,"得+施事名词"处于"拿来"之后,更凸
显了它被动遭遇的色彩。当然,与第(一)小类相比,有无"得+施事",其
句子的意义基本上还是相等的,它们都是一种意外遭遇的结果句。

第(三)小类,"得+施事名词"位于"拿来"之后的句子,似乎有些例
句不够自然、顺畅(例句前打了问号),但又觉得并非绝对不能说,姑且立
此存照吧!

二、表"意外经历"的"拿来₁"句与表处置的"拿·来"句区别

"拿来₁"句子"拿·来"句二者之间最主要的区别恐怕是:表"意外经
历"的"拿来₁"句一般有话语背景或上下文,它是作为后续句出现的,句
子前往往有关联话语或关联词语,像"哎哟""唔小心""唔曾想到"等,而
"拿·来"句,一般是直陈其事,无须什么话语背景,往往作为发端话语而

出现。

下面试从意义、"拿来"的性质和句法上来看看二者之间的区别。

（一）意义上。"拿·来"句表示一种主观意愿的处置，是依主旨处理的结果；而"拿来₁"句表示"本该那样，居然这样"的意外经历，是非主旨遭遇的结果。

（二）词性上。"拿·来"句的"拿""来"相当于次动词（或叫介词）"拿"，带上表示目的的趋向动词"来"，仍偶有两个动词先后"连动"的关系，如"衬衫拿来洗净"，"拿"的是"衬衫"，目的"来洗净"。 "拿来₁"句的"拿来"结合得很紧，似乎已经虚化为一个标记，如"粥拿来熬煳嘞"，"粥"和"拿来"几乎没有什么动作与对象的关系，仅作为表示"意外经历"的语法标记（助词）。

（三）句法上。1. 句末带"嘞"与否有所不同。"拿·来"句，不一定带"嘞"，如"粉皮拿来炙燥"； "拿来₁"句，句尾必须带"嘞"，如"粉皮拿来炙燥嘞"。2."拿来"是否后带"去"有所不同。"拿·来"句，"拿来"之后有时还可带"去"，如"衬衫拿来去洗净"，"拿来₁"句"拿来"之后则不能带"去"。如不能说"衬衫拿来去洗净嘞"。3. 有无相应的变换式，也有所不同。"拿·来"句，A. 有相应同义的动词连用变换式，如：新鞋拿来著拿新鞋来著。B. 有"将"字同现式，如"将新鞋拿著"。而"拿来₁"句既没有相应同义的动词连用变换式，也没有"将"字同现句，而有相当于被动式万分句，如"新鞋得偓拿来著嘞"。

孤立地看，"拿·来"句和"拿来₁"句有时存在歧义现象。例如：粉皮拿来炙燥嘞。既可以理解为"拿·来"句，"拿了粉皮晒干了"；也可以理解为"拿来₁"句，"（本以为天阴）粉皮（晒不干），居然晒干了"。

不过，由于表示"意外经历"的"拿来₁"句，往往是作为后续句出现的，它的前后大都有一定的先行话语或关联词语，这两类句子，在一定的环境中，有了一定的上下文，一般都能消除歧义。

此外，"拿来₁"句必须有表完成的"嘞"，"拿·来"句则不一定要有"嘞"；"拿来₁"句可以带表被动义的"得+施事名词"，"拿·来"句则只可以有"施事名词"，这些都有助于消除歧义。例如：

"拿·来"句

（1）粉皮拿来炙。　　　　（2）粉皮你拿来炙燥来。

"拿来₁"句

（1）（唔曾想到）粉皮拿来炙燥嘞。

（2）（哟，有福气）粉皮得你拿来炙燥嘞。

（3）（唉，倒霉）纸票得偓拿来跌撇（丢掉）嘞。

（4）（哎哟！）茶几拿来散撒嘞。

附　注

① 见黄伯荣主编《汉语方言语法类编》"处置句"一节，青岛出版社 1996 年版。

② 见陈炜萍、何志溪、钟震东搜集《客家传统情诗》第 131 页，海峡文艺出版社 1985 年版。

参考文献

赵元任著　吕叔湘译　1979　《北京口语语法》，商务印书馆

朱德熙　1982　《语法讲义》，商务印书馆

（原载林立芳主编《第三届客家方言论文集》，
《韶关大学学报》2000 年增刊）

修饰成分后见小集[*]

　　词语的不同顺序，成分的先见后见，对于形态不发达的"纯关系概念"的语言来说，往往是组成不同结构的重要因素，它常常受到语法学者的关注，更为语言类型学研究者所重视。

　　本文主要对一种方言——福建长汀（客家）方言修饰成分后见的格式进行简要的描写，有时也作些分析。

　　给汉语语法定成分一般都采用"前修饰后补充"的办法。一个向心结构XY，中心是Y，而不是X，那么X是修饰成分，Y是被修饰成分；如果中心是X，而不是Y，那么Y是补充成分，X是被补充成分。这种定成分的方法也许是有助于识别汉语某些不同句法结构的构造。不过，由于本文的后见和前见的成分是同义、并行的，也为了对比分析的方便，本文暂且都称为修饰成分，并用了修饰成分后见和修饰成分前见的说法。这里还要指明，修饰成分后见这样称说，并非确认修饰成分前见是"正装"，修饰成分后见是"倒装"，而是想要揭示"前见"和"后见"可能是构成不同的格式的因素。换句话说，本文所说的修饰成分后见，是长汀方言句法结构上存在的，是构成修饰成分后见的格式不可少的成分。它也不同于一般所说的成分"后移"或"后置"。

　　本文主要讨论下面五种修饰成分后见的现象。

一　表方向的修饰成分

　　动+（介+宾）

　　1. 行当上 [向上游走]　　　（手臂）拗当出 [胳膊肘）向外弯]

　　"当"[tɔŋ˦]，阴平，介词，相当于"向""对"，如"唔当街摆庄子 [摊子]"。"上"是"上、下、前、后"一类的方位词。当地的"上""下"方向，除了按物体坐向（北、南）定"上""下"外，还依河流走向定"上""下"。"当上"就是"向上游"或"对上方"。"行当上"直译则为"行+向上游"。

---

　　* 本文曾在 1988 年 6 月北京市语言学会第三届年会上宣读，这次发表时做了些修改。

又例如：

你只会跑当转 [往回跑]

汽车开当下 [向下开]

铜钱扫当入 [往时扫]

你唔敢走当前咾 [向前走]

在长汀方言里还有跟"行当上"同义的修饰成分前见的格式，如"向上行"。修饰成分"向上"和"当上"同义，"向上行"和"行当上"两个格式同义。二者形成同义修饰成分后见前见并存格式。如果修饰成分后见格式记作 A 式，修饰成分前见格式可记作 B 式，试比较如下：

A 式　动+（介+宾）　　　　　B 式　（介+宾）+动

跑当下　　　　　　　　　　向下跑

打当出　　　　　　　　　　向出打 [向外打]

睡当入　　　　　　　　　　向入睡 [向里睡]

2. 行去河田 [往河田行]

（东西）搁去厅下里 [往厅堂里抬]

"去"念［heˀ］，阴去，后修饰成分"去河田"修饰中心成分动词"行"。"去"作为动词可以单用，也可以带处所宾语用，如"去广州""去岭下"。长汀方言的"去"含有"往"义或"到"义，无论当动词用或当介词用，大体都这样，因此，一般只好从形式上来区分动词"去"和介词"去"。当"去"带上宾语修饰动词时，"去"可看作"介词"。"搁去厅下里"，相当于北京话"往厅堂里抬"，直译则为"抬+往厅堂里"。又例如：

二妹哩抱去舅舅屋下 [家里]

水牛牵去南山

张京飞去上海

拖拉机开去馆前

"行去河田"，没有发现相应的修饰成分前见的并行格式。不过，"行去河田""搁去厅下里"还可分别说成意思相当的另外三种说法。比较：

a. 行　来去河田　　　　搁　来去厅下里

b. 行下来去河田　　　　搁上来去厅下里

c. 行下　去河田　　　　搁上　去厅下里

a 组"来"字的意义相当虚灵，多少还有点儿表示动作目的（或方向）的意义，几乎要虚化为"衬音"字。b 组比 a 组多了个"下"（或"上"）字，这是方位词。"河田"镇在城关下游（又是南边），立脚点在城关，所以说"行下来运河河田"，"下"指明动作的方向。如果说话者站"厅堂"的北边某处，则可说"搁下来去厅下里"，不说"搁上来去厅下里"。c 组比 b 组少了个

"来"字，意思不变。a、b、c 三组"去河田"都是中心成分动词"行"的修饰成分，整个结构不是连动式，仍然是修饰成分后见的向心结构。它的层次可以这样表示：

行下来去河田
—　———
—　—

二　表重复的修饰成分

（动+数量名_宾）+"添"

食一碗饭添 [再吃一碗饭]

睡一下子目添 [再睡一会儿觉]

"添"是"再""多"的意思。受事宾语在一定的上下文（或语境）可以省略，但数量成分必须有。可以说"食一碗添""睡一下子添"。但不能说"食饭添""睡目添"。如果数量成分是动量词时，其位置可以在受事外词之后，如"求你大伯一回添""累你一下添"。这是个表重复意义的副词性成分"添"在"动宾"之后出现的格式，整个格式表示（期望）重复或继续进行一定数量的动作行为。如果直译则为"食一碗饭再"。又例如：

A式　做几题算学添　　　写两张字添

　　　烧一把火添　　　　跑一回上海添

长汀方言里还存在同义表重复的副词性成分前见并行格式："再"+（动+数量名_宾）。例如：

B式　再食一碗饭　　　再睡一下子目

　　　再倒两杯（茶）　　再读一回（书）

格式构成的条件跟 A 式完全相同。

不仅如此，在长汀话里，还可以有同义表重复的副词性成分前后同见的说法，即一般所说的在同一格式里同主成分前后"重出"的现象，不妨把它记作 C 式："再"+（动+数量名_宾）+"添"。例如：

C式　再食一碗饭添　　　再睡一下子目添

　　　再唱两个歌添　　　再读一回书添

格式构成的条件跟 A 式 B 式是完全相同的。

三　表"先然"的修饰成分

（动+动_结+名）+"来来"，"再"+动

做成嘞饭来来再洗 [先做完了饭再洗]

洗嘞来来再炙出去 [先洗了再晒出去]

这是个复句紧缩格式，表示"先做什么然后再做什么"的先后动作的连接关系。"来"念 [lai²⁴]，阳平，"来来"相当于副词性成分，表"先然"的意义。由动词或形容词充当的结果补语和表动作完成的"嘞"，并非同时必有，可以交替出现，也可以都不出现。受事宾语应是必有的，但可以有条件省略。比较：

做成来来再讲……

做嘞来来再讲……

做来来再讲……

在受事宾语已知的上下文（或语境）里，后半段"'再'+动"也可以省略。例如：

做成来来……　　　　做嘞来来……

做来来……

"来来"也可以用一个"来"，但是，动词为光杆动词时，必须用"来来"。试比较：

做成来（再讲）　　　做嘞来（再讲）

做来来（再讲）　　　*做来（再讲）

"做嘞来来再讲"这个说法，有时好像同"做嘞以后再讲"接近，其实它们是不同义的，在长汀话里，可以单说"做嘞来来咾"，而即使在同等的上下文条件下，"*做嘞以后"也不能单说，它只半句话。另举些表"先然"修饰成分的例子：

A式　读熟嘞来来再写

　　　（鸡公）卖嘞来再籴米

　　　收好来来（再出去）

长汀方言里还同时存在同义的表"先然"修饰成分前见的并行格式："先"+（动+动结+名），"再"+动。例如：

B式　先做成嘞再讲

　　　先洗净嘞再炙出去

　　　（被窝）先拆好再送过去

　　　先坐下子再去搬砖

不仅如此，长汀方言里，还可以有同义表"先然"修饰成分前后见的格式，即一般所说在同一格式里同义成分"重出"的现象："先"+动+动结+名+"来来"，"再"+动。例如：

C式　先须知嘞来来再讲

先洗净来再炙出去

先坐下子来来再去搬砖

四 表“刚然”的修饰成分

（动+“啊（吖）”）+动结，“就”+动

（碗筷）洗啊吖净，就跑走［（碗筷）一洗干净就跑走］

寻啊吖倒，就带来嘞［一找到，就带回来了］

这是个前后两个动作行为紧密承接的复句格式，相当于北京话的“一X，就Y”格式。啊［ha］读轻声。实际音值随着前字（动词）的韵尾可变化为：［a］、［ia］、［ha］、［ʃa］、［ŋa］。“吖”也是同音字，念［taɩ］，轻声。以上两个字待考。“啊吖”表示动作行为“才刚”经历的短暂时间，“洗啊吖净，就走”，是说“才刚洗净就走”“一洗净就走”。“啊吖”是表动作经历时间的副词性成分，紧随动词之后，而且还在必须出现的结果补语之前，即“啊吖”必须处在“动”和“结”之间。“吖”字意思很虚灵，以至像是“衬音”字，没有它，往往也成话，特别是补语为双音节词语时，“吖”简直有点儿多余了。例如：

A式 抄啊（吖）成，就送走

（花瓶）拭啊（吖）燥，就拿过来

抱啊吖入去，就睡着嘞

拖啊吖入去，就死撇嘞

长汀方言里还存在同义的表“刚然”副词性成分前见的并行格式：“一”+（动+动结），“就”+动。例如：

B式 一洗成，就跑走嘞

一寻倒，就带转来嘞

一放出去，就飞嘞无影

一爬起来，就要食

“一洗成，就……”“一寻倒，就……”跟A式的“洗啊（吖）成，就……”“寻啊（吖）倒，就……”同义，格式的构成条件相同。

不仅如此，在长汀方言里，还可以有同义的表“刚然”副词性成分前后同见的并行格式，即表“刚然”同义成分在同一格式里“重出”的现象：“一”+动+“下（吖）”+动结，“就”+动。例如：

C式 一洗啊（吖）成，就跑走嘞

一寻啊（吖）倒，就带转来嘞

一放啊出去，就飞无影咧

一爬啊起来，就张嘴要食

"一洗啊（吋）成，就……""一寻啊（吋）倒，就……"跟 B 式"一洗成，就……""一寻倒，就……"同义，格式的构成条件也相同。

五 表结果的成分在名词后见

（动+名宾）+"唔"+动结

买<u>书</u>唔<u>倒</u>［买不到书］

去<u>厦门</u>唔<u>成</u>［去不成厦门］

这是个动词的结果补语"倒""成"在宾语"书""厦门"之后出现的格式。充当宾语的名词可以是一般事物名词，也可以是处所名词；充当结果补语的可以是动词，也可以是形容词。这种现象虽然跟修饰成分后见不完全相同，但是，相对于成分前见来说，结果补语成分远离动词后见于名词，总的都属于成分后见现象。因此附在这里一并讨论。

这个格式实际是带表可能"得"的动补格的否定形式，它的肯定式是：买得书倒［可以买到书］，去得厦门成［可以去成厦门］，结果补语在"动+'得'+名"之后。我们把它记作：（动+"得"+名）+动结。例如：

A 式　食得<u>饭落</u>　　　　食<u>饭</u>唔<u>落</u>

　　　认得<u>你出</u>　　　　认<u>你</u>唔<u>出</u>

　　　（读书）读得<u>你赢</u>　（读书）读<u>你</u>唔<u>赢</u>

　　　（灌酒）灌得<u>三哥醉</u>　（灌酒）灌得<u>三哥</u>唔<u>醉</u>

长汀方言里还有同义的表结果成分前见的并行格式：（动+"得"+动结）+名。例如：

B 式　买得<u>倒</u>书　　　　　去得<u>成</u>厦门

　　　读得<u>赢</u>你　　　　　灌得<u>醉</u>三哥

"买得倒书""去得成厦门"跟 A 式"买得书倒""去得厦门成"同义，格式构成的条件，也跟 A 式相同。

表结果的成分后见这种格式，如果用正反问方式来提问，就似乎更能反映它那古朴的特色来。

A 式，结果成分后见。例如：

（1）a. 去唔去得<u>厦门成</u>？

　　　b. 去去得<u>厦门成</u>？（不见否定词"唔"，不妨看做省略或叠合变调）^①

（2）[?]a. 去得唔得<u>厦门成</u>？

　　　b. 去得得<u>厦门成</u>？

（3）a. 去得<u>厦门成</u>唔成？

　　　b. 去得<u>厦门成</u>成？

B式，结果成分前见。例如：

（1）a. 去唔去得<u>成</u>厦门？

　　　b. 去去得<u>成</u>厦门？

（2）[?]a. 去得唔得<u>成</u>厦门？

　　　b. 去得得<u>成</u>厦门？

（3）a. 去得成唔<u>成</u>厦门？

　　　b. 去得成<u>成</u>厦门？

<u>b</u> 组无否定词"唔"的那个"正反"部分，如"去去（得厦门成）？""（去）得得（厦门成）？"语音上连读变调的情形，这里从略。

从以上几种格式的描述，可以看到它们主要的共同点：

1. 既有修饰成分后见的格式 A，也存在相应的同义修饰成人前见的格式 B（当然，这样说就意味着看法要宽一些，把修饰成分看作构成一种格式的因素）。这 A、B 两种共时并行格式，除了说明语言的表达方式多样化，表现力强以外，还能不能有另外一些启示？比如，能不能问问 A、B 两式产生的时期是否相同，谁先谁后？假如都同出于一个语族（汉语），或者一种格式至少在宋元时期就有了（如"认得你出"），另一种格式要晚些；或者一种格式是古汉语句法的遗留，另一种格式是口语的自然继承和发展，分属于"文""白"的性质。又比如，能不能问问 A、B 两式语源是否相同？或许一种格式来源于汉语族的其他方言甚至非汉语（如"食碗饭添"）；而另一种格式或许是本方言自身发展演变（当然不排斥跟本语族方言的"接触"）的结果。

2. 不仅可以有修饰成分后见、前见的 A、B 格式，有些还存在同义成分在中心成分前后"重出"的说法 C 式。这种"重出"的说法，除了看作偶然的现象或者是逻辑不严密、不怎么规范的用法外，能不能作为语言发展演变的现象而加以对待呢？比如，如果把 C 式改记作 BA 式，那也许更能形式化地表示 BA 式像 A 式和 B 式的重合格式（XA+BA→BX²A，简化为 BA）。这种重合格式按一般语言演变常规，似乎可以有两种前途：一是不会衰亡，可能长期存在下去；一是只能在短期内存在，必然要消亡。不论是长期存在，或者短期消亡，BA 式恐怕都可以看作在特定的历史时期内 A 式 B 式曾经并存或者从 A 式到 B 式（或从 B 式到 A 式）由此及彼过渡的证物，是句法发展演变过程中甲乙两种格式或者共存共荣或者优胜劣败所遗留的迹象。这种迹象大概可以作为追溯句法演变的可贵线索。当然，这一切也都还有待于积累更丰富的语料和多方面的证实。

　　总之，这类成分顺序不同而又有同义并行格式的现象，可能会给语言研究工作提供令人感兴趣的征兆，吸引人们去进一步探索其中的原委。

附　注

　　① 参看本书《长汀客话几种有点特色的语法现象》一文。

参考文献

爱德华·萨丕尔著　陆卓元译　1964　《语言论》，商务印书馆。

桥本万太郎著　余志鸿译　1985　《语言地理类型学》，北京大学出版社。

　　　　　（原载《徐州师范学院学报》（哲社版）1989 年第 3 期）

长汀客话几种有点特色的语法现象[*]

客家人或客家是汉民族里的一个移民民系，大约形成于赵宋末年以古汀州为中心的闽、赣、粤交界地区。^①宋末明清以后，客家子民又一批批迁移粤东北和其他地区以至国外。此时，以梅县为首的嘉应州地区逐渐成为客家聚散中心。

早在西晋末年，中原汉人遭受战乱、饥荒等苦难，多次分期分批辗转南迁，经过或驻留过包括今陕西、山西、河南、湖北、山东、江苏、浙江、安徽、江西等十来个省市县部分地区，到达赣、闽、粤交界地区，与当地生民、土著共处，开发了东南沿海腹地这片蛮荒地区。他们在迁徙、驻留、变化、形成客家民系过程中，一方面要不断适应、改造崭新的自然条件和社会习俗，同时要不断发展和变革自身；另一方面又要同汉族内操吴、赣、闽、粤语的旁系接触、交融，要同百越后裔如瑶族、畲族接触、交融，从而成为有别于祖居地中原汉人的一个移民支系。^②

客家人所操的客家方言，就是随着客家人的形成、发展而变化、发展的，客家话可以说是一种在古汉语基础上独自发展演变的，又吸收了汉族旁系和百越后裔语言成分的汉族方言。客家话特性大体可以概括为：1. 保留了不少古汉语核心成分；2. 在汉语基础上进行自身变革、创新的一些成分；3. 跟操吴、赣、闽、粤语的旁系或操瑶、畲语土著接触而吸收的一些成分。后两点，似乎较能显示客家话的一些特色来。

本文主要试着讨论长汀客话语法上几种有特色的现象。

一 名词后缀

词缀是附加在词根上表示语法意义的成分。长汀客话词缀主要分前缀、后缀。其中，名词后缀似乎有点特色。

名词后缀是后附加成分。它附加在名、动、形等语素之后，使该单位成为名词。名词后缀可以看作名词的标志。

* 本文得到中国社会科学院 2004 年老年科研基金资助。

　　长汀客话名词后缀数量不算少。目前，值得讨论的似乎有：公、嫲、牯、佬、婆、客、哥、兜、脚、下、鬼、屎。跟普通话比较，公、嫲、牯等词序正好相反，显得特殊；佬、婆、客、哥、兜等则可能是因为客家人的经历、地域环境及客家方言自身变革发展而变得有点特色。

　　公　表示雄性动物、男人或指称难分、不分性别的事物。例如：

　　　　猫公、鸡公、兔哩公、猴公、鱼哩公；船稍公、圣 [傻] 公；蚁公、虾公、鼻公、雷公、纸人公、手指公、脚趾公。

　　嫲　表示雌性动物、女人或指称难分、不分性别的事物。例如：

　　　　猫嫲、鸡嫲、兔哩嫲、猴哩嫲、鱼哩嫲、圣 [傻] 嫲、大食嫲、老周嫲、姣嫲；笠嫲、虱嫲、索嫲。

　　牯　表示雄性兽类、男人或指称不分性别的事物。例如：

　　　　牛牯、猪牯、狗牯、猫牯；壮牯、矮牯、贼牯、骚牯、谔牯、癫牯、大力牯、大目牯；须牯。

　　佬　指称从事某种职业或有某种品性的人。例如：

　　　　打石佬、剃头佬、治猪佬、上杭佬、外江佬、北佬、高佬、大佬、摆 [跛] 脚佬、下作佬、暴佬。

　　婆　指称有某种关系或习性的女人，或指称动物。例如：

　　　　丈门婆、媒人婆、婢婆 [使女]、药婆、番婆、老实婆、是非婆；鳜婆 [鳜鱼]、崖婆 [老鹰]。

　　客　指称外出从事某种生计、职业或有某种习性的人。例如：

　　　　禾客、镢头客、船客、米客、水客、脚客、纸客、浙江客、浮客、嫖客、骚客、烟客、食客。

　　哥　指称有某种特性的人或某种动物。例如：

　　　　作田哥、剃头哥、老实哥、后生哥、圣 [傻] 哥、攦tshaŋ² [顽皮] 哥、猴哥、猪哥、兔哥、蛇哥、鹦哥、蚊哥。

　　兜　指称有某种习性的人。例如：

　　　　书兜 [爱书的人]、话兜、药兜、饭兜、烟兜、攦兜。

　　脚　指称有某种品性或习性的人。例如：

　　　　食脚 [好食的人]、赌脚、嫽脚、攦脚、滑脚、鄙脚 [品质差的人]、初脚、嫩脚、常脚。

　　下　念阴平。附加在名词语素等之后，构成处所名词或时间名词，表示位于某物、某地低下或靠近某个时节、时间。例如：

　　　　屋下 [家]、灶下、厅下、仓下 [地名]、乌石下，礁下、石壁下③、黄屋楼下、斗笠社下、排下、寨下、高坪下；冬下、节下、割禾头下、过年头下、年下。

鬼　指称有某种品性或习性的人。例如：

　　大鬼、老鬼、细鬼、瘦鬼、短命鬼、号死鬼、催死鬼、死鬼、酒鬼、烟鬼、色鬼、财鬼、骚鬼、衰鬼。

屎　附加在名语素等之后，构成名词，表示烧炼或生理变化后余下的碎屑或分泌物。例如：

　　铁屎、锡屎、火屎、烟屎、耳屎、鼻屎、目屎。

二　$_\subset$X$_\subset$XX$^\supset$X$^\supset$式状态形容词

　　长汀客话有种四音节$_\subset$X$_\subset$XX$^\supset$X$^\supset$式状态形容词，它由声母、韵母相同而声调不同，前后成对语素（阳平调和阴去调）重叠而成，以仿声拟态表示人物活动的情状。例如：

　　（1）过毛 [倒霉]，唔晓什么风，和和和和［$_\subset$ho $_\subset$ho ho$^\supset$ ho$^\supset$］吹嘞一日咧。

　　（2）曾木长呗，一顶头发鬤鬤鬤鬤［$_\subset$noŋ $_\subset$noŋ noŋ$^\supset$ noŋ$^\supset$］，像个藜蓬，乱化咧。

　　（3）大门口溏溏盪盪［$_\subset$thɔŋ $_\subset$thɔŋ thɔŋ$^\supset$ thɔŋ$^\supset$］个泥浆，下脚都唔得。

　　（4）细人了了行开滴，唔要在大人身边间间间间［$_\subset$kaŋ $_\subset$kaŋ kaŋ$^\supset$ kaŋ$^\supset$］撞手撞脚。

　　（5）锅头里，汎汎汎汎［$_\subset$phaŋ $_\subset$phaŋ phaŋ$^\supset$ phaŋ$^\supset$］灯笼般哩个东西，係甚西哩 [什么]？

　　（6）哎哟，老张哩还在喈喈喈喈 ［$_\subset$tsia $_\subset$tsua tsia$^\supset$ tsia$^\supset$］骂人。

　　（7）楼棚汗 [上]，唧唧唧唧 ［$_\subset$tsi $_\subset$tsi tsi$^\supset$ tsi$^\supset$］老鼠嫁女般哩闹。

　　例（1）（6）（7），主要模拟事物、人或动物的声音，"和和和和"模仿风吹的声音，"喈喈喈喈"形容老张这个人骂人时的惊叫声。其余几个例子着重描写人物的状态；例（2）是曾木长整个头发蓬松杂乱，像荆棘丛；例（3）意思是大门口有漫溢荡漾的泥浆，没法下脚；例（4）是让小孩走开，不要在大人身边间隔夹杂，碰手碰脚；例（5）是问锅里边像灯笼一样漂漂浮浮的东西是什么。其实，这里所谓仿声，往往不单纯模拟某个声音，也包含该声音所传达的那种状态。

　　从语音上看，$_\subset$X$_\subset$XX$^\supset$X$^\supset$式状态形容词是以声调不同为条件，由重叠的阳平调和阴去调前后两部分音节所构成。

　　从语音形式和意义结合起来看，这种状态形容词是由重叠的前后两部分语素形成有连续量的综合义，大多是前后部分难分的混成义。比如，例（1）"和和"（阳平调）与"和和"（阴去调）都表示风不断吹刮的声音。和，《广韵》平声，戈韵，户戈切：《尔雅》云：笙之小者谓之和；又《广韵》去声，过韵，胡卧切：声相应。例（2）"鬣鬣鬣鬣"，也都表示头发蓬松纷乱的状态。鬣，《集韵》去声，送韵，奴冻切："鬣，发乱；又《集韵》平声，钟韵，尼容切：髮貌。"例（3）"溏溏盪盪"表示溢满荡漾的状态。溏，《广韵》平声，唐韵，徒郎切：池也；盪，《广韵》去声，宕韵，他浪切：盪行。但是，有时，后重叠部分[阴去调]所表现的意义，似乎比较明显，像是语义重心所在。比如，例（4）在大人身边间间间的"间间"[kaŋˀ kaŋˀ]的"间隔"义，间，《广韵》去声，裥韵，古苋切：隔也；例（6）唶唶唶唶骂人的"唶唶"[tsiaˀ tsiaˀ]的"惊叫声"义，唶，《广韵》去声，祃韵，子夜切：叹声。这些会让人感到后重叠部分，其意义比较明显，而其前重叠部分[阳平调]"间间"[ₑkaŋ ₑkaŋ]与"唶唶"[ₑtsia ₑtsia]意义则不明显，它们都是声母、韵母相合而声调不合的近音汉字。有时，刚好相反，前重叠部分[阳平调]所表现的意义，似乎比较明显，像是语义重心所在。比如，例（7）的"唧唧"[ₑtsi ₑtsi][老鼠似的]"叫声"义，唧，《广韵》入声，质韵，资悉切：啾唧声，意义较明显，而其后重叠部分[阴去调]"唧唧"[tsiˀ tsiˀ]，它们都是声母、韵母相合而声调不合的近音汉字；如果用声母、韵母、声调都相合的"济济"这样的同音汉字标示，却又较难显示其相近的"叫声"义。

在考察ₑXₑXXˀXˀ式这类状态形容词过程中，要寻找到与重叠的前后两部分它的语音（声、韵、调）和所表示的意义完全相合的汉字是较困难的，因为它们前后重叠的两部分原本就是声母、韵母相同而声调不同，于是有时只好用"□"空着，表示暂时找不到近音字。这种状态形容词，重叠的前后两部分语音及其所表示的意义，本身就可能是混同的合成义，不必非要划分出语义重心在前或者在后哪个部分。

从能进入ₑXₑXXˀXˀ式状态形容词的语素成分性质看，可以有象声语素，如例（1）（6）的"和和和和""唶唶唶唶"；有形、语素，如例（2）的"鬣鬣鬣鬣"；有动语素，如例（3）（4）的"溏溏盪盪""间间间间"。

从整体语法功能看，ₑXₑXXˀXˀ式状态形容词在句中主要做述语，如例（2）（4），做状语，如例（1）（6），做定语，如例（3）（5）；一般不能前加程度词语修饰，如：*大风忒过和和和和吹嘞一日唡。

ₑXₑXXˀXˀ状态形容词与ₑXₑXYˀYˀ式状态形容词有所区别，比较：

（8）洗衫水唔敢淋淋沾沾[ₑteŋ ₑteŋ tiaŋˀ tiaŋˀ]漏到红纸汗。[洗衣服水不能滴滴洒洒漏到红纸上。]

（9）李大哥颈汗[上]挂嘞一个嗵嗵悬悬[ₑtoŋ ₑtoŋ viĕˀ viĕˀ][摇摇晃晃]个怀表。

ₑXₑXYˀYˀ式前后重叠部分，可能是声调、韵母不同，如例（8），也可能是声母、韵母都不同，如例（9）。

"ᵪXᵪXXʾXʾ"式状态形容词与"ᵪXᵪXYʾYʾ"式以及"ᵪxᵪl-yʾl-ʾ"式状态形容词也有所不同。比较：

（10）隔壁屋下［家里］敲铁皮叮叮当当［ᵪteŋ ᵪteŋ toŋʾ toŋʾ］吵死人。

（11）一大锡壶酒谷碌故露［ᵪku ᵪlu kuʾ luʾ］一下子灌满嘞。

总之，"ᵪXᵪXXʾXʾ"式状态形容词，它语音上声调成双重叠，语汇上是个表示拟音摹状意义的词，语法上是一种能产的构词式。它是客家话构词上有特色的一种状态形容词。

三 嵌［l］、叠韵双音节词

长汀客话有一种后附式嵌［l］、叠韵双音节词，它由前面一个有意义的语素音节，与后面一个嵌［l］音节的韵母和声调随同于前语素音节。例如：

（1）名词

a.（豆腐）帕唎［phaʾ laʾ］；（桌子）杆懒［ᵪkuaŋ ᵪlaŋ］；（壁橱）缝弄［phoŋʾ loŋʾ］；（饭甑）算利［piʾ liʾ］。

b.（芹菜）梗榄［ᵛkuaŋ ᵛlaŋ］；（甘蔗）叶咧［iẽʾ leʾ］；（索子）头楼［ᵪthəɯ ᵪləɯ］；（铁床）舷连［ᵪᵪciẽ ᵪliẽ］。

（2）量词

a.（一）伙裸［ᵛfo ᵛlo］（妹子）；（几）盘篮［ᵪphaŋ ᵪlaŋ］（点心）；

b.（一）撮护［ᵪtsu ᵪlu］（瓜子）；（两）排来［ᵪphai ᵪlai］（杨树）；（半）口篓［ᵛhəɯ ᵛləɯ］（饭）；

c.（一）车啦［ᵪtʃha ᵪla］（洋灰）。

（3）形容词

空笼［ᵪkhoŋ ᵪloŋ］（个箱子）；花啦［ᵪfa ᵪla］（鸡嫲）；弯懒［ᵪvaŋ ᵪlag］（个棍哩）；烧燎［ᵪʃo ᵪlo］［热情］（个布娘）。

例（1）（豆腐）帕唎、（索子）头楼、（壁橱）缝弄，就是（豆腐）帕、（索子）头、（壁橱）缝，它们后一个音节"唎""楼""弄"，声母都是［l］，韵母和声调大都随从于前面语素音节"帕"［phaʾ］阴去、"头"［ᵪthəɯ］阳平，"缝"［phoŋʾ］阳去。

这种双音节词，后头的叠韵音节，有些缺失介音［u］或［i］，比如：梗榄［ᵛkuaŋ ᵛlaŋ］，棍愣［kueŋʾ leŋʾ］，叶咧［iẽʾ leʾ］；有些则不缺失，比如：（豆角两）堆类［ᵪtue ᵪlue］，（铁床）舷连［ᵪᵪcie ᵪliẽ］。对于后头的叠韵音节，这里尽量用同音或近音字标示。

这种嵌［l］、叠韵双音节单位，大多是名词、量词，如（1）（2），也有少量是形容词，如（3），空笼（个箱子），就是空（箱子）。

这种双音节词的后一个音节，似乎不表示什么意义，学者很容易只把它看作单纯衬音节；其实，它多半作为一个结构成分参与了该单位的组合，成为几乎不可或缺的一员，存在于话语流程里，进入了口语语汇库里了。人们说话时，如果缺少后边这个音节，往往会感到不怎么顺当了。

在民间的山歌也用上嵌［l］叠韵双音节词。例如：

（4）十八哥哩你要想得开，唔敢想到心头一堆类［ꞔtue ꞔlue］；好比丝线打起同心结，日子多嘞两个解得开。

这种嵌[l]、叠韵、同调音节，恐怕可以看作双音节词的一个构词成分，它在口语的发展中主要起了双音节化作用。

长汀客话这种嵌［l］、叠韵、同调双音节词，与学界说的"切脚词"或"分音词"有近似之处，但有所不同。它后一个音节规定为嵌［l］声母，而韵母、声调跟随前一个音节，前后两个音节不拼切，并非如同"勃笼为蓬""勃阑为槃""突圞为团"这样，前后两个不同声母、韵母的音节切合成一个字（词）。它似乎比较像传统上联绵词里后音节为嵌［l］、叠韵，同调的那一小类。比如：盘篮——盘，角落——角，团圞——团，螳螂——螳，朦胧——朦，迷离——迷。

此外，这种嵌［l］、叠韵，同调后附音节构词方式，在长汀客话一些四音节状态形容词里已广泛运用。

1. Al-x 哩式状态形容词。例如：

（5）白腊寡哩［pha² la² ꞔkuale］［白寡寡儿］个豆腐，无配料，唔好食。

（6）细妹子赤蜡子哩［ꞔtʃha ꞔla ꞔtɕiele］［赤裸裸儿］，衫裤都来唔及着，就跑出来嘞。

2. xl-yl-式拟声词。例如：

（7）后间里［后边房间里］近冷哐唥［ꞔkheŋ ꞔleŋ ꞔkhɔŋ ꞔlɔŋ］响到无停歇，做甚西［什么］？

（8）手梗汗［手腕上］吢唥凳令［ꞔtɔŋ ꞔlɔŋ ꞔteŋ ꞔleŋ］戴嘞两三个手镯子。

四 "……过……绝"式构词

长汀客话存在"……过……绝"分别用在同一个形容语素（以 A 代表）或动语素（以 V 代表）之后，形成"A 过 A 绝"或"V 过 V 绝"构词式。

（一）A 过 A 绝式

长汀话 "过"，读 [ko³³] 阴平。《说文解字注》：过，度也。[段玉裁注：分别平、去声者，俗说也。]《广韵》：平声，戈韵、古禾切：经过。就是说："过"，俗话里有去声和平声两种读法。俗话里读阴平的 "过"，其意义恐怕与读去声的 "过" 紧密相连。《现代汉语词典》解释：过，有 "经过（某个空间或时间）" 义，有 "超过（某个范围和限度）" 义以及 "过分" "过热" 的 "过（于）" 义。

长汀话 "绝"，读 [tshe²¹] 阳去 [古入声]。《现代汉语词典》解释："绝" 有 "绝交" "绝缘" 等动词 "断绝" 义，也有 "会当凌绝顶" "绝色" 等形容词 "绝一无二的" 义，以及 "绝早" 的 "极" 义。

长汀话 "……过……绝" 分别用在同一个形容语素之后，构成 "A 过 A 绝" 式，"过" "绝" 做形容语素的后修饰成分，表示的是性质程度 "极" 高的意义。"大过大绝" 意思是 "大极了" 或 "极大"；"红过红绝" 就是 "红极了" 或 "极红"。再举几个例子：

（1）昨晡买嘞一双皮鞋精 [ₑtsiaŋ] 过精 [ₑtsiaŋ] 绝 [漂亮极了]。

（2）新做个褂哩绿过绿绝 [绿极了]，唔敢着出街。

（3）香过香绝 [香极了] 个花露水，试过惹人，大姊唔欢喜。

（4）摩托车开到快过快绝 [快极了]，吓死人。

长汀话由同一个双音节形容语素分别用在 "……过……绝" 之前的说法，比如 "老实过老实绝"，较少出现，这会不会是音节长、语素多了些的缘故？

长汀客话 "A 过 A 绝" 这个构词式短语词前后大都不能再加表示程度的词语，有时可以前面加上 "真哥（个）"，比如，"真哥大过大绝" "真哥绿过绿绝"。

这类短语词在句子里的地位相当于一个词，主要做述语，如例（1）（2）；做补语，如例（4）；或带 "个" 做定语，如例（3）。

"A 过 A 绝" 构词式存在的意义，恐怕还在于语法上它可以作为测试某种词类属性的辅助框架。凡是能进入该框架 A 的位置并不表示 "极" 高程度意义的单位，就是形容词性语素。

长汀客话还存在与 "A 过 A 绝" 同义的 "A 过 A 化" 构词式。比较：

香过香绝：香过香化 [香 "极了"]

红过红绝：红过红化 [红 "极了"]

老过老绝：老过老化 [老 "极了"]

嫩过嫩绝：嫩过嫩化 [嫩 "极了"]

"A 过 A 化" 语素性质所表示的意义与 "A 过 A 绝" 基本相同。

（二）V 过 V 绝式

长汀话"……过……绝"分别用在同一个动语素之后，构成"V 过 V 绝"式，"过""绝"做动语素修饰成分，表示做该动作"极不该"或"极不该"做该动作的意义。"关过关绝"意思是关得"极不该"，"住过住绝"是说住得"极不该"。再举几个例子：

（1）你们行过行绝［行得极不该］，行到人牙［家］菜园里背咧。

（2）招弟妹号嘞一下昼，吵死了，号过号绝。［哭得极不该］

（3）你个酒鬼吐过吐绝［吐得极不该］，吐到一床唔好要咧。

长汀话由同一个双音节动语素分别用在"……过……绝"之前的说法，比如"调查过调查绝""商量过商量绝"较少出现，这会不会也是音节长、语素多了些的缘故？

长汀客话"V 过 V 绝"这个构词式短语词，前后大都不能再加表示程度的词语，有时可以前面加个"真哥（个）"，比如"真哥关过关绝""真哥住过住绝"。

这类短语词在句子里的地位相当于一个词，主要做述语，如例（1）（3）。

"V 过 V 绝"构词式存在的意义，恐怕还在于语法上它也可以作为测试某种词类属性的一个辅助框架。凡是能进入该框架 V 的位置并表示做该动作"极不该"的意义的单位，就是动词语素。

"A 过 A 绝"式和"V 过 V 绝"式都可以作为测试某种词类属性的辅助框架，而形式上好像都是"……过……绝"式，意义上又相当接近，二者难以区别。其实，二者形式和意义都有所不同，"A 过 A 绝"式表示该性质程度"极"高的意义，"V 过 V 绝"式表示该动作做得"极不该"的意义，多加比较，就可以区别开了。

同样，长汀客话还存在与"V 过 V 绝"同义的"V 过 V 化"构词式。比较：

包过包绝：包过包化［包得"极不该"］

来过来绝：来过来化［来得"极不该"］

等过等绝：等过等化［等得"极不该"］

钓过钓绝：钓过钓化［钓得"极不该"］

"V 过 V 化"式的语素性质和所表示的意义与"V 过 V 绝"式基本相同。

五　带体貌助词"啊"的句式

长汀客话有个常见的体貌助词"啊"，它附着在动词之后，组成一定的句式，表示动作处于过程中某个阶段、某种情貌。

体貌助词"啊"，读［a］，轻声，本字待考。它的实际读音随所附动词的韵尾而有不同的变体：［a］、［ia］、［ŋa］、［ka］等。有学者记作"阿"或"呀"。依据"动+啊"与相关成分构成的句式和表示的意义，大体可以分成两种情形。

1. 刚然貌：V+啊（咘）+C 结，就+VP

"啊"位于动词之后，（动词或形容词充当的）补语（C 结为代表）之前，作为先后两个动作紧密承接的复句的前一分句，组成"V+啊（咘）+C 结，就+VP"格式，表示"刚完成某事件，就做某事件"的关系，"啊（咘）"表示动作才刚完成的"刚然"意义，相当于北京话"一 X，就 Y"格式的"一"的作用和意义。例如：

（1）赖金生做啊咘成作业，就跑走嘞。

（2）细妹哩望啊倒齐［自］家个阿娓，就爱阿娓抱。

（3）老张嫲新棉袄着啊起来，就齐整多咧。

例（1）"做啊咘成作业，就跑走嘞"是说"才刚做完作业，就跑走了"；例（3）"新棉袄着啊起来，就齐整多咧"意思是"新棉袄一穿起来，就漂亮多了"。

该格式里的"啊（咘）"必须位于动词和补语之间，而且补语是必有的成分。"咘"的意思比较虚灵，没有它也往往成话，特别是补语为双音节词充当的时候，如例（3）"着啊起来，就齐整多咧"。

长汀客话还存在同义成分前后同现的格式"一+V+啊（咘）+C 结，就+VP"重复表示动作的"刚然"意义。例如：

（4）赖金生一做啊咘成作业，就跑走嘞。

（5）细妹哩一望啊倒自家个阿娓，就爱阿娓抱。

2. 持续貌：V+啊+V 去（+N 处）

"啊"附着在连动式前项动词之后，而后项动词大都为"去、来、上、下、出、入、转、过"以及"上去、下去、过来、过去、入来、入去……""去来"义移动动词，组成如上句式，表示动作的持续方式。"啊"近似普通话连动式前项动词之后的助词"着"或"了"。例如：

（6）二十里路无几远，行啊去修坊。

（7）买后日个飞机票，你两公婆飞啊过去上海。

（8）林大年昨晡唔曾骑脚踏车，跑啊到学堂里。

例（6）"行啊去修坊"是说"走着去修坊"，"走"是"去修坊"的方式，例（7）"飞啊过去上海"，"飞"是"过去上海"的方式。这里表示动作方式的"啊"，有时可以不出现，只要动作方式明确。

看来,助词"啊"放在动词之后,与相关成分组成特定句式,表示动作的刚然貌、持续貌,与普通话相比,是有所不同,它显示出客家话在动词体貌表现上的一些特色。

六 正反问存在逆向叠合变调式变体

正反问又叫反复问,它是用正(肯定)或反(否定)相叠方式提问的一种疑问格式。肯定的回答用肯定式,否定的回答用否定式。长汀客话正反问形式有其明显的特色。正反相叠所构成的疑问格式,一般都有其变体。比如,可以这样提问:

  a. 田里种唔种菜? [种不种菜?]

  b. 田里种种菜?

b 式不同于 a 式,字面上脱落个否定词"唔"。"唔"读 [m̩˨],阳平调 [古入声]。④口说 b 式时,相叠的前字,不论它原属哪个调类,一律要读成调值为 24 [˨˦] 的变调(声调、韵母不变),形成逆向叠合变调式变体。比如,阴去前字"种",长汀话调值为 54 [˥˦],当它在正反问中相叠后,作为前字则变读为 24 [˨˦]。⑤以 V 代表动词或形容词等成分,成反问叠合变调式,可标示如下:

  a. V+唔 [m̩˨] +V?

  b. V [˨˦] +V?

例如:

(1) a. 天光还开唔开会? [明天还开不开会?]

   b. 天光还开 [hue˨˦] 开会?

(2) a. 新收个烟叶黄唔黄? [新收的烟叶黄不黄?]

   b. 新收个烟叶黄 [vɔŋ˨˦] 黄?

(3) a. 你写唔写得成? [你写不写得成?]

   b. 你写 [sia˨˦] 写得成?

(4) a. 猪子壮唔壮? [小猪肥壮不肥壮?]

   b. 猪子壮 [tsɔŋ˨˦] 壮?

(5) a. 马炳生睡唔睡得着?

   b. 马炳生睡 [ʃue˨˦] 睡得着?

这种形式上的变化,恐怕是否定词"唔"在相叠正反问句子的语流"音变"里起了主要作用,或者把它看作脱落了"唔"字,使相叠的前字起了音变,或者看作合音现象,即相叠的前字,声母、韵母跟否定词"唔"的声调部分的合音,是变体。

这种正反相叠形式可以用于句子的后部，相叠的前字，也要变调。例如：

（6）a. 天光开会还开唔开？［明天开会还开不开？］

　　　 b. 天光开会还开［hue↙］开？

（7）a. 大妹去江坊去唔去？［大妹江坊去不去？］

　　　 b. 大妹去江坊去［he↙］去？

也可以用于询问句子的补语和别的成分。例如：

（8）a1. 人发得白净唔白净？［人长得白净不白净？］

　　　 a2. 人发得白唔白净？［人长得白不白净？］

　　　 b. 人发得白［pha↙］白净？

（9）a. 你去得唔得福州？［你去得去不得福州？］

　　　 b. 你去得［te↙］得福州？

（10）a. 你到过龙岩曾唔曾？［你到过龙岩（有）没有？］

　　　 b. 你到过龙岩曾［tsheŋ↙］曾？

附　注

① 参看饶长溶《长汀客家人》。载《汀家客家研究》第一辑，1933 年。

② 参看罗美珍、林立芳、饶长溶主编《客家话通用词典》"前言"。

③ 罗香林《客家研究导论》第 51 页。惇，官封鲁国公。宋代政和壬辰年，由（江西）广丰徙福建石壁下居焉。

④ 长汀客话自成音节的［ŋ̩］与［m̩］为条件变体。

⑤ 1989 年笔者在《修饰成分后见小集》一文里，首次讨论长汀客话 "a. 去唔去得厦门成？ b. 去去得厦门成？" 这种正反问变调式时，说否定词 "唔"，不妨看作省略，说得简单了点儿。《修饰成分后见小集》，《徐州师范学院学报》（哲社版）1989 年第 3 期。

参考文献

黄顺炘　黄马金　邹子彬主编　1993　《客家风情》，中国社会科学出版社。

黄雪贞　1995　《梅县方言词典》，江苏教育出版社。

——　1983　《集韵》（扬州使院重刻本），北京中国书店。

罗美珍　林立芳　饶长溶主编　2004　《客家话通用词典》，中山大学出版社。

罗香林　1932　《客家研究导论》，兴宁希山书藏发行。

梁玉璋　1982　《福州方言的切脚词》，《方言》第 1 期。

林立芳　1997　《梅县方言语法论稿》，中华工商联合出版社。

吕叔湘　1979　《汉语语法分析问题》，商务印书馆。

饶长溶　1982　《宋本广韵》（译存堂本），北京中国书店。

——　1987　《福建长汀（客家）方言的连读变调》，《中国语文》第 3 期。

——　1989　《修饰成分后见小集》,《徐州师范学院学报》(哲社版)第 3 期。

——　1996　《长汀方言动词的体貌》,《中国语文》第 6 期。

谢栋元　1994　《客家话 北方话对照辞典》,辽宁大学出版社。

谢留文　1998　《于都方言词典》,江苏教育出版社。

许慎撰　段玉裁注　1981　《说文解字注》,上海古籍出版社。

张维耿主编　1995　《客家话词典》,广东人民出版社。

赵秉璇　1979　《晋中说"嵌 1"词汇释》,《中国语文》第 1 期。

周定一　1986　《鄱县客家话的语法特点》,《中国语言学报》第 3 期,商务印书馆。

中国社会科学院语言研究所词典编　2002　《现代汉语词典》(增补本),商务印书馆。

朱德熙　1982　《语法讲义》,商务印书馆。

(原载李如龙、邓晓华主编《客家方言研究论文集》,

福建人民出版社 2009 年版)

长汀客话几个有特色的词语

特色指某个事物独特的地方，它应该具有与同一大类相关事物的区别性。所谓独特，恐怕可以理解为我有你无、你有我无、用以彼此区别的那个特点。这种绝对的特点，依理客观上也该是存在的。不过，一般来说，要一步就求得这样的特点，恐怕不很容易。也许可以采取退一步、进两步的办法来去靠近目的：先探索相对的特点，即先探讨稍宽余、不那么清纯的特性，然后逐步做筛选精华的工作。特色的区分，离不开比较。我们要比较两种或两种以上相关的事物，比较其同异。同者可能显示其亲缘关系，异者可能具有相互区别的特征。比较必须以事实为依据。描写事实的材料始终是第一性的，但是，比较事物特征的工作，由于促进科学发展的需要，可能不得不在"权宜"情况下进行，在所描写的材料还不够完备的情况下进行。不过，研究工作也证明，从比较工作进程中往往又更能发现某些材料的不足或欠缺，它可以给研究工作指明充实和完善调查材料的主攻方向。

目前，我们客家方言所调查、描写的材料，从客方言主要地区、从方言的语音、语汇、语法分部来看，恐怕还是初步的、较一般的。近几年来，有学者已经着手讨论客家方言的特色问题。我们希望通过讨论，能够对特色问题的探索有所推动，同时也能够有力地促进材料的深入调查、发掘工作，尤其是鲜活的口语材料。

我们对客家话特性的探讨工作，先做共时的横向的比较：客家方言内部，如汀州、梅州话的比较：客家方言与外部有关方言，如赣、粤、闽等方言以及瑶畲语的比较。

其次，做历时的、纵向的比较：如，本（客家）方言与古、近代汉语，甚至与有纪录可查的古代族语比较。

描写、比较、归纳这些考察事物特性的方法，我们努力贯彻于探索客家方言特色整个过程的始终。

以下描写、分析长汀客话几个有点特色的词语：撇、过毛、来去、傍、俫子、里背、劂、趯、嬲。

字下带横线者=，为同音字；浪线~，代替本词条。

撇　［pé］阳平（古入声）〈动〉，虚化词。离开，舍弃；弃失，完尽。

例如：

（1）壮牯个皮帽哩跌啊～，就号到半死。

（2）墨迹，洗唔洗得～？

（3）邻舍个老猫公无～嘞。

（4）气球一下子细～嘞。

擎（撇），《集韵》，入声、屑韵、匹蔑切：《说文》别也。一曰击也。拂也。亦书作撇。

关汉卿《刘夫人庆赏五候宴》楔子。（赵太公上，云：）……嫡亲的两口儿，见浑家刘氏近新来亡化过了，撇下个孩儿，未够满月，无了他那娘，我又看觑不的他。[①]

撇，长汀客话今仍可做述语动词用，表示"离开、舍弃"的意思，如"张大伯特事将三叔撇在一边"。

而更常见的是位于动词或某些形容词之后，做结果补语用，表示"弃失、完尽"等意义，相当于普通话的"掉"。如，上例，又如，会拭撇，要拿撇，快拂撇，丢得撇，唔会黄撇。

可见，长汀客话的"撇"（包括"了〔ˈlio〕"等），还没有虚化为无实义、光有语法意义的助词，与表示动作完成的体貌助词"嘞"（了₁，以前汀州客话了₁，笔者用同音字"嚜"标示）不同，与表示"出现新情况"的句末助词"咧"（了₂）也不同。"食撇嘞咧"，意思是"出现了'吃完了'这种新情况"，"食了嘞咧"意思是"出现了'吃尽了'这种新情况"。

此外，汀州客话"撇嘞"（"撇"加表示动作完成的"嘞"的组合），作为一个整体单位，用在某些形容词之后，表示高级程度"极了"或"得很"的意思。例如：

（5）园里如今空气好撇嘞。（好极了）

（6）赚个铜钱多撇嘞。（多得很）

梅州客话也用"撇"。谢栋元编释：

撇〔pʻɛtˌ〕了、掉、完：佢一个月用撇二千块钱；食撇饭去捞街（吃完饭去逛街）。[②]

看来，常用作动词补语的"撇"，恐怕是颇有客家话特色的一个词。

类似客家话做补语用的"撇"，在广州粤方言里，就手头有的书，还没有见到。饶秉才等编释的"撇"字条，其意义不同：撇〔pid 3〕溹（雨水斜灌）：雨～入屋（雨溹进屋里）。[③]

过毛〔ko mɔ〕阴平、阴平

1.〈动〉。

A. 用于动词前，表示超乎意料，惊讶发生了极不该发生的事。例如：

（1）你～锯，咁大块个树板锯去做细凳子。

（2）二妹哩～挤，脚都得［给］你踩着嘞。

（3）你们～搞，～闹，大半日都尽撒嘞。

例（1）是说，没料到，极不该锯大块木板的事发生了，那么大块的木板，拿去锯做小凳子了。例（2）意思是，二妹哩极不该挤，别人的脚被踩伤了。

B. 用在助动词"会""要"之后，表示遭遇了不幸，倒霉。例如：

（4）从细哩［从小儿］唔读书时，大嘞会～，会做告化。

（5）你老去赌，总要～，老婆都会输撒。

例（4）是说，从小儿不读书的话，大了会遭遇不幸，会做乞丐。例（5）意思是，你老去赌，总要倒大霉，老婆都会输掉。

2.〈形〉。"过毛"带上"个"（或可不带），用于形容词之前，表示"异常（的）"。例如：

（6）旧年哩，馆前大雪岭～个寒，手都冻肿嘞。

（7）南寨个梅哩～个酸，牙齿都腻个咧。

"过毛个寒""过毛个酸"，就是"异常的寒冷""异常的酸"。

3.〈叹〉。用于句首、句末或句中，表示"糟了""嗨"之类叹惜、责备语气。例如：

（8）～，猪肉拿来烧煳嘞，～。

（9）～，你少俚个秤头！

例（8）相当于说，"糟了，把猪肉烧煳了，嗨！"

"过毛"是客家话里常用的口头语，不过，客家乡亲大多不晓得用什么汉字来记写。长汀有人写作"锅毛"，大概以为是"锅头发［ₛpue］［生］毛，倒了霉了"。梅州张维耿等写作"挝摸"guo 1 muo 1：挝摸，没好死：汝再咹欸詫人，就会～［你再这样骗人，就会没好死］。④

我们觉得，不妨暂且将"过毛"当作近义同音字来用。

"过毛"的"过"，恐怕与"门脚过撒嘞"的"过"是同一个字，都念阴平调，都有"磨秃""耗光"以至"秃""光"的意思。它与念去声的"经过""过于"的"过"，意义上多有关联。

过，《说文解字注》，度也。［段注：分别平、去声者，俗说也。］《广韵》平声，戈韵，古禾切：经过。同切字有：戈、锅等。就是说，俗话里，"过"可以念平声。

《诗经·卫风·考盘》："考盘在阿，硕人之薖；独寐寤歌，永矢弗过。"［朱熹注：過，音戈。］

薖，《说文解字注》艸部：艸也。[段注：卫风"硕人之薖"假借此字。……按，毛、郑意，谓"薖"为"款"之假借。……窠，空也。读如科条之科。然则，薖、款古同音。许君亦曰：窠，空也。毛、郑说皆取空中之意。]从艸，过声，[苦禾切]。

《考盘》今译：敲着盘儿在山坡，贤人自有安乐窝，独睡独醒独唱歌，发誓跟人不结伙。⑤

梅州客话，张维耿等用"捼"字。捼¹磨损：镀铲用呀~撤欤。⑥

"过毛"的"毛"，也是阴平调（"无"念阳平调），可能是客家话念阴平调的"头那毛"[头发]、"脚毛""毫毛"的"毛"。

毛，《广韵》平声，豪韵，莫袍切。《说文解字注》眉毛之属及兽毛也。[段注：眉者，目上毛也。发者，首上毛也。而者，须也……]

古平声次浊声母字，在长汀客话里念阴平调的，不止"毛"字一个。如：摸 [$_c$mia]、微 [$_c$ve]、瓢 [$_c$nioŋ]。

我们觉得，"过毛"字面上的含义，似乎可以解释为"磨秃毛发"或"耗光毛发"。从言语交际上看，"毛发磨秃"或"毛发耗光"，恐怕可以说是人们不希望、不乐意发生的事；从词语本身看，"磨秃""耗光"都含有"极""端"等深沉程度的语义。把上述二者总合起来看，似乎就是"惊讶发生了极不该发生的事"，"倒霉""异常的"等我们开头所列出的"过毛"的义项。

长汀客话有两种常见的口语现象，似乎可以充当旁证。

第一，"过毛"经常与"绝代""倒灶"并列连用。例如：

（10）过毛绝代做，帮人牙[人家]墙头拟倒嘞，人牙会寻你抆命咧。

（11）再去骗人时，你会过毛倒灶，会打断命。

（12）过毛！过毛倒灶咧，猪嫲都死撤嘞！

例（10）"过毛""绝代"连用，"过毛绝代做"是说"极不该做"，帮人家墙头推倒啦，人家要你的命啦。"绝代"是"绝了后代""断子绝孙"，也是极不乐意发生的事。例（11）"过毛""倒灶"连用，是说再骗人，你会倒大霉[楣]，会打短命，遭遇不幸。"倒灶"就是"倒了灶头"，没饭可吃了。

第二，"过毛"与"V过V绝"语词的意义相近。例如：

（13）喊到咁大声，喊过喊绝，细人哩得[给]你喊醒嘞。

（14）睡过睡绝，你睡到食昼还唔曾爬起。

"喊过喊绝"意思是"极不该喊"；"睡过睡绝"就是"极不该睡"。这些与"过毛"表示"极不该做某事"的意义相似。

至于"磨秃毛发""耗光毛发"，如何演变、引申为表示"极不该发生某事"等义，还有待于继续探讨。

来去［laihe］阳平、阴去。〈动〉表示将要做某事、达到某个目的的趋向。例如：

（1）偓～学堂里（读书）咧。[将要去学校里［学习］了]

（2）天光～（入山）种番薯。

（3）偓时，～（下城里）斫猪肉。[买猪肉]

（4）老张、偓等人～龙陂哩倒树子。[伐树]

（5）行（啊）～西山下看戏。[走着前往西山下看戏]

来，《广韵》平声，咍韵，落哀切：至也，及也。

去，《广韵》去声，御韵，丘倨切：离也。

长汀客话，"来去"，由单音趋向动词"来"和"去"组成一个单位，姑且叫作特殊连合趋向动词。它在对话的语境下，带上表示出现新情况的"咧"，可以单独做述语（谓语中心语），如，偓来去咧[要动身了]。不过，大多要后带动词结构宾语，构成"来去"述宾结构句式，如，（1）（2）（3），或者前有动词结构（又后带动词结构宾语），构成"来去"连动结构句式，如（5）。"来去"之前，表示方式、方向、态度，"来去"之后，表示将要做某事或者达到某目的。⑦

"来去"后面，可以只出现处所，如（1）；也可以不出现处所，如（2）（3）。

"来去"句式，表面上跟动词"来"或"去"单独带宾语的"来"字句式（"来屋下坐凉下子"）或"去"字句式（"去田里割草"），及其所表示的意义仿佛相似；但，实际上并不相同。

（一）从形式上看

1. 单个儿"来"字句或"去"字句，其"来"或"去"之后，可以有表示动作完成的助词"嘞"，如"来嘞城里嬲好几日咧"，"去嘞城里嬲好几日咧"。"来去"句，其"来去"之后，则只能有表示"出现新情况"的助词"咧"，而不能有表示"动作完成"的"嘞"，如"来去城里嬲几日咧"，不能说："来去嘞城里嬲几日咧。"

2. 单个儿"来"字句或"去"字句，其"来"或"去"之前，可以有否定词"唔"，如，"唔来城里嬲咧""唔去城里嬲咧"。而"来去"句，其"来去"之前，则不能有"唔"，如"唔来去城里嬲咧"。

3. "来去"句似乎主要用于后续句，答句，很难用于第二人称开头的问句，如，？"你来去做脉个？""来"字句或"去"字句，不受此限制，如，"你来做脉个？""你去做脉个？"

（二）从意义上看

"来去"句，意义重心似乎在"去"上，比较：

"来去下城里买东西"——相当于"去下城里买东西"[将要去城里买东西]。

"来去下城里买东西"——不相当于"来城里买东西"[已到城里买东西]。

"来去"，语音上虽然都念原字调，不过，"去"的动作似乎要重些，"来"呢，主要辅助"去"的做某事达到某目的意义。

梅州客话也有"来去"述宾句式：偃来去买滴东西添。⑧

侎（倈）子 [lai tsɿ] 阴去、上声。〈名〉男孩儿。例如：

（1）大妹哩供 [tɕioŋ] 嘞 [落生了] 一个带把哩个～。

（2）～大嘞比妹子较有气力。

（3）饭店哩招工要妹子人，亦要～人。

侎，也许可以当作近义同音字。《集韵》去声，代韵，洛代切：勑、倈、侎：《说文》，劳也。或从彳、从人。

《说文解字注》力部：勑，劳也。[段注：此当云劳勑也。此劳，依今法读去声。《孟子》："放勳曰：劳之来之。"来皆勑之省。俗作倈。]

《孟子·滕文公（上）》："后稷教民稼穑，树艺五谷……放勳曰：劳之来之，匡之直之，辅之翼之，使自得之……"《孟子章句》朱熹注：放勳，本史臣赞尧之辞，孟子因以为号也。

"劳、來"，意思是劳慰也。劳动者勤谨劳作，该当自怜惜、劳慰。

蓝小玲以賚为本字。认为大约是男孩乃上天赐予。⑨

《说文解字注》贝部：来，赐也。[段注：《释诂》賚、贡、锡、畀、予、况，赐也。]从贝來声 [洛带切]。

元代杂剧，已经用"倈儿"指称男孩儿。如：

关汉卿《刘夫人庆赏五候宴》第二折，（正旦抱倈儿上。云：）妾身抱这个孩儿，下著这般大雪，向那荒郊野外，丢了这孩儿。你也怨不的我也。⑩

郑廷玉《看钱奴买冤家债主》第二折：（正末蓝扮，同旦、倈儿上，开：）小生姓周，名荣祖，字伯诚，洛阳居住。浑家张氏，孩儿长寿。为家私消乏上，三口儿去曹州曹镇上探亲来。⑪

梅县客话，陈修写作"赖子"：[laʋ e]（去声、轻声），又称赖子人，乏指。称"赖子"，指称自己的儿子；赖子人或细赖子人，即指幼少年男子，多指未婚者。⑫

广州方言用"孻"，语音相近，意义不同。孻仔 [laʋ tʃei˧]（即上阴平、阴上调），最小的儿子；孻女 [laiʋ nθy˧]，最小的女儿。⑬

傍［pɔŋ］上声。〈动〉。（用菜肴等）佐助（饮食）。例如：：

（1）莫见笑，无菜～。——引自黄雪贞⑭

（2）来、来、来，唔要客气，鳜婆（鳜鱼）挟起来～酒。

（3）米粉肉入盐入味，好～饭。

（4）连城大头菜丝，香香哩，野好～粥。

傍，《集韵》上声，荡韵，补朗切：左右也。

所谓"左右"，《说文解字注》：左，ナ相左也。［段注：左者，今之佐字。《说文》无佐也。ナ部曰：左手也。谓佐助之手也。以手助手曰左，以口助手曰右。］

王力解释：《说文》"又，手也。"段注："此即今之右字。"《广韵》"左，左右也。"《广雅·释诂》："佑，助也。"字本作"右"。《诗经·大雅·大明》："保右命尔，燮伐大商。"传："右，助也。""助人以用，故'左''右'的本义是以手相助。后因'左''右'用来表示左边、右边，所以又加人人旁为'佐''佑'。"

《诗经·商颂·长發》："实维阿衡，实左右商王。"传："左右，助也。"

可见"左右"即"佐助、帮助"的意思。念上声的"傍"，它的形、音、义恐怕与客家话表示（用菜肴等）佐助（饮食）这个动作都相吻合。

佐助（饮食）这个动作，有直接用"佐"字的，如，"这样的山曲儿，别说佐酒了，闲来无事吼上两嗓子，也特别提神。"⑮说粤方言的广州人叫作"送"。饶秉才等注释：送［sung³］——就（随同着某些东西一齐吃）：咸蛋送粥｜花生送酒。⑯不少人（包括操方言腔或普通话腔的）往往用义字"下、配、杀、就、过"或自造字来表达。如，"今日无下饭菜哩""最好多吃蔬菜配菜少吃肉""咸带鱼，味道差一点，不过蛮杀饭的，天天吃也不至于吃厌了"⑰"花生米也常用来就酒""腊酿肠留来做过饭菜""今餐无脉个菜𩟹"。⑱

里（裏）背［tipue］阴平、阴去。〈方位〉里面，内里。例如：

（1）玉镯放在橱柜～。

（2）木盒哩个～还有一把钳子。

（3）绣花鞋就在拖箱哩（抽屉）个里里背背。

"背"，相当于普通话后置方位语素"面""边"或"头"，与方位语素"上""下"等构成复合方位词，如，"上背""下背""前背""后背""里背""外背"。其中多数可以用"AABB"方式重叠，表示方位的高级程度"最""极"，如"里里背背""上上背背"就是"最里面""最上面"的意思。

"背"，原本为名词。《广韵》去声，队韵，补妹切：脊背。属帮母。汀州口语，多说"背脊"，也可以说"背"。比如，"十分痒，帮公爹抓两下子背脊，槌槌背。"

"背"，也具有指"后"的方向义。王先谦《释名疏补证·释形体》："背，倍也，在后称也。"［王疏：……左·昭三十四年传："倍奸齐盟"，皆背义也。古人坐立，皆嚮明，故必南向，而南为前，北为后。……北堂在后，直谓之背。是背有后义。]

表示"后""外"（与"前""内里"相对）方向意义的这个"背"，经常用于名词素之后，构成名·方位组合，如，塘前塘背、府前府背、屋前屋背、桌前桌背。"塘背""屋背"就是"塘后""屋后"的意思。

可见，"背，作为方位组合后置语素，在口语里被广泛使用。就目前所知，它恐怕可以看作客家话特有的一种方位表达语素"。

里（裏），《广韵》上声，止韵，良士切：中裏，《说文》曰：衣凤也。段玉裁《说文解字注》云："引伸为凡在内之称。"

"裏"与"表""外"相对。《说文解字注》衣部："表，上衣也。"［段注：上衣者，衣之在外者也。……引伸为凡外著之称。]从衣毛［陂矫切]。古者衣裘，故以毛为表。

语音上长汀客话，"裏"主要念［ti］阴平，如裏背［ti pue］阴平、阴去，裏头［ti t'ɯ]阴平、阳平。读书音，"裏外有别""从裏到外"的"裏"，则念［li]，上声。在客话口语，次浊上声，今多念阴平，该念［li]。

"裏"，位于名语素之后，组成"名·裏"时，汀州客话则念［tɕiẽ le]阴去，与名词后缀"哩"的音混同起来，很难分辨。如，间裏［房间里]［p'i p'o le]阴平、阴去。被窝裏［p'i p'o le]阴平、阴平、阴去。

"裏背"，音义上，客家话基本一致，多念［ti pue]／［ti poi]阴平、阴去，是"里面"的意思。有学者不明［ti]阴平，就是"裏"，写作"知""底"或仅记其音［ti 背]阴平。

谢栋元编释：知背［ti pɔi]阴平、阴去。里面、里头、里边：你爱买酒杯，再前行滴，知背有个瓦碗铺。⑲

张维耿等编释：底背［di 1 boi 4]里面：~有人无？⑳

桥本万太郎记作［ti 背]阴平、去声。㉑

刘纶鑫等记录：铜鼓　里背［ti 1 pɔi 4]；井冈山　肚里背［tu 3 ti 2 pɔi 4]㉒

这种现象，也许可以看作与早期客家先民曾寓居赣东南临川一带口音（古来母三四等字多读［t]声母）有关，属于古汉语演变过程中的遗迹。

剧（劇）［tɕia]阳平。（古入声）〈形〉。（处理繁难事务的能力）高强，能干：（为人）机敏。例如

（1）细新妇好～，一大家人食著、洗衾盪衫都管到一一二二。［小儿媳妇真

有干，一大家子的吃穿、洗洗涮涮都管得一清二楚。]

（2）哟，你咁～，三层楼大屋都做起来嘞。

（3）二嫂女 [这] 个布娘 [妇女] 十分～嚇，会话、会做、会划算。

这个客家地区口语常用的词，本字难求，同音字也不好寻。"劇"，也许是个近义同音字。试着解释。

劇，《广韵》入声，陌韵，奇逆切：增也，一曰艰也。《玉篇》刀部：巨戟切：甚也。属群母。

"劇"，这个全浊声母入声字，今长汀客话，可以念不送气清音 [tɕia]。"劇烈"念 [tɕi le] 阳平、阳去。"剧强度（沙土流失区）"念 [tɕi tɕ'ioŋ t'u] 阳平、阳平、阳去，即"极强度"。

全浊声母入声字，长汀客话多有读不送气清音者，如，跌 [te] 阳平、夺 [tue] 阳平、拨 [pai] 阳平、跋 [pa] 阳平、著 [tʃo] 阳平 [著衫]、铡 [tsa] 阳平、匣 [ka] 阳平 [玉匣哩（带馅的米面蒸饺）]。

劇，《汉语大词典》卷二：① 繁多；繁忙。例引"事劇而功寡"。③ 艰难。例引"不辞劇易"。李贤注：劇，犹难也。⑥ 急速；疾速。例引"二世而亡，何其劇与？"⑦ 激烈；猛烈。又词条 [劇黠] 敏捷、灵巧。例引"乳猿劇黠挂险时，露木翠绝生诸峰"。

这几个义项、注释、引例和有关词条说明，"劇"有繁多、艰难、疾速、灵巧的意义。切合长汀客话 [tɕia] 这个词的含义。

劇，段玉裁认为：系"勮"字之为譌。勮，《说文解字注》力部：务也。[段注：务者，趣也。用力尤甚者。] 从力豦声 [其劇切。音转为渠力切。字譌从刀作劇。]

务，《说文解字注》力部：趣也。[段注：趣者，疾走也。务者，言其促疾于事也。]

勮，《玉篇》力部：渠據切：务也。务，《玉篇》力部：亡句切：强也。

勮，《广韵》去声，御韵，其據切：勤务。又懼也，疾也。

劇 [tɕia] 阳平，这个古入声字，在客家地区今天的主要含义（或注释）似乎有所倚重。

梅州客话，张维耿等用"遽"，并编释：

遽 giag5（按即 kiak₅ 阴入）快：时间唔早欸，行～滴欸（时间不早了，走快点儿）。

遽话 giag5 fad6（即 kiak₅ fat₂，阴入、阳入）灵巧：佢做事情异～（他办事很灵巧）。㉓

增城客话，王李英用"躩"，并编释：

躩 kiak 阴入，古义为"疾行儿"。《论语·乡党》："君召使摈，色勃如

也，足蹮如也。"程乡话"走得快"称为"蹮"。如"佢行得好蹮"（他走得很快）。㉔

遽，《广韵》去声，御韵，其据切：急也，疾也，亦战慄也，窘也，卒也。

《汉语大词典》卷十：② 赶快；疾速。④ 急迫；窘也。⑨ 通"劇"。劳碌。《淮南子·诠言训》："神劳于谋，智遽于事。"俞樾《诸子平议·淮南内篇三》："'遽'读为'劇'。《说文》力部'劳，劇也。'然则劇亦劳也。劇於事，谓劳于事也。'遽''劇'古通用。"

趨 [lia]（古入声）阳平。〈形〉。（行动、变化）迅捷，急速。例如：

（1）～滴行，正赴得汽车倒。

（2）～～哩食，早滴去单位上班。

（3）曹大哩做事十分～爽，一件大棉袄两工人就做成嘞。

趨，或可当作义近音近字。《广韵》入声，锡韵，郎击切：趨趚，行貌。趚，七昔切。同切字有：歷、嚦、靂等。

中古锡韵不少字，今长汀客话念 [–ia]、[–a] 韵，或 [–ia]、[–i] 两读。如，锡、淅、皙 [sia] 阳平，脊 [tsia] 阳平，壁 [pia] 阳平，喫 [tɕʻia] 阳平，蓆 [tɕʻia] 阳平，绩（线）[tsia] 阳平、（成）绩 [tsi] 阳平，（一）析（柑哩）[sa] 阳平、（分）析 [si] 阳平。

带"歷"声旁的字，今长汀客话多念 [li]，就其古今演变的韵位看，也可念作 [–ia] 韵。如，"嚦"今可念作 [lia] 阳平，例如：你侪们嚦嚦 [lia lia] 阳平，滚话事，吵死人；靂靂 [pʻia lia] 阳平、阳平一声，雷公响，吓死人

梅州客话，张维耿等用"懓"liag⁶ [（按，即 [liak] 阳入）聪明，有本事：读书好~，贴常考头二名。（读书很聪明，经常考第一、第二。）㉕

谢栋元编释：懓 [lak] 熟，熟练。指对某一学问和技术、技能的精通，这是个人能力的一种表现。"佢最懓个係数理化。"㉖

广州方言，李新魁等用"叻"：叻（叻）[lɛk] 阳入，能干。㉗饶秉才等用"叻"：叻 lêg¹（啦尺切）聪明能干；棒：呢个学生真～，一点就明。叻女，聪明的女孩子，聪明人。㉘

"劇""趨"二字音、义两地错位初释。

"劇""趨"两个字语音，长汀、梅州客话基本彼此对应，而所表示的意义，两地刚好错位。"劇"，长汀话是能干，而梅州话是急速；趨，长汀话是急速，而梅州话是能干。

为什么会有如此相对的错位？内中原由有待于学者们深入研讨。

嫽 [liau] 阳去。〈动〉。游逛；歇息聊天；戏耍、逗弄。例如：

（1）你时，不敢上家～下家，～无来食。

（2）先放下粜米箩，坐倒来，～一套子，讲下子闲谈。

（3）妹子人跑到俫子阵里～来～去，总会～出事。

嫽，好像是个近义同音字。《广韵》平声，萧韵，落萧切：相嫽戏也。又力弔切。《集韵》去声，啸韵，力弔切：好也。《方言》：青徐之间曰嫽。

岑麒祥讨论到方言里有些借词同古越语支脉侗台语有关，曾指出：壮语"龙州土语"，"玩"叫作"撩"[liu]。㉙

梅州客话念[liau²]去声。梅州籍多位学者用"嬲"字标示：

嬲　玩，男女之间谈情说爱；休息：坐下来，嬲到两人心花开，嬲到石头浮起来；初四又话嬲一日，初五又话神下天。

谢栋元解释：嬲，原义为戏弄、烦扰。唐·玄应《一切经音义》三《道行般若经》"诡嬲"引《三苍》："嬲，弄也，恼也。"今（梅州）客家嬲，增强原戏弄义，引伸、演化为玩、休息、观赏等义，烦扰义，逐渐淡化消失。读音，唐·李善注嵇康《与山巨源绝交书》："足下若嬲之不置"，为奴了切。读[niau]，今（梅州）客话"浪费"口语说成"曩撇"。㉚

广州粤方言也使用"嫽""嬲"二字，但音义都与客家话有所不同。饶秉才等编释：嫽（撩）liu4（遼）阳平调。招惹（多指用语言挑逗）：唔好～人哋。㉛嬲 neò（扭）阴平调。① 生气，恼怒：～死（气坏了）。② 憎恨：～到佢死。㉜

笔者觉得，梅州客话部分字声母[n-]、[l-]不分，而用"嬲"字，可能地区邻近广州粤语区，受到渗透。

福州方言也使用"嫽"，表示"玩儿"。李如龙等编释：

[客遛]ka44　liu53① 玩儿：～沙（玩沙）。② 玩弄、捉弄：～侬（捉弄人）。㉝

嫽，lieu242 作弄，挑起事端说"嫽悢"。又 liu52 玩儿，说"客嫽"㉞

附　注

① 见马欣来辑校《关汉卿集》第 356 页，山西人民出版社 1996 年版。

② 见谢栋元《客家话北方话对照辞典》第 257 页，辽宁大学出版社 1994 年版。

③ 见饶秉才、欧阳觉亚、周无忌编著《广州话方言词典》第 180 页，商务印书馆（香港）1981 年版。

④ 见张维耿主编、赖江基副主编、林立芳、林运来编写《客家话词典》第 83 页，广东人民出版社 1995 年版。

⑤ 见程俊英、蒋见元注详《诗经》，岳麓书社 2000 年版。

⑥ 同附注④，第 83 页。

⑦ 见谢留文编纂《于都方言词典》第 114 页，江苏教育出版社 1998 年版。

⑧ 本解释参考中国社会科学院语言研究所词典编辑室编《现代汉语词典》（2002 年增补本）"来""去"条。

⑨ 见林立芳著《梅县方言语法论稿》第 166 页，中华工商联合会出版社 1997 年版。

⑩ 见蓝小玲《闽西客家方言》第 126 页，厦门大学出版社 1999 年版。

⑪ 同附注①，第 356 页。

⑫ 见徐沁君校《新校元刊杂剧三十种》第 169 页，中华书局 1980 年版。

⑬ 见陈修《梅县客家方言研究》第 53 页，暨南大学出版社 1993 年版。

⑭ 见李新魁、黄家教、施其生、麦耘、陈定方《广州方言研究》第 298 页，广东人民出版社 1995 年版。

⑮ 见黄雪贞编纂《梅县方言词典》第 217 页，江苏教育出版社 1995 年版。

⑯ 见韩石山《山曲曲》，《北京日报》2000 年 9 月 20 日。

⑰ 同附注③，第 209 页。

⑱ 见沈嘉禄《把老婆比喻为鱼的人》，《山花》1998 年第 8 期。

⑲ 同附注④，第 16 页。

⑳ 同附注②，第 193 页。

㉑ 同附注④，第 60 页。

㉒ 见桥本万太郎《客家话基础话汇集》，东京外国语大学 1972 年版。

㉓ 见刘纶鑫主编《客赣方言比较研究》第 672 页，中国社会科学出版社 1999 年版。

㉔ 同附注④，第 70 页。

㉕ 见王李英《增城方言志》（客家话篇）第 193 页，广东人民出版社 1998 年版。

㉖ 同附注④，第 121 页。

㉗ 同附注②，第 46 页。

㉘ 同附注⑭，第 278 页。

㉙ 同附注③，第 123 页。

㉚ 见岑麒祥《从广东方言中体察语言的交流和发展》一文，《中国语文》1953 年 4 月号。

㉛ 同附注②，第 75 页。

㉜ 同附注③，第 130 页。

㉝ 同上，第 163 页。

㉞ 见李如龙、梁玉璋、邹光椿、陈泽平编《福州方言词典》第 164 页，福建人民出版社 1994 年版。

㉟ 同上书，第 405 页。

参考文献

丁声树编录、李荣参订　1981　《古今字音对照手册》，中华书局。

顾野王著　1987　大广益会《玉篇》，中华书局。

郝懿行、王念孙、钱绎、王先谦等著　1989　《尔雅》《广雅》《方言》《释名》"清疏"四
　　种合刊，上海古籍出版社。

——1983　《集韵》（扬州使院重刻本），中国书店。

——1982　宋本《广韵》（泽存堂本），中国书店。

宋元人（朱熹等）注　1985　《四书五经》（全三册），中国书店。

王力著　1982　《同源字典》，商务印书馆。

许慎撰、段玉裁注　1981　《说文解字注》，上海古籍出版社。

中国社会科学院语言研究所编辑　1981　《方言调查字表》（修订本），商务印书馆。

中国社会科学院语言研究所词典编辑室编　2002　《现代汉语词典》（增补本），商务印
　　书馆。

（原载刘纶鑫主编《客赣方言研究——第五届客方言暨
首届赣方言研讨会论文集》，香港霭明出版社 2004 年版）

长汀客话词语例释（一）*

　　语言是社会特殊现象，它随着社会的发展变化面发展变化，但又与政治、法律、艺术等上层建筑有所不同，它并不随着社会形态和朝代的更替而消失，而长期存在于人类社会群体之中，它实际是有限发展的、渐变的。

　　语言是人类的交际工具，是个对立而又统一的结构系统。为了能在该社会群体中通畅地发挥其交流思想的功能，语言有其相对的稳定性。

　　语汇是语言组成中发展变化较大的一个部分，它的消长，相对来说，要比语音、语法部分较快，但是其基本语汇，特别是日常生活中一些口语词语，也还是比较稳定的。

　　本文要讨论的以福建省长汀（古汀州）为主的长汀客话，经历了千百年来的发展变化以后，其词语仍然饱含着客家移民文化的尊祖和交融的主要特性，起着文化载体的作用。

　　（一）长汀客话保留了相当一部分古词语，它记录了唐宋以前的古汉语音义。

　　一些古非组声母字词，今天仍念重唇音或重唇、轻唇两读。如：放[piɔŋ]、覆[pʻu]、辅[pʻu]。

　　一些古知组声母字词，今天仍念舌头音，或舌头、齿音两读。如：啄[tu]、趁[tʻeŋ]、澄[tʻeŋ]。

　　一些古齐、霁韵字词，今天仍念中古韵，或古、今两读。如：啼[tʻe]、细[se]、齐[tsʻe]。

　　一些词语，仍然保存了古义。如：㿺煤[烟尘]，鞠花[养花]，艮佬[固执者]。

　　一些词语，一字两读。语音上有所发展，意义上略有变化，但仍然保持其古汉语基本音义的一面。例如：

发 <	pue	阳平（古入）	发笋	发毛
	fai	阳平（古入）	发生	发戏票
分 <	peŋ	阴平	分家	分苹果

　　* 本文为《长汀客话研究》课题的部分内容，得到中国社会科学院老年科研基金资助。

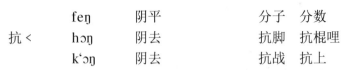

（二）长汀客话保存了一些与旁系（吴、赣）语、旁族（瑶畲）语有过语言接触或交融的词语。这些词语似乎大都给人以"虽熟犹生"的感觉。听着很熟，口语常用，但又颇为生疏，有点特别。相当一些字词，多时写不出来；有些字词，虽经"查"出，又常存疑虑。其特别之处，恐怕主要在：字词的音义与本（客家）方言有些差异。

1. 音节的声韵调构成在本方言语音系统中处于特殊的地位，如：

□　tɕʰia　阴去，动词。（多用分岔的竹、木把子）扫拢：爬疏：天光上岭~滴草来烧火|炙出去个谷，要多~几遍，更快燥。

□哩　tɕʰia le　阴去、轻声，名词。（竹、木等制作的多分权的）笤帚：买倒一个~来洗锅灶|洗尿桶，长把竹~较好用。

□　la　阴去，名词。缝隙：十个手指八个~|桌板中心有一条大~。

□　tʰia　阳平（似为古入），动词。①（用绳索等）捆绑：快拿棕索帮贼牯个手~起来|~倒一只牛来犁田。② 提、拎：菜篮子~过来。

趯　lia　阳平（似为古入），形容词。快、迅速：行~滴，会落雨咧|一张嘴忒过~，得罪嘞野多人|~~哩去，你正赴得倒食。

劇　tɕia　阳平（似为古入），形容词。能干，有本事：讨个新妇十分~，一大家人个食著都管得正正哩|郑大伯会作田，又会打算盘，~到了唔得，一街里都出嘞名个。

头那　tʰɤu ma　阳平、阳平，名词。头：前几日~有滴子疾|~毛。

□　cɔ　阴平，动词。邀，约：天光~胡娣哩来去赴墟|今年要~倒一盘银会来。

摎　lɔ　阴平，动词。（用绳索等）缠绕；交叉：皮箱子用索子~两下|路汗[上]~头揽颈唔好行。‖《集韵》平声，肴韵，力交切：物相交也。

□　cɔ　阴平，名词。樵草等燃烧后留下的东西：纸~|草~|骨头烧成~，亦认得倒。

□　nɔ　阴去，形容词。慢：行嘞忒~，今晡行唔到大埔|书橱~~哩做，要做好来。

□　ti　又念ni，上声（或阳去），指示代词。这：~只鸡好，解[那]只唔好|~角[里]东西便宜。

滴　ti　阳平（似为古入），量词。（一）些，（一）点：唔要放下，食~菜添|金金咋晡有~子发烧。

聖　ʃaŋ　阴去，形容词。傻：做人要学精明来，唔敢忒~|你咁~，去帮

人打架。

俫子　lai tsɿ　阴去、上声，名词。男孩儿：二嫂供[tɕioŋ 阴去]嘞一个~，大大隻，十分欢喜|秀秀得[被]张家解[那]个~打咧。

拂　fi　阳平（似为古入），动词。扔，甩：烂匏勺无用咧，~撇佢|~帚，帮拿过来趲[赶]蚊子。

2. 意义有所扩大或缩小，显得异样。例如：

嫽　liɔ　阳去（梅县客话念去声），动词。游玩、戏耍：来去公园里~|一个妹子人，上家~下家，同俫子人搞搞笑笑，~生~死，会~出事来。

溜　lieu　阴去，形容词。灵活；精明：明子係野~，做生意赚到十几万咧|水木生忕过~，揸唔倒什么大毛病。

精　tsiaŋ　阴平，形容词。漂亮，美好：人呀，发[长]得还~，宗眉谷眼，白雪雪哩，笑面子|新床做倒咁~，雕花，镶镜，漆到华亮。

本文尽可能用长汀话口语和有关文献语句对词目进行解释，先出词目，之后依次是注明音节、调类、词性、释义，举例。

本文一时写不出的字词，用同音字词替代，字下加双横线，如<u>滴</u>；或者用囗标示。例句里或行文中需要注释的，用方括号加注。

期　[tɕi]　阳平，<动>。预算，预计：做一身衫裤，剪几多尺布，要事先~正来|八斤糍粑，放几多糖，还~唔准。

期备　[tɕi pˈi]　阳平、阳去，<动>。预备，准备：你要个三百块钱，早就~好嘞|送人个番豆、饼干，还唔曾~正。

期，《广韵》平声，之韵，渠之切：期信也，会也，限也，要也。

期，《说文解字注》会也。[段注：会者，合也。期者，要约之意，所以为会合也。]

翕1　[ɕi]　阳平（古入），<动>。合起，关上（与张开相对）：蚌蛤哩两扇壳罗~稳嘞|上下嘴唇~做一下，唔要动|妻子好合，如鼓瑟琴。兄弟既~，相乐且湛。（《诗经·小雅·棠棣》）

翕2　[ɕi]　阳平（古入），<形>。（关、合得）严实：点心盒哩口忕松，要关~来|鬆盖哩盖唔~。

翕，《广韵》入声，缉韵，许及切：敛也，合也，聚也，威也。

都　[tu]　阴平，<副>。表示同样，也：你唔去宁化时，林金也~唔去|即使兜长楼梯，手~探唔倒阿鹊薮|老钱：今晡停电，你昨晡唔会早话知呀？小李：𠊎~唔烧得唄。表示"已经"：~十二点咧，你正来|人家~食成暗（晡饭）咧，准备去看戏咧|你~行到哪块咧，快倒转来。

都，《广韵》平声，模韵，当孤切。

蓄1　[ʃu]　阳平（古入），<动>。积，存：储~|~存|~积黄金白银。

蓄，《广韵》入声，屋韵，许竹切：蓄冬菜也。又丑六切：蓄冬菜。《诗》曰：我有旨蓄。郑玄云：蓄聚美菜，以禦冬月之无时也。本也作畜。

今长汀话，实际念[ʃu]，阳平。

畜　[ʃu]　阳平（古入），又念tʃu去声，<名>。畜牲，兽类：~生|马牛羊、鸡狗猪係六~|在野曰兽，在家曰~。

畜，《集韵》去声，宥韵，丑救切：犉也。[按：即牲。]谓六畜，或作兽。

白皙皙哩　[pʻa sia sia le]　阳去（古入）、阳去（古入）、旭去（古入）轻声，<状态形容词>。白得像白人面色那样：长年坐办公室个人，面色多半~|~个相片，实在望唔清个面目样子|一腰[条]裤弄到~咧，你係跑到石灰窦哩咧？

皙，《广韵》入声，锡韵，先击切：人白色也‖《诗经·鄘风·君子偕老》："扬且之皙也。"孔颖达疏："其眉上扬广，且其面之色又白皙。"

皙白　[sia pʻa]　阳去（古入）、阳去（古入），又念sia pʻa（阳平（古入）阳去（古入）），<状形。>。如同白人面容那样白：一双手，白米果[糍粑]般哩，~，十分好看|~个一块笼床帕，跌到地下里醒醒个咧|余往省之，见翁欣然~（明·归有光《筼溪翁传》）

皙皙白　[sia sia pʻa]　阳去（古入）、阳去（古入）、阳去（古入），<状形>。"皙白"的前语素重叠形式，表示其修饰状态更具体、真切。一般多指病容的白，事物的不纯白：黄烧纸放嘞忒过久咧，有滴子~咧|灰布褂哩会褪色，洗到~个咧。

嫬　[ta]　阳平，<动>。粘，黏：米果[糍粑]~牙，老人家哩少食|米浆忒过~手，多加滴子水添。

嫬，《集韵》平声，麻韵，陟加切：嫬嫬，相黏也。

按：陟，上古读如"登"的声母，客话现在的"知唔知"的"知"声母。如，爹，《集韵》，平声，麻韵，陟邪切：父也。客家话，爹，念[ta]，平声，同是"知"声母。

嫬，《集韵》平声，麻韵，女加切：嫬嫬，黏着。

黏嫬嫬哩　[niẽ ta ta le]　阳平、阳平、阳平、轻声，<状形>。既黏又嫬，非常黏结：门口~个泥浆，你唔敢去踩|面汗[上]搭嘞滴子蜂蜜，~，还唔曾吸收，野唔好受。

嫬黏　[ta niẽ]　阳平、阳平，<状形>。如同粘着手那样黏：哎哟，糖蔗水弄到一手~|一桌子米汤，糊糊结结，~个|今晡出嘞野多汗，嫬嫬黏黏，来去洗浴。

嫬嫬粘　[ta ta niẽ]　阳平、阳平、阳平，<状形>。"嫬黏"的前语素重叠形式，表示其修饰状态更具体、真切：田里落嘞大雨，酱到一双脚个泥

浆，~|一双手唔晓沾到脉个，有滴~。

揸（摣） [tsa] 阴平，<动>。用手指取：大妹哩，~滴子白糖过来|糍粑~一团来添|唔要讲咧，快~纸牌。

叡，《集韵》平声，麻韵，庄加切：《说文》：叉取也。或从手。[即摣]

抯，《说文解字注》挹也。[段注：《方言》曰：抯，摣，取也。南楚之间，凡取物沟泥中谓之抯，亦谓之摣。]从手，且声。读若樝梨之樝。

比较：抓，客家话念[tsɔ]上声，<动词>。抓挠，抓痒：你帮偓抓两下子痒。与"猫爪"的"爪"同音。

抓，《广韵》上声，巧韵，侧绞切：乱反搔掐也。

罅1子 [ha tsɿ] 阴去、上声，<名>。缝隙，孔窿：半裤子脱啊下来，~都露出来嘞|真唔怕丑，屎窟[臀部]翘翘哩，~都公开嘞|膣~|先生之业，可谓勤矣。觝排异端，攘斥佛老，补苴罅漏，张皇幽眇。（唐韩愈《进学解》）|更有甚者，有的潜入海底石罅过冬的章鱼，又长出8只腕足。（《北京日报》1986年8月27日）

又作罅啦子hulatsɿ，阴去、阴去、上声。

罅，《广韵》去声，祃韵，呼讶切：孔罅。||晓得。

窿罅 [loŋ ha] 阴去、阴去，<名>。即罅子。

打窿罅 [ta loŋ ha] 上声、阴去、阴去，<动>。光屁股[露了孔窿]：细妹子快著起裤子来，唔敢~|细癞子怕甚西，半裤子脱撇，~去溪里洗浴。

罅啦子 [ha la tsɿ] 阴去、阴去、上声，<名>。即罅子。"罅"后带嵌[l–]声母叠韵"罅啦"加"子"的说法：半裤子脱啊下来，~都露出来嘞|膣~。也可单独说成"啦子"。

啦子 [latsɿ] 阴去、上声，<名>。即"罅啦子"：手指公割着嘞，有一条~|大伯娓脚趾~十分阔大，唔会存水。也可单独说作"啦"。

啦 [la] 阴去，<名>。即"啦子"：手指~，脚趾~|凳板有一条大~|膣~。

罅2 [ɕia] 阴去，<动>。张开；裂开：鱼係生[活]个，鱼壳腮都~野阔咧|月月红个花苞哩~开来嘞|鼻公窿~开个|只是此桥仅有两条石柱，每条不过一尺一二寸宽，不紧相黏靠，当中还~着几寸宽一个空当儿。（《老残游记》第八回）

罅，《集韵》去声，祃韵，虚讶切：《说文》：裂也。缶烧善裂也。

长汀客话念颚化音[ɕia]，阴去。

啯啯啯啯 [kua kua kua kua] 阳平（古入）、阳平（古入）、阴去、阴去，<拟声>。话多的样子：荣生，嘴十分多，~得[被]人讨厌|你呗~，咁多事讲，无滴停歇。

啯，《广韵》入声，麦韵，古获切：口啯，烦也。

　　掗　[ve]　阳平（古入），<动>。掘，挖：水泥墙脚忒硬，~唔动|~滴子番薯、芋子来食|~金蚽子。

　　掗，《集韵》入声，没韵，胡骨切：《说文》：掘也‖《说文解字注》：掘也。[段注：《吴语》：夫谚曰：狐埋之面狐掗之，是双无成功。韦注：掗，发也。《玉篇》云：《左传》：掗褚师定子之墓，本亦作掘。]

　　比较：与凹（挖）[ve]阳平（古入）又念[va][via]阴平，有所不同。凹，《广韵》入声，黠韵，乌八切：手凹为穴。用手挖成孔穴。

　　諁諁諁諁　[te te te te]　又念[tʃe tʃe tʃe tʃe]阳平（古入）、阳平（古入）、阴去、阴去，<拟声>。说话多的样子：三妹哥，岁数大了，~，野好话事|最怕搭[跟]五叔商量事，~话嘞半日还唔曾话清楚|胡伯婆讲起事来，~无停歇。

　　諁，《集韵》入声，薛韵，株劣切：多言不止谓之諁。或从口[即"啜"]。‖知母。

　　鱼筍　[ŋe kəɯ]　阳平、上声，<名>。用于溪、河等类似竹笼的捕鱼器：到大溪里装鱼，要另外做过一个~|拿细滴子个~过来，夜晡到大圳里诈细鱼哩来炮|敝筍在梁，其鱼鲂鳏。齐子归止，共从如云。（《诗经•齐风•敝筍》）

　　筍，《广韵》上声，厚韵，古厚切：鱼筍，取鱼竹器。

　　火炱煤　[fo t'aŋ mue]　上声、阳平、阳平，<名>。火烟积灰，烟尘：过年啊，~要扫净来|灶下里、间里[房间]咁多~，一摸，手都全乌个[黑的]|厅下里个~，用竹哩子绑倒鸡毛帚来扫。

　　煤，《广韵》平声，灰韵，莫杯切：炱煤，灰集屋也。

　　炱，《玉篇》火部，大来切：炱煤，烟尘也。‖《说文解字注》：灰炱媒也。[段注：《通俗文》曰：积烟曰炱煤。]

　　长汀（城关）话，"火炱煤"的"炱"，不念[t'ai]，而念[t'aŋ]，音燂，可能是受后字"煤"声母[m-]后同化的结果。长汀话类似后同化的音变有如："朝斗岩"[tʃ'ɔ təɯ ŋaŋ]阳平、上声、阳平，说做"朝董若"[tʃ'ɔ toŋ ŋaŋ]，"董"近似轻声；"别人"[p'e neŋ]阳去（古入）、阳平，说做"便人"[p'iẽ neŋ]，即[p'ian neŋ]。

　　过　[ko]　阴平，<动、形>。物体某部分受到损耗以至耗尽：门脚~个咧，快要~撇咧|藜缽会来[将要]磨~|磨平咧|稈扫十分~咧，无竹叶哩咧，再买一把。

　　过，《说文解字注》度也。[段注：分别平、去声者，俗说也。]‖《广韵》平声，戈韵，古禾切：经也。同音字有戈、锅等。

　　"度"也好，"经"也好，来来回回经过、摩擦，引申为"损耗"义，以至表示（损耗到）"短少、浅平"的程度义。动词兼做形容词。例如：鞋都磨到十分过咧，唔晓几[非常]过咧。

趐　[ts'io] 阳平（古入），<动>。两腿向上或向前跳、跃：你有无本事[胆量]~过圳沟去|唔要管得咁严，让细妹子去草坪里~下子|癫子人就欢喜趐趐~~，蔗地[到处]跑。

趐，《广韵》入声，藥韵，七雀切：行兒。‖《说文解字注》走部：趡趐也。从走，昔声。一曰行兒。

趡，《说文解字注》走部：行轻兒。从走，堯声[牵遥切]一曰趡，举足也。

号（號）　[vɔ] 阳去或念上声，<动>。哭啼，号唰：妹子，你唔要~到咁伤心，你爹哩转来嘞|最怕人孝堂，~爹~娘，~天~地，鼻水嚓跌|快滴唔敢再~咧，目珠子会~瞎。

號，《集韵》去声，号韵，后到切：《说文》痛声也。‖匣母。

号，《说文解字注》痛声也。[段注：号，嘑也。凡嘑、號字，古作号。口部曰：嘑，号也。今字则號行而号废矣。]从口在丂上。[段注：号咷之象也。胡到切。]凡号之属皆从号。

號，《说文解字注》嘑也。[段注：嘑，號也。此二字互训之证也。……號嘑者，如今云：高叫也。]

号，胡到切，匣母，去声，折合成今长汀客话念阳去调[vɔ]，音义均合。

匣母合口字，今长汀话多念擦音[f-]，如"惠"，去声，胡桂切，念[fe]，"会"，去声，黄外切，（开）会念[fe]阳去；也有念次浊擦音[v-]的，如："会唔会唱"的"会"，念[ve]阳去，"话（事）"去声，夬韵，下快切，念[va]阳去。

梅县客话用"叫"[kiau]去声，表示"哭啼"。叫，《广韵》去声，啸韵，古吊切：呼也。

摎　[lɔ] 阴平，<动>。（用绳索等）缠绕、相交：大褛无纽哩咧，你快滴拿带哩~紧来|整车杉木无索子~稳会滚撇|三妹哩搭[和]长生两个人~~揽揽转来嘞。

摎，《集韵》平声，肴韵，力交切：物相交也。

摎，《说文解字注》手部：缚杀也。[段注：缚杀者，以束缚杀之也。……凡以绳帛等物杀人者曰缚杀，亦曰摎，亦曰绞。《广韵》曰：摎者，绞缚杀也。多绞字为长。今之绞罪，即古所谓摎也。引申之，凡绳帛等特二股互交，皆得曰摎曰绞，亦曰纠。]从手翏声。[居求切，亦力周切。]

多数字词典，摎，只注力周、居由二切。

烧烙烙哩　[ʃɔ lo lo le] 阴平、阳去（古入）、阳去（古入）、轻声，<状形>。热得像灼、烫那样：头那会唔会~咧|~个灯盏糕十分好食|被窝帮你

暖到~咧。

烙，《广韵》入声，铎韵，卢各切：烧烙。

烙烧 [lo ʃɔ] 阳去（古入）、阴平，<状形>。如同灼烫一般热：面汗[上]都~个，係唔係感冒咧|~个铜炉子塞入被腹里暖被窝|灶头背~个，放唔得香蕉。

烙烙烧 [lo lo ʃɔ] 阳去（古入）、阳去（古入）、阴平，<状形>。“烙烧”的前语素重叠形式，显示其修饰状态更具体、真切：啊，面汗[上]还有滴子~，感冒还唔曾好|烧汤洗嘞脚，~，好睡目。

膏膋 [kɔ lɔ] 阴平、阳平，<名>。指脂肪，油脂：人无~做唔得，~忒多会得病|锅头里多放滴子~，好炒菜|苋菜，无~唔好食。

膏，《广韵》平声，豪韵，古劳切：脂也，又泽也，肥也。

《诗经·桧风·羔裘》：羔裘如膏，日出有曜。孔颖达疏：日出有光，照曜之时，观其裘色，如脂膏也。

膋（亦作膫），《广韵》平声，萧韵，落萧切：肠间脂也。

《诗经·小雅·信南山》：执其鸾她，以啟其毛，取其血膋。郑玄笺：膋，脂膏。

“膏”与“膋”同义，“膏膋”是两个同义语素并列而成的名词。“膏”可以单说，也可以组成复合词。例如：少放膏|猪膏|膏渣。“膋”，现在一般不单说，如今长汀话里似乎也不用作参与组词的语素了。如，不怎么说“血膋”了吧！

教招 [kɔ tʃɔ] 阴平、阴平，<动>。教导，教养：从细细里爹爹~石长，要会读书，学会做人|短命子，你从来唔受爷娘~，正[才]变做如今个懒屍鬼|此之经意只是说慈母十月怀胎，三年乳哺，迴乾就湿，咽苦吐甘，乃至男女成长了。千般怜惜，万种~。女聘男婚，总皆周备。（《敦煌变文集》卷五《父母恩重经讲经文》）

教，《广韵》平声，肴韵，古肴切：效也。

招，《广韵》平声，宵韵，止遥切：招呼也，来也。

瘃 [tʃəɯ] 阳平（古入），<名>。圈养禽兽的地方：你屋下猪~曾供猪？|在墙角落头搭一个供鸡个鸡~。

瘃，《广韵》入声，烛韵，丑玉切：牛马所蹈之所。

蹴 [tsiəɯ] 阳平（古入），<动>。追赶；驱逐：要落雨咧，你去~金生转来|细人哩在厅下里~来~去跌着|鸡到处屙屎，~佢出坪里|步卒惧，欲走。太祖曰：“彼以骑~我，走将安往？”（《明史·费聚传》），引自《汉语大词典》“蹴”③）

蹴，《集韵》入声，屋韵，子六切：蹋也，逐也。

蓄2 [siəu] 阳平（古入），<动>。静养，闭门休养：在屋下~半年，心脏病唔会咁厉害咧|正[才]两三个月，在疗养院~到白白胖胖咧|公司事情忒过多，张总跑到南山别墅~起来。

蓄同畜，《广韵》入声，屋韵，许竹切：养也。许竹切，折合今长汀客话本应念[çiəu]阳平，但实际念[siəu]阳平。古晓母字，今长汀话念做心母的还有休息的"休"[siəu]阴平（古平声，尤韵，许尤切），萱草的"萱"[siẽ]阴平（古平声，元韵，况袁切），与"宣"同念心母。

蓄3（畜、鞠）[tçʻiəu] 阳平（古入），<动>。养，育：~猪牯|~兰花|老藕不挖，到来年就自行沤烂了，又生出新藕来。城里来的知青不懂得这个道理，常在农民面前闹笑话："这藕明年不挖，~它几年不是会长得更大吗？"其实，藕是越挖越发的（叶大春《忆藕》）|我行其野，蔽芾其樗。昏姻之故，言就尔居尔不我畜，复我邦家。（《诗经·小雅·我行其野》）|磨砻砥砺，不见其损，有时而尽；树树畜养，不见其益，有时而大。（枚乘《上谏吴王书》）|吾家早畜狸奴一对。雌者名"贝贝"，白身黑尾，背具黑斑，谓之"雪中送炭"。（沈左尧《猫趣》|父兮生我，母兮鞠我。拊我畜我，长我育我。（《诗经·小雅·蓼莪》）

蓄，《集韵》入声，屋韵，勑六切：《说文》：积也。通作畜。

畜，《广韵》入声，屋韵，许竹切：养也。《说文》曰：田畜也。《淮南子》曰：玄田为畜。又丑六切。

畜，《说文解字注》：田畜也。[段注：田畜谓力田之蓄积也……艸部曰：蓄，积也，畜与蓄，义略同。畜从田，其源也；蓄从艸，其委也。]

鞠，《广韵》入声，屋韵，居六切：养也。又音麹，驱菊切。

鞠，扬雄《方言》：台、胎、陶、鞠，养也。……陈、楚、韩、郑之间曰鞠，秦或曰陶……钱绎《方言笺疏》：鞠者，《小雅·蓼莪篇》："母兮鞠我"，《毛传》："鞠，养也。"饧之始谓之饴，养谓之鞠，犹人之始谓之育，酒之始谓之籭也。《说文》："籭，酒母也。"是也。

"蓄""畜"的丑六切，这入声字折合今长汀客话，本应读[tʃʻəu]阳平（古入），如同"猪塚"的"塚"，而实际读音则读为[tçʻiəu]阳平，多了个介音[i]，如同"掬"。长汀客话有些舌叶声母起头的字，存在平添介音[i]的扭曲类推的现象。如，哲 [tçie] 阳平（古入），珍 [tçieŋ] 阴平，出 [tçʻie] 或 [tʃʻe] 阳平（古入），舌[çie]或[ʃe]阳去（古入）。

今现代汉语和客家方言，表达"养""育"义，多用"蓄"字，"畜""鞠"虽然都是本字，可是今天的人们多"知今不认古"。另见前：蓄[çiəu]阳平，蓄[ʃu]阳平，畜[ʃu]阳平。

簪（先鐕） [tseŋ] 阴平，<动>。刺，扎：哎哟，手得[被]你簪哩~着

嘞|细鬼，唔敢搞簪哩，目珠子会~瞎撇。

先，《集韵》平声，侵韵，缁岑切：《说文》：首笄。或作簪。‖《说文解字注》：首笄也。[段注：古言笄，汉言先。古今无簪字。经文之簪，古无释为笄者。又《仕丧礼》："复者一人，以爵弁服簪衣于裳。"注云：簪，连也。然则，此实鐕之假借字。金部曰：鐕，可以衣著物者。]从儿，匚象形[侧琴切]。凡先之属皆从先。簪，俗先。[段注：今俗行而正废矣。]

鐕，《集韵》平声，侵韵，缁岑切：可以缀箸物者。通作簪。

虽然，古无"簪"字，"簪"是"先"的俗字，"今俗行而正废矣"。依据客家话的意义，同时也为了排字方便，这里，我们以"簪"字做字（词）头，立两个音，一个念[tseŋ]阴平，并括注本字，一个念[tsaŋ]阴平，不括注本字。

簪哩　[tseŋ le]　阴平、轻声，<名>。竹、木、金属等制作的锥头条状器物（主要用以穿、刺、连缀衣物）：大头~|竹~离滑个，野好打毛衣|铁个细~拿过来串草蜢。

簪2哩　[tsaŋ le]　阴平、轻声，<名>。用兽骨、玉石、金属、竹木等制作的一端为锥形可以连缀发髻的条状饰物：金~你嫂姐梳个菊花头[髻]，右边插嘞一桁[条]牛骨~，野好看|周主亡坟簪，令吏求之，三日不能得也。（《韩非子内储说上》）|内中有原张见[本来看见]的，是对门开杂货铺的沈二郎，叫道："你兀自赖哩，拔了金簪子，走上楼去做什麼？"（《古今小说·新桥市·韩五卖春情》）

簪，《广韵》平声，覃韵，作含切，又侧岑切。

间1（閒）　[kaŋ]　阴平，<名>。中间，内里：兄弟~|世~|时~|十亩之~兮，桑者闲兮，行与子还兮。（《诗经·魏风·十亩之间》）

閒，《广韵》平声，山韵，古闲切：隙也，近也，又中间。

间2（閒）　[kaŋ]　阴去，<动>。① 隔开，间隔：用木尺将黄豆哩、绿豆哩~做两片|~两日去医院打一回针|鬥伯比……曰……我张吾三军，而被吾甲兵，以武临之，彼则惧而协以谋，故难~也。（《左传·桓公六年·季梁劝修改》）② 阻拦：~阻|拦~|大伯公得[被]石头~嘞一下，快要跌倒咧|脚伸到咁长，会~跌人，快收起来|秦乃在河西，……又况于使秦无韩，而有郑地，无河山以蘭之，无固韩以~之，去大梁百里，祸必至此矣。（《战国策·魏策·魏将与秦攻韩》）③ 夹杂，掺杂：~杂|猪肉~冬笋炒做一下，又香又甜|行杖的腕头着气力，直打得紫连青，青~紫，惹得棍棒临运待悔如何悔？（《新校元刊杂剧三十种·张鼎智勘魔合罗》）

间（閒），《广韵》去声，裥韵，古苋切：厕也，隔也。

间2隔　[kaŋ ka]　阴去、阳平（古入），<动>。间开，隔开：米搭[和]

豆哩倒合[ko 阳平，混合]嘞，~唔开来咧|多~几日再浇水|其下得水，盖寻常尺寸之间耳；无高山大陵，旷途绝险，为之~也。（韩愈《应科日时与人书》）

间2 断 [kaŋ tʻŭ] 阴去、阴平，<动>。事物间隔后不连接：五贴中药要连续食落去，唔敢~|亲戚朋友起个银会，~嘞个话，人家会做唔得。

间2 阻 [kaŋ tsu] 阴去、上声，<动>。阻拦，拦挡：男女两人同心成家，无人~得了！|[川拨掉]似这等好姻缘，人都道会在天；若是俺福过灾缠，空意惹情牵；~的山长水远，几时得人月圆？（《关汉卿戏剧集·杜蕊娘智赏金钱池》第四折）

间2 杂 [kaŋ tsʻa] 阴去、阳去（古入），<动>。隔杂，夹杂：你行开滴，唔要在妹子阵里~|快赛滴出去，在灶下里间手间脚，间间杂杂|说者谓自五胡乱华，驱中原之人于江左，而河、淮南北～夷言。声音之变，或自此始。（《颜氏家训·音辞篇》）|寺内香花摇曳，幡盖纷纭，佛具齐全，七宝~。才搣金铃一下，即时斋馔而来。（《大唐三藏取经诗话》）

间2 谍 [kaŋ tʻe] 阴平、阳去（古入），<名>。刺探情报的，挑拨离间者：三珊个老公隐牡原来係美国~|无本事个人做唔得~，十分危险。

"间谍"的"间"，长汀话不念去声，念阴平，有点特别。

间3 [kaŋ] 阴去，<连词>。和，连同，连带：老王、老张~小李三个人天光坐飞机去厦门|再得罪人时，~你爹哩也会无饭食|嗨，~伯娓都得[被]人点名骂嘞一下昼。

閒1（闲）[haŋ] 阳平，<动>。没有活动；有空（跟"忙"相对）：最近~唔~得，~得时来料[玩，耍]|女[这]一个月比较清~，无什么事|前驳子[前些日子]~过~化咧，近几日又累过累绝。

閒2（闲）[haŋ] 阳平，<名>。闲暇，闲空：忙时偷~|一周来无滴~，事情十分多。

閒（闲），《集韵》平声，山韵，何间切：安也，隙也。通作闲。

行踏 [haŋ tʻa] 阳平、阳去（古入），<动>。走动，串门：三叔常来张大伯屋下~，商量做生意|壮牡以前会过来行行踏踏，最近无来咧，唔晓出嘞什么事|你多到二妹哩店前~~，两人自然会熟起来|金奴在家清闲不惯，八老又去招引旧时主顾，一般来走动。那几家邻居初然只晓得吴山~，次见往来不绝，方晓得是个大做的。（《古今小说·新桥市韩五卖春情》）

行，《广韵》平声，庚韵，户庚切：行步也，往也，去也。

踏，《广韵》入声，合韵，他合切：著地。

间4 [tɕiẽ] 阴平，<名>。居室，屋子：大~|暗~|~里|几多眼？|~外头|后~。

间，《广韵》平声，山韵，古闲切：隙也。

间4眼　[tɕiẽ ŋaŋ]　阴平、上声，<名>。居室、屋子的总称：一只屋三代人住，~要多滴子好|枫桥头解[那]只屋，~无几多，公爹话唔买咧|后厅背~较少，只有两眼间。

长汀话，"屋子"论"间"[tɕiẽ]阴平，音奸，说"一眼间""两眼间"，不论"间"[kaŋ]阴平，音乾，不说"一眼乾""两眼乾"，但是"房间"说[fɔŋ kaŋ]阳平阴平，音乾，不读[fɔŋ tɕiẽ]，音奸。

定准　[t‘eŋ tʃeŋ]　阳去、上声，<名>。一定的标准；确定的时间：当领导，凡事要有个~，人牙[家]正[才]听你个|係唔係后日去南昌，有无~？|[仙吕赏花时]：因此上，割舍得亲儿在两处分，从今日远践洛阳城，又不知归期~。

定，《广韵》去声，径韵，徒径切：安也。
準（准），《广韵》上声，準韵，之尹切：均也，平也，度也。准，俗字。

抗1　[k‘ɔŋ]　阴去，<动>。抵抗，抗拒：~洪抢险|~战|~猪头税|江昭严本是清朝官吏，又有武装依托，故而~缴太平军军饷。（谢桂屏《太平军将领彭大顺之死》）

抗2　[hɔŋ]　阴去，<动>。① 向上承挡，挡住：上头命令立即解决黎长生经济大案，你还~几久？|石板快帮催放下来，肩头~唔稳咧|米筛里个姜拿一块竹片~在凳汗[上]。② 搁置：两只大腿死重，唔敢~在老妹身汗[上]|漏勺先~到缽头解角[那里]。

抗，《广韵》去声，宕韵，苦浪切：以手抗举也，縣也，振也。‖溪母。
抗，《说文解字注》扞也。[段注：《既夕礼》曰：抗，禦。《左传》曰：以亢其讎。注云：亢，犹当也。亢为抗之假借字。]
扞，《说文解字注》忮也。[段注：忮当作枝。枝，持字，古书用枝，亦用支。……《广韵》扞下曰：以手扞，又卫也。《玉篇》亦曰：扞，卫也。字亦作捍。]从手干声。

长汀客话，古溪母字，有些今读[h-]，例如：
开（苦哀切）今读[hue]：开门、开始、行开
坑（客庚切）今读[haŋ]：坑空、罗坑、高坑哩
壳（苦角切）今读[ho]：阳平；谷壳、番豆壳、纸壳
有些今读[h-]，也读[k‘-]，两读，例如：
溪（苦溪切）今读[hai]：溪坝、细溪、河溪
　　　　　　又读[k‘e][tɕ‘ie]：明溪、嵩溪（地名）
气（去既切）今读[ɕi]：气力、出气、气息
　　　　　　又读[k‘i]：气死、气候、空气

抗（苦浪切）今读[hɔŋ]：抗稳、抗大腿、抗筛

又读[kʻɔŋ]：抗上、抗日、抗捐

两家　[tiɔŋ ka]　上声、阴平，<数量>。两（对）方、（你我）俩人：你望，木火生搭[和]石水你一拳偎一脚~在搞死咧丨嗅哟，你搭[和]大妹哩~倚在溪里咁久，做甚西[甚么]？丨金明搭[和]秀秀如今~野好咧，一个左一个右牵手搭脚共下去学堂里。

两，《广韵》上声，养韵，良奖切：再也。

家，《广韵》平声，麻韵，古牙切：居也。

长汀客话"两家"的"两（对）方"义，似乎是随着社会的变化由"家""国""两家人"发展演变而来的。例如：

（1）[梁州第七]单注着东吴国一员骁将，砍折俺西蜀家两条金梁。这一场苦痛谁承望！（《新校元刊杂剧三十种·关张双赴西蜀梦》）

（2）粘罕云："你说得煞好，只是你南家说话多生捎空（谓虚诳为捎空）……（《三朝北盟会编》）

（3）是夜约四更多时，刘都管高叫云："相公懑悉起，你家人马来厮杀也。"……望之密曰："若王师胜，彼必不敢害我，同我以求和。若他家胜，王在城外已半月日，岂预知刼寨事？"（郑望之《靖康城下奉使录》）

（4）[混江龙]……普天下汉子尽口都先有意，牢把定自己休不成人，虽然两家无意，便待一面成亲，不分晓便似包着一肚皮干牛粪。知人无意及早抽身。（《关汉卿戏剧集·诈妮子调风月》）

例（1）"东吴国""俺西蜀家"，仍有"家""国"义，例（2）"南家"即"南方"的宋朝，例（3）"你家""他家"是"你方""他方"意思，例（4）"两家"是"两方"的意思。

两子　[tiɔŋ tsɿ]　上声、上声。其实，口语里只存在"两子·名[亲友]"名词短语格式的说法（"名"代表亲属友朋称谓的名词语素）。它是对上下辈、平辈亲属或友朋两方的指称。"两子"相当于"两方"。

A 用于下辈与上辈关系的：两子爷（指称儿子和父亲两方）丨两子嫲姐（指称孙子和祖母两方）丨两子丈门老（指称女婿和丈人两方）丨两子娘丨两子娘丨两子叔丨两子大伯丨两子姑（侄子和姑姑两方）丨两子舅（外甥与舅舅两方）丨两子家娘（媳妇和婆婆两方）。

B 用于平辈亲戚关系的：两子老哩（指称老夫老妻两方）丨两子叔伯（指称步、伯两方）丨两子嫂（指称妯娌间两方，或指称小叔和嫂子两方）丨两子姨丈（姨父之间两方）丨两子老表丨两子姨丨两子亲家（子女亲家之间两方）。

C 用于友朋关系的：两子朋友（指称朋友间两方）丨两子邻舍（指称邻居间两方）丨两子伙伴（指称私通者男女两方）丨两子学友（指称同学间两方）。

子,《广韵》上声,止韵,即里切:子息。

"子",古代当作"人"的通称。后来兼指子女、男子、女子、子婿。如:衡山王,赐,王后乘舒生子三人:长男爽为太子,次男考,次女無采。又姬徐来生子男女四人。(《史记·淮南衡山列传》)。

"子",又指幼小的、稚嫩的。如:子猪、子姜、子城。

"两子·名亲友"的"两",是数词,在这里既指两个,又指两方。

"两子·名"的"子",从用例看,它保留了与爹娘等长辈相对的小辈的"幼小"意义,但又经历了演变,发展为指平辈的(两)方。(两)个的量同意义;当"名"为复音称谓时,比较明显。

"两子·名"的"名",主要点明两方是亲戚或是友朋关系。

从"两子·名"这个短语的结构关系看,其层次有点不好切分。"子"有(两)方、(两)个的意思,语音也停顿在"两子"上,当"名"为复音的相对称谓时,尤其明显,如"两子兄弟""两子姨丈";但是"两子"不能单独使用,而"子"有的同其后的称谓连起来,似乎能单说,如"子嫂""子叔",然而,绝大多数不能连起来单说,职,"子爷""子姨""子老哩"。全面衡量,其结构的层次关系或许暂且可切分成"两子·名亲友"。

疯发 [foŋ pue] 阴平、阳平(古入),<状动>。发疯似的生长:一落雨,田里个野草~噢|今年~个李哩树,明年唔会著几多咧。

发,《广韵》入声,月韵,方伐切:发起,又舒也。‖非母。

疯疯发 [foŋ foŋ pue] 阴平、阴平、阳平(古入),<状动>。"疯发"的前语素重叠形式,显示其修饰动作更形象、鲜明:三叔种个芋子就~,著到野多|你个头发,搭[同]草般哩[一般]~,一个月日就有两分长。

参考文献

丁声树编录　李荣参订　1981　《古今字音对照手册》,中华书局。

顾野王著　1987　大广益会《玉篇》,中华书局。

罗竹风主编　1994　《汉语大词典》,汉语大词典出版社。

罗竹风　1983　《集韵》(扬州使院重刻本),中国书店。

罗竹风　1982　宋本《广韵》(泽存堂本),中国书店。

施联朱主编　1987　《畲族研究论文集》,民族出版社。

许慎撰　段玉裁注　1981　《说文解字注》,上海古籍出版社。

(原载谢栋元主编《客家方言研究——第四届客方言研究论文集》,暨南大学出版社 2002 年版)

长汀客话词语例释（二）

　　客家人是汉族自北而南、历经数百年、辗转播迁的一支移民族系。客家话具有祖居地汉语的继承性、同旁系、旁族语接触过的交融性和经历自身发展的自演性。拿语汇来说，长汀客话就有不少古汉语和一些带着交融关系的词语以及大量本地区一般汉语词语。我们对长汀客话词语作解释时，主要引用当今长汀客话的例子，也引用一些手头有的古代、近代汉语书著的例子。让共时的事实和历时的纪录联手印证。

　　长汀家史话的词语，大多是个人日常工作、学习中偶有所得、随手记下的，并非有计划、有系统的采集，实属"散记"一类。

　　文内所列词语是"以长汀客话词语"项目下的一部分，今特地将它们连缀成篇，以纪念我们敬佩的何乐士同志，胸怀人民、务实求真、远离空谈、成绩卓越的著名学者，把毕生精力奉献给事业的真正语言学家。

　　本文列出长汀客话词语四十多条，逐条注音，标词性，释义，举例。同（近）音字在字的底部用双横线（=）标示。例子里的本词语，在都用浪纹"~"代替，双音节词重叠式仍用本词语。不止一个例子的，例子与例子之间用单竖杠"|"隔开。有关字词的考释，用双竖杠" ‖ "隔开。

　　长汀（城关）客话有五个声调：阴平 33，阳平 24，上声 42，阴去 54，阳去 21。（古阴入今阳平，古阳入今归阳去。）本文词语都标原字调类，不标连读变调，但轻声点明。①

　　事 ¹　　［sɿ］　　阳去<名>公职，事业，事故，事情，多指脑力劳动的工作，也可指日常家务活动：明生是县政府税务局做~|手术个~，只好请外科李医生做|骑摩托车，容易也~|唔［不］要讲闲谈咧，快滴［些］去做~ ‖ 事 ¹，《广韵》去声，志韵，鉏吏切：使也，立也，由也。

　　事 ²　　［ʃe］　　阳去<名>农活、工匠活、杂活、家务活，多指体力劳动的活动、工作：园里外~，盲曾［未曾］做成，又要做大田里个~|如今打石子、挖沙、捡漏儿，零散个~，都寻无来做|炙［晒］菜干、洗衫、做饭、屋下［家里］个~，做唔清 ‖ 事 ²，本字不明。

　　事 ¹**事** ²　　［sɿ ʃe］　　阳去、阳去<名>连成双音节词，泛指日常生活中的劳动，偏指事由，麻烦事：最近，手头还有野［很］多~唔曾做成|老钱女［这］

个人得人怕，忒过多~。

如今　　[i tɕieŋ]　　阳平、阴平<名>现在：~生活好得多咧，唔比以前要食芋荷、腌菜|鬼神以主宰言，然以物言不得。又不是~泥塑的神之类，只是气。（《朱子语类》一，卷第三）

皮　　[pʻi]　　上声、阳平<量>用于薄片一类的东西，相当于"片"：书里背 [里面] 夹个一~枫树叶哩，<u>野</u>好看|月亮弯弯朦朦光，坐在半山等情郎；风吹竹叶~~动，又惊又喜心又慌。（客家情歌）

取齐　　[tsʻi tsʻe]　　上声、阳平<动>聚集，集中：天光 [明天] 早晨六点钟在营背汽车站~，下龙岩市开会|先叫邹渊去登云山寨里，收拾起财物人马，带了那二十个心腹之人来店里~。（《水浒传》第四十九回）

记认　　[tɕi neŋ]　　阴去、阳去<名>记号：在树蔸边做一个~，才寻得转来|运动衫个衫袖都有~，你们唔敢拿错。

话　　[va]　　阳去<连>据说，多用于句末：大伯~时，天光会落雨~ [据大伯说，明天会下雨，据说]|细老妹得 [被] 人打嘞~ [小妹被人打了，据说]|城里猪肉跌嘞价~ [城里猪肉跌了价，据说]‖青海方言有一类句子以"说"字结尾。"说"字，汉民读作 [fo]，回民读作 [ʂo] 或 [ʂə]，轻声，很像句尾语气词。这类句子末尾的"说"，大多是该句中施事者的动作或者是"据说"，"听人家说"，例如：家不来说 [他说不来，或者，据说他不来了]|说客人明天走哩说 [客人说明天走，或者，据说，客人明天走。]（程祥徽《青海口语语法散记》，载《中国语文》1980 年第 2 期）

搭[1]　　[ta]　　阳平<动>托付；勾搭：~半斤油菜籽得 [给] 二姊忒妹子忒姣，十七岁就~嘞一个男子，唔敢要来做新妇 [这女孩子太妖冶，十七岁就勾搭了一个男子，不能要来做儿媳妇]|[混江龙] 我想这姻缘匹配，少一时一刻强为难。如何可意？怎的相知？（怕不便）脚~著脑杓成事早，（久以后）手拍著胸脯悔时迟。（《关汉卿集》赵盼儿风月救风尘）‖搭，《广韵》入声，合韵，都合切：打也。

搭[2]　　[ta]　　阳平<介>介引相关的对象，相当于"同""与"：盲敢 [还不能] 走，二姊还要~你话一样事|后日，大哥要~二叔下广东|频年做事，大概如此。但但自己折本，但是~他做伴，连伙计也弄坏了。（《拍案惊奇》卷之一，转运汉遇巧洞庭红　波斯胡指破鼍龙壳）

搭[3]　　[ta]　　阳平<连>表示联合，相当于"和""跟"：大嫂~二嫂，还有四妹哩天光一下去割韭菜|谔人有谔福，精~谔平平过 [笨人有笨福，精和笨差不多一样过日子]|第四折：[太平会][正旦唱] 除妹子别无甚妹子，除哥哥别无甚兄弟。我玉英呵世做的所为，这里，便跪膝。则鸳鸯被要知根~底。（《元曲先》一，玉清庵借送鸳鸯被）

皱皲 ［la ta］ 阳平、阳平＜形＞皮松驰、不紧：上嘞年纪个老人家哩腹屎皮[肚皮]~个|你最近瘦撒嘞，手臂个肉~下咧‖皱，《广韵》入声，盍韵，卢盍切：皱皲，皮瘦宽貌。皲，《广韵》入声，盍韵，都搕切：皱皲。

匣哩 ［ka le］ 阳平、轻声＜名＞箱子、柜子一类的东西：木~|铁~|床头个篢~，你帮偓拿过来|年一百一十八岁。门人环守其屍，至七日，容色如生，肢体温软，异香扑鼻。仍制石匣盛之，仍用石盖，束以铁锁数丈，置于石室。（《古今小说》第十四卷，陈希夷四辞朝命。）‖匣，《集韵》入声，狎韵，古匣切：匮也。

夹洽 ［tçia çia］ 阳平、阳平＜动＞沾黏，因利而联系：赖二嫂好~人，大家都野怕咧|你时，要学聪明滴，唔要动不动~人|你唔要怕，~唔到你甚么东西。‖夹，《广韵》入声，洽韵，古洽切：持也。洽，《广韵》入声，洽韵，侯夹切：和也，合也，霑也。

呗 ［pe］ 阳去＜助＞用于前分句词语之后，表示停顿或假设语气，含有"的话"的意思：你对阿三，打~，打唔倒|话~，话无用|你~，快滴去洗米做饭，唔时 [不的话]，过昼咧。

截 ［ts'ue］ 阳去＜动＞用于长条的东西，相当于"节""段"：来去买倒两~甘蔗来食|有人只理会得下面许多，都不见得上面一~，这唤做知得表，知得粗。（《朱子语类》一，卷第十六）

具 ［k'ui］ 阳去，也念 ［k'i］阳去＜量＞相当于"块""副"：一只鸡斩做四~，留一~得 [给]公爹|又过火类坳，坳下下望，有一~枯骨，长四十余里。法师问猴行者曰："山头白色枯骨一~如雪？"（《大唐三藏取经诗话》）‖具，《广韵》去声，遇韵，其遇切：备也，办也。

科 ［ko］ 阴平＜动＞摊派；按人凑（份子钱等）：赵家三兄弟~嘞三万块钱，做嘞一隻屋|大家多~滴子钱，送满叔公住院做手术|是时帑藏空竭，遂敛敷民间，云免百姓往燕山打粮草，每人~钱三十贯，以充免役之费。（《朱子语类》八，卷第一百二十七）‖科，《广韵》平声，戈韵，苦禾切：程也，條也，本也，品也，又科断也。

果子 ［ko tsi］ 上声、上声＜名＞水果、干果、制过的果品：梅生：去亲戚屋下 [家里] 食酒度，要带橘饼、冰糖一类个|一次，他为东家挑了一担~到城里卖，喊了一整天，把嗓子都喊破了，也未卖出几斤（白亮、周东旭《陕北汉子杜修贤》载《三秦都市报》1998年11月22日）|老儿和这小厮上街来买些鲜鱼、嫩鸡、酿鹅、肥鲊、时新~之类归来。（《水浒传》第四回）

老哩 ［lɔ le］ 上声、轻声＜名＞老儿、老人：行到路口，有个六七十岁~在樟树荫下吹凉|白须~钓金龟|（杨思温）沿墙且行数十步，墙边只有一

个家，见一个老儿在里面打细线，向前唱喏道……（《古今小说》第二十四卷，杨思温燕山逢故人）

告　[kɔ]　阴去〈动〉牛、羊等动物以头角顶撞：刘大伯得[被]牛~咧，腰都直唔起来咧|珍珍，行开滴，老羊牯也会~人。‖告，《集韵》去声，号韵，居号切：《说文》：牛触人，角著横木，所以告人也。长汀客话也说作"鬥"təu阴去〈动〉。现今长汀县城南还有个地名叫"牛鬥头哩"。

鬈　[ciɔ]　阳平〈量〉用于细长的东西，相当于"条"：撕一~雪片糕来尝下子|酿[香]肠切做一~一~，留来炒韭菜‖鬈，《广韵》平声，萧韵，洛萧切：细长。

头那甲　[t'əu na ka]　阳平、阳平、阳平〈名〉左右两边太阳穴之间的额头骨架，"头那"指"头""头脑"：你唔要话咧，话到人~都疾个咧|唉哟，你手脝帮偓~撞着嘞。‖那，本字不明。甲，《广韵》入声，狎韵，古狎切：甲兵，又铠也。

坛场（坛）　[t'aŋ tʃ'ɔŋ]　阳平、阳平〈名〉场所，处所：落雨天，大坪哩无~炙[嗮]衫|看道理，须要就那简大处看，须要前面开阔，不要就那壁角里去。而今须要天理人欲，义利公私，分别得很明白。将自家日用底与他勘验，须渐渐有去处。若不去那大坛场上行，理会得一句透，只是一顺，道理小了（《朱子语类》一，卷第十三）|第一折：[萧丞相]……那韩信元是小官举荐的。他登坛拜将，五年之间，蹙项兴利，扶成大业。（《元曲先》一，随何赚风魔蒯通）‖坛，《广韵》平声，寒韵，徒干切：封土祭处。

烂漫　[laŋ maŋ]　阳去、阳去〈形〉丰饶、富足有余：饭菜十分~，尽你们食|如今凉鞋~到了唔得，卖都卖不动|准备嘞柿饼一大篓，烂烂漫漫，够得你分俵‖烂，《广韵》去声，翰韵，郎旰切：火熟；又明也。漫，《广韵》去声，换韵，莫半切：大水。曼，《广韵》去声，愿韵，无贩切：长也。《汉语大词典》给"烂漫"立了十几个义项。我们粗略地把它们分为两大类：表示烂熟、灿烂、美丽的和表示茂盛、繁多、弥漫的。长汀客话表示"丰饶、富足有余"的"烂漫"，可能从"茂盛、繁多、弥漫"的"量多"义演变而来。例如：（1）汉，张衡《西京赋》：僵禽毙兽，烂若碛砾。"烂"为"繁多"义。（2）宋，叶適《祈雪文》：淳、绍之交，大雪烂漫，平地累尺，而人以过寒为患。"大雪烂漫"是说"大雪众多、弥漫"。（3）宋，苏舜钦《吴越大旱诗》：寻常杭稼地，烂漫长荆棘。意思是"过多长荆棘，疯长"。

羼　[ts'aŋ]　阴去〈形〉顽皮、爱玩闹：金水生一日到暗，趯趯趒趒，打打闹闹，十分~|喤哟，矮牯子，你左摸一下，右踢一下，无滴停歇，羊般解~[怎么那样顽皮]。羼，《集韵》去声，裥韵，初苋切：羊相厕也。一曰傍入，一曰相出前。《说文解字注》羴部，羼，羊相厕也。段玉裁注："厕，杂也"，

"相厕者，杂厕而居"，引申为错乱搀杂。

眼 ［ŋaŋ］ 上声〈量〉用于房间、店铺等事物，相当于"间"：正厅两边有四~间，后厅背还有两~间小二哥道："劈牌定对的好汉在那房里安歇？"店小二道："我这里没有。"那伙人道："都说在你店中。"小二哥道："只有两~房，空着一~，一~是个山东货郎扶着一个病汉赁了。"（《水浒传》第七十四回）

沾 ［tiaŋ］ 阴去〈动〉渍湿，添加：明生，早晨去菜园里，唔敢得 ［被］ 露水~到一身｜揽茹蕙以掩涕兮，霑余襟之浪浪（屈原《离骚》）｜是以肠一日而九迴，居则忽忽若有所亡，出则不知其所往。每念斯耻，汗未尝不发背~衣也。（司马迁《报任安书》）｜左伯桃冒雨荡风，行了一日，衣裳都~湿了。（《古今小说》第七卷，羊角哀舍命全交）‖沾，《广韵》去声，桥韵，都念切：水名，在上党。霑，《广韵》平声，盐韵，张廉切：霑湿也，又法濡也，渍也。《说文解字注》水部：沾，沾水，出上党，壶关。一曰沾，益也。段玉裁注：沾，添古今字，俗制添为沾益字，而沾之本义废矣。……窃疑《诗·小雅》"既霑既足"，古本当作沾。"既瀀既渥"言厚也。"既沾既足"，言多也。

惊怕 ［tɕiaŋ pʻa］ 阴平、阴去〈动〉怕；耽心：特地为你留门，大门唔曾插，~你半夜里会转来｜阿哥要来你就来，洋布花伞莫送催，咁好东西惹人眼，~阿哥惹祸灾（客家情歌）｜（鲁云：）兀那李四，你休惊莫怕，你是无罪的人，你起来。（《关汉卿集》包待制智斩鲁斋郎）

并（並） ［peŋ］ 阴去〈连〉表示联合，相当于"和""跟"：天光，你~长寿、四珍共下坐汽车去福州｜史进当头，朱武，杨春在中，陈达在后，和小喽啰~庄客，一冲一撞，指东杀西（《水浒传》第三回）｜苗太监首："秀才你回下处去，待来日蚤辰，我自催促大官人，着人将书~路费一同送你起程。"（《古今小说》第十一卷，赵伯昇茶肆遇仁宗）‖並，《广韵》上声，迥韵，蒲迥切：比也。并，《广韵》去声，劲韵，畀政切。

问 ［meŋ］ 阴去〈介〉介引相关的对象，相当于"问"：李长生旧年哩还~张大伯要过一斤粉干｜俺娘儿两个过其日月，家中颇有些钱财。这山阳郡有个窦秀才，从去年~我借了五两银子，如今本利该银拾两（《关汉卿集》感天动地窦娥冤）｜众人道："这小鸟儿，又非鹦哥，又非鹧鸪，却会说话。我们要~这孩子买他顽耍，还了他一贯足钱，还不肯。"（《古今小说》第二十一卷，临安里钱婆留发迹）

人手 ［neŋ ʃəu］ 阳平、上声〈名〉人力：做屋~唔够，要请倒几个邻舍来帮忙｜目前，屋下 ［家里］ 就你两子爷，无~做更大个生意。

尽在 ［tsʻeŋ tsʻai］ 阳去、阴去〈动〉由，随便：今晡留唔留下来食暗［吃晚饭］，～你｜大伯、二叔去深圳啊，唔在面前，俚呗，甚么事唔晓，～你一个人话啊。‖盡，《广韵》上声，轸韵，慈忍切：竭也，终也。在，《广韵》上声，海韵，昨宰切：居也，存也。

乘　　［ʃeŋ］　阳平〈量〉用于车、轿等工具，相当于"辆"：嫁人家女［闺女］，单～轿唔行，要租两～轿｜那娼妓见父亲被雷横打了，又带重伤，叫一～轿子，径到知县衙门诉告。（《水浒传》第五十一回）‖乘，《广韵》去声，证韵，实证切：车乘也。又食陵切。

擒　　［kʻeŋ］　阳平〈动〉用器具捕捉、盖上：快用鸡擒～稳鸭公｜拿米筛来～麻芯雀哩‖擒，《广韵》平声，侵韵，巨金切：急持。

汪濊　　［vɔŋ ve］　阳平、阳去〈形〉深广，众多：十五六岁后生哩，著肉个时节，食东西十分～，三大碗饭还唔够｜刘旺牯有气力，做事汪汪濊濊，唔知累｜於时上富于春秋，望德～（三国•魏，曹植《魏德记》）‖汪，《广韵》平声，唐韵，乌光切：水深广。濊，《广韵》去声，泰韵，乌外切：汪濊，源广。

放赦　　［piɔŋ ʃa］　阴去、阴去〈动〉前回，你偷脚踏车，所长～嘞你，女［这］回又再犯事｜（吴山）睁着眼道："……适才承你羹饭纸钱，许我荐拔，我～了你的儿子，不在此作祟。"（《古今小说》第三卷，新桥市韩五卖春情）‖放，《广韵》去声，漾韵，甫妄切：逐也，去也。

凉笠哩　　［tiɔŋ ti le］　阳平、阳平、轻声〈名〉麦秆、竹片之类编制的遮阳笠子：今晡热头野大，下田里要记得戴～｜早先客家妹子出门做事，都有一顶～｜杨志戴上凉笠儿，穿着青纱衫子系了缠带行履麻鞋，跨口腰刀，提条朴刀（《水浒传》第十六回）‖笠，《广韵》入声，缉韵，力入切：雨笠。

样事　　［iɔŋ sʅ］　阳去、阳去〈助〉表示类举未尽，相当于"等等"：有嘞糖尿病，香蕉、梨、桃～个东西，唔敢多食｜知话［听说］，暗晡会落雨，坪哩个鸡鹅鸭隻～，要早滴关起来。

筒　　［tʻɔŋ］　阳平〈量〉筒状物的单位，相当于"段"、"节"：桌边还有一～蔴子饼，先拿去傍酒［下酒］｜王师傅，歇下子，卷倒一～烟来食。

双（雙）　　［soŋ］　阴平〈量〉用于成对的东西：大姊帮你做正嘞做嫁妆个两～鞋，一～红个，一～乌个｜要买倒一～尖头皮鞋来着｜葛屦五两，冠綏双止。鲁道有荡，齐子庸止。既曰庸止，曷又从止？（《诗经》齐风，南山。双，朱熹注："叶所终反"）‖雙，《广韵》平，江韵，所江切：偶也，两隻也。

填置　　［tʻiẽ tʃʅ］　阳平、阴去〈动〉劝解、安慰：大伯婆野会话事，会～人，一下子将秀珍妹劝解到唔转外家头［娘家］住啊｜前日二嫂得［被］老公气病嘞，你去～下子佢｜于是鹡鸰在旁，乃是雀儿昆季。颇有急性之情，不离左右看待。既见燕子畅快，便即向前填置："家兄能忏明公，下走实增厚愧。窃闻狐死兔悲，物伤其类；四海尽为兄弟，何况更同臭味……"（刘坚编著《近代汉语读本》燕子赋）

饭饮　〔pʰü ieŋ〕　阳去、上声〈名〉大米煮关熟后、捞出饭粒、剩下的饭汤；可以单独饮用，也可以做菜汤用：二妹哩，嘴野燥，舀一碗～来食｜今哺下锅个米较少，～无几多，唔够做其菜汤食。

端　〔tü〕　阴平〈量〉用于屎尿一类东西，相当于"堆""泡"：屙倒一～尿来再出街｜猫又在路边屙嘞两～屎‖端，《广韵》平声，桓韵，多官切：绪也。

参考文献

陈炜萍、何光溪、钟震东搜集整理　1985　《客家传统情诗》，海峡文艺出版社。

冯梦龙编 许政扬点校　1991　《古今小说》（喻世明言），人民文学出版社。黎靖德编
王星贤点校　1994　《朱子语类》，中华书局。

凌濛初著，陈迩冬、郭隽杰校注　1991　《拍案惊奇》，人民文学出版社。

马欣来辑校　1996　《关汉卿集》，山西人民出版社。

施耐庵、罗贯中著　1975　《水浒传》，人民文学出版社。

臧晋叔编　1958　《元曲选》，中华书局。

（原载《何乐士纪念文集》，语文出版社 2009 年版）

长汀客话词语例释（三）

　　方言词语的调查、采集，多半有个词汇手册一类的东西，照"本"提问记录；不过，也有不少词语，并非凭"本本"收集的。有的说母语的学人，执着于事业，不分寒暑早晏、饭前枕边，若有所得，当即录下该词语；或者阅读报纸杂志、文学作品、名著典籍，就随手勾画记取。这些有点像在旷野里采集散见的稀有矿石那样捡拾到的词语，多半会超出一般手册范围，实证性强，乡土味足，较能真切地彰显本方言的特色。

　　本文拟列出多年来所捡拾的长汀客话词语六十多条，逐条注音、标词性、释义、举例。（同（近）音字，在字的底部用双横线"="标示。例子里的本词语，用波纹"~"代替，不止一例的，在例与例之间用单竖杠"|"隔开。有关字词考释，用双竖杠"‖"隔开。）

　　本文词语都标原字调类，不标连读变调，但轻声点明。①

　　事头　[sๅ t'ɯ]　阳去、阳平。<名>。事由，事故：唉呀，水莲妹从细里会泻腹、气紧，~野[很]多|大嫂前情有也无，有嘞前情莫恋哥。一男只有配一女，两男一女~多。（客家情歌）

　　撲　[p'u]　阳平。<量>。用于成堆的事物，相当于"堆"：厅下里还有一~鸡屎，唔曾扫撇|人自心若一毫私意未尽，皆足以败事。如上有一点黑，下便有一~黑，上有一毫差，下便有寻丈差。（《朱子语类》一，卷第十三）‖撲，《广韵》入声，屋韵，普木切：拂着。

　　乌头虫　[vu t'ɯ tʃ'oŋ]　阴平、阳平、阳平。<名>。当地传说中一种头呈黑色的虫，常喻指忘恩负义或恩将仇报的人：癫牯胆头忤逆爹娘[父母]，就像~|你大嘞要孝顺爹爹，唔敢做~。

　　乌子泡　[vu tsๅ p'ɔ]　阴平、上声、阴去。<名>。身体某处受碾压而淤血的黑色鼓起物：手指公个~，挤撇血水，擦滴子红药水，好得快。

　　薯饼　[ʃu p'iaŋ]　阳平、阴平。<名>。汀州地区一种圆形饼状食物，大薯用藜缽刷成薯浆，加上葱丝等作料，在铁锅上煎烤成：秋天咧，城里水东桥头有煎~卖咧|三叔婆做个~，又香又软选，野[很]好食。

　　瘩　[ta]　阳平。<量>。用于成团的东西，相当于"团""堆"：门边还有一~口澜［口水］，你要扫净来｜大嫂吐嘞两~浓痰，胸口就安乐滴子咧。

榨劲 ［tsa tɕieŋ］ 阴去、阴去。〈形词〉。使劲：你身体无几好，搬砖、托水泥时，唔敢解［那麼］~｜木长生做操，唔惜力，做甚麼事都野~。

者（縒） ［tʃa］ 上声。〈形〉。黏，结：王三嫂见人有事话，忒过~｜赖叔婆到哪块哩都要坐下来嬲，~到了唔得‖縒，《广韵》上声，马韵，竹下切：縒絭，相著貌。

捨己 ［ʃa tɕi］ 上声、上声。〈形〉。花钱阔绰，不吝惜：王水生今晡十分~，斫嘞［买了］五斤猪肉｜赵明哥有铜钱，捨得食，捨得著，做各样事都野~‖捨，《广韵》上声，马韵，书冶切：释也。

塞 ［se］ 阳平。〈形〉。蔽塞：四都、腊口一带，一二十年前，还无马路，杂树藜蓬隔隔间间，还野~｜城东北，过嘞郑坊哩，排下，就係天井山，岭高路窄，忒过~，十分唔好行‖塞，《广韵》入声，德韵，功则切：满也，窒也，隔也。

鸡擒 ［tɕie kʻeŋ］ 阴平、阳平。〈名〉。竹制网状、中空圆锥形、圈住鸡鸭禽类的器具：喊三叔编倒一个~来擒鸡｜烂撇嘞~，擒唔得鸡鸭咧，拿去丢撇佢［拿去扔掉它］‖擒，《广韵》平声，侵韵，巨金切：急持。

结 ［tɕie］ 阳平。〈形〉。黏：饭糁无~，糊唔稳信封｜蜂蜜弄到一桌，黐黐~~‖结，《广韵》入声，屑韵，古屑切：缔也。黐，《广韵》平声，麻韵，女加切：黐黐，黏着。

结认 ［tɕie neŋ］ 阳平、阳去。〈动〉。因感情好，非亲属结成似亲属关系；结拜：张大妹哩前年~王二叔做爹哩｜赵玉珊搭刘水秀两人在城里租屋住，有事无事常来往，就~做姊妹，两人共一下做小本生意。

爱好 ［ue hɔ］ 阴去、上声。〈形〉。多指交往礼仪的厚重：亲家十分~，又送金戒指，又送金镯｜唔要解~［不要那么厚重］，还送绸子布来，你自家都无甚麼铜钱。

阔荡 ［kʻue tʻɔŋ］ 阳平、阳去。〈形〉。宽广：出后门，就有个野~个茶山｜枫桥头坝园哩十分~，做得篮球场。

快赛 ［kʻue sai］ 阴去、阴去。〈形〉。快，迅速：你唔要催，细人哩屙屎野~｜买倒嘞豆腐，快快赛赛转来。

快市 ［kʻue ʃɿ］ 阴去、阴去。〈形〉。货物行销快，出手容易：近几日店里赤糖十分~｜大哥，唔~个红瓜子，要少入货。

跢跢跢跢 ［to to to to］ 阳平、阳平、阴去、阴去。〈状形〉。描摹走路的声音及样子：记得小梅，一岁多滴子就会~学行路｜公爹真哥［箇］老撇嘞，行起路来都像细人哩般哩，趄斜边倒，~‖跢，《广韵》去声，箇韵，丁佐切：小儿行也。

落踏 ［lo t'a］ 阳去、阳去。〈动〉。停留，歇息：李大伯公常在陂角哩秋生屋下［家里］~｜你来涂坊时，可以到学堂里来~。

做发 ［tso pue］ 阴去、阳平。〈动〉。出现要生孩子的兆头，临盆：戴嫂话腹屎［肚子］疾咧，怕要~咧｜二姊早晨~，到下昼，妹子正供［生］下来。

各自 ［ko ts'i］ 阳平、阳去。〈形〉。特别；生分：你呗，在同学当中唔合群，有滴子~｜陈友发女［这］个人，更~嘞，唔搭人话事咧‖自字，待考。

倒转 ［tɔ tʃũ］ 阴去、上声。〈动〉。回转，回：金子，你去学堂哩上课，羊般~来嘞？［怎么回转来了］｜阿妹作水过田塍，后边跟来一个人；心想同郎讲句话，假丢银簪~寻。（客家情歌）

套头 ［t'ɔ t'əɯ］ 阴去、阳平。〈名〉。手续，招数：老张哩剧鸭，要磨刀，要换衫裤，要挑凳子，~十分多｜王大伯讨新妇，比较简单，无解多~。

燥敛 ［tsɔ liẽ］ 阳平、上声。〈形〉。乾燥：清早落嘞滴子雨，炙［晒］嘞一上昼热头，街路汗［上］相当~咧｜地下里唔会湿，还~，著得布鞋‖燥，《广韵》上声，皓韵，苏老切：干燥；燩，《广韵》平声，豪韵，作曹切：火馀木也。敛，《广韵》上声，琰韵，良冉切：收也。

躁 ［tɔ］ 阴去。〈动〉。躁动，抓挠：先头子，有滴子唔得过，像有蚁公在腹心里~稳嘞般哩［刚才，有点儿难受，像有蚂蚁在肚子里抓挠一般］｜你行过来，唔要跑来跑去~你嫔姐［祖母］‖躁，《广韵》去声，號韵，则到切：动也。

造恶 ［ts'ɔ o］ 阳去、阳平。〈动〉。作恶（与行善相对），佛家语指杀害生灵，做坏事：捉田鸡［青蛙］、食田鸡女［这］种~个事，秋生你唔敢做｜曹旺子你又~，诈骗马三妹个钱财｜第三折［滚绣球］……有德的，受贫穷，更命短；~的，享富贵，又寿延（《关汉卿集》感天动地窦娥冤）｜宋江道："某等众人无处容身，暂占水泊，权时避难，~甚多。……"（《水浒传》第五十五回）

好得 ［hɔ te］ 上声、阳平。〈形〉。好意思：得［被］爹哩批评嘞，满妹哩有滴子面谢谢哩，唔~咧｜数学只考嘞五十分，你还~去二姑婆解里［那里］食酒席！

嬠意 ［liɔ i］ 阳去、阴去。〈形〉。令人喜悦，有意思：隔壁张家个细妹子，一岁多滴子，笑眯眯哩，野~｜你回回转来，搭大哥大嫂讲口、闹分家，无滴~［无什么意思］。

缴嘞 ［tɕiɔ le］ 上声、轻声。〈动〉。罢了，算了：张木生，人牙［家］马泉水认输咧，~，唔要再骂咧｜~，石金生你唔要寻王火长打架咧‖缴，《广韵》上声，篠韵，古了切：缠也。

腰 ［ci］ 阴平。〈量〉。用于裤子一类的东西，相当于"条"：今晡一日，三妹哩就做成嘞三~丝绸长裤｜过两日子，上百货大楼再买倒几~短裤子来着。

留粮　[tiəu tioŋ]　阳平、阳平。〈动〉。存留（粮食财物等）：食东西，马火长<u>女</u>个<u>倈</u>子 [这个男孩]，忒过无~｜一家一计过日子，要省俭，要学会~，正过得好。

鬥性　[təu siaŋ]　阴去、阴去。〈形〉。切合性情，合脾气：康秋生两公婆你话偓做，合得来，十分~｜蔡稳牯做事十分<u>摸</u> [慢]，搭你唔~‖鬥，《广韵》去声，侯韵，都豆切：鬥竞，《说文》：遇也。

透火　[t'əu fo]　阴去、上声。〈形〉。（事态发展）严重，厉害：王水秀<u>女</u> [这] 回肺部受感，发烧，气短，病情十分~｜菊生做生意蚀嘞本，无铜钱还债，急到<u>野</u>~。

手艺　[ʃəu ni]　上声、阴去。〈名〉。谋生的本事，多指木匠、石匠等匠工的技艺：林金长从小投嘞张师傅，~<u>野</u>巧，<u>野</u>会做家具｜予圜视大骇，然后知其术之工大矣。继而叹曰："彼将捨其~，专其心智，而能知体要者与？吾闻劳心者役人，劳力者役于人，彼其劳心者与？……"（柳宗元《梓人传》）

埑　[tsiəu]　阳平。〈动〉。堵塞：后厅背，天井个水涵窿~稳嘞，唔甚么流水咧｜<u>女</u> [这] 几日腹心里唔通畅，好似~嘞气般哩‖埑，《广韵》入声，屋韵，侧六切：塞也。

挨为　[ai vi]　阴平、阳去。〈连〉。用于连接分句，相当于"因为"：~你日日下城卖菜，弄到明生食朝都食唔饱｜李木生转屋下嘞，~娭哩 [母亲] 得嘞大病‖挨，《广韵》平声，皆韵，乙谐切：推也。亦背负貌。

大拉拉哩　[t'a la la le]　阳去、阴平、阴平、轻声。〈状形〉。大得像要拉才动的样子；大模大样：蔡老板挺起腹屎 [肚子] ~行入来｜那妇人便说道："你这厮在山上时，<u>大落落地</u>坐在中间交椅上，由我叫大王，那里采人！（《水浒传》第三十三回）｜那月娥妆做个认得的模样，<u>大刺刺</u>走进门来，呼爷叫娘，都是姚乙教熟的（《拍案惊奇》卷之二，姚滴珠避羞惹羞，郑月娥将错就错）‖拉，《广韵》入声，合韵，卢合切：僻也，戾也。刺，《广韵》入声，曷韵，卢合切：折也，败也，摧也。落，《广韵》入声，铎韵，卢各切：零落。草曰零，木曰落。又始也。聚落也。

擦（擖）　[ts'ai]　阳平。〈动〉。搓，磨：~锅灶板｜四珍，饭甑个木盖哩，用沙子~白来‖擖，《集韵》入声，曷韵，七曷切：摩也。

戒水　[kai ʃu]　阴去、上声。〈形〉。讲究：你好~，有盐有味个酿 [香] 肠，还要蘸麻油｜董成富真~，食饺子还要另炒两个菜，煮鸡蛋汤。

横……直……　[vaŋ……tʃʅ……]　阳平……阳去……〈动语〉。"横""直"用在同一个动词前边，构成"横 V 直 V"式短语，表示随便做同一个动作。"横打直打"意思是"随便打"：赖木生平时横话直话，常回得罪人 [平时随便说话，经常得罪人] ｜细妹子，你唔敢横从直坐，坐到裤子野龌龊。

横¹横² ［vaŋ vaŋ］ 阳平、阴去。〈形〉。字形相同，调类不同的两个字连成双音节词，表示蛮横不讲理。横¹，可单说，表示蛮横；横²，不单说。"横¹横²"可作"ΛΛ口口"式重叠：李木生做细哩 [从小] 动不动就会打人，十分~｜壮牯子，木头手枪係王金生借你搞个，问嘞你好多回，都唔肯还人，你好~｜欠嘞元生妹五百块钱，三年多无还人，还要骂人，赖牯你横¹横¹横²横²，得人怕‖横，《广韵》平声，庚韵，户盲切：纵横也。又横《广韵》去声，映韵，户孟切：非理来。

儃儳 ［laŋ ts'aŋ］ 阳平、阳平。〈形〉。外形凌乱，难看：刘金金唔梳唔洗，头毛~，告化子般哩｜张牛牯从细哩发来个 [从小生来的]，目暴暴哩，鼻公扁扁哩，面相儃儃儳儳，无几好看‖儃，《集韵》平声，谈韵，户甘切：儃儳，貌恶。儳，《集韵》平声，咸韵，锄咸切：《说文》：儳互不齐也。

平正 ［p'iaŋ tʃaŋ］ 阳平、阴去。〈形〉。平稳妥帖，不歪不斜：做大人个，心一定要~，大子细子一般般，唔敢偏颇｜这道理，若见得到，只是合当如此。如竹椅相似，顺着有四隻脚，平平正正，方可坐；若少一隻脚，决是坐不得（《朱子语类》一，卷第九）

硬挣 ［ŋaŋ ts'aŋ］ 阳去、阳去。〈形〉。硬实：王则背脊头肉转转哩，十分~｜今晡米果 [糍粑] 蒸得唔会夭 [软]，野~｜[胡子传云] 我说来麽。你可不依我。这死狗扶不上墙的。[扬州奴云] 哥，不是扶不上，我腰里货不~哩。（《元曲选》一，东堂老奴破家子弟）

桁 ［haŋ］ 阳平。〈量〉用于长条形的东西，相当于"根"：张小娣，去拿三~香过来点｜秀秀，快去托一~长竹篙，上船来‖桁，《广韵》平声，庚韵，户庚切：屋桁。

赢由 ［iaŋ iɯ］ 阳平、阳平。〈名〉。得利的原由；得到的便宜：一件衬衫，如今要五十块钱，无甚麽~｜满姑，今晡多买嘞十斤角豆，有几多~？

本本 ［peŋ peŋ］ 上声、上声。〈副〉。本来；原来：玉镯~係你个，唔係二妹哩个｜马火生~话嘞会来食酒个，羊般还唔曾来？

本心 ［peŋ seŋ］ 上声、阴平。〈名〉。原来之心，良心：人无~，雷公都会打｜自古圣贤以心地为本，圣贤千言万语，只要人不失其~。（《朱子语类》一，卷第十二）

分相 ［feŋ sioŋ］ 阴平、阴平。〈形〉。待人、处事分明，清楚：老董为人精细，做个账目野~｜陈石木记性好，座谈会内容一五一十分分相相学你知‖相，《广韵》平声，阳韵，息良切：共，供也。瞻，视也。《说文解字注》目部，相，省视也。从目木。[段玉裁注：按目接物曰相，故凡彼此交接皆曰相]

敦对 ［teŋ tue］ 阴平、阴去。〈形〉。合适：油盐~、丝茅成菜｜李会计记账、收款，做甚麽事都一一二二，敦敦对对‖敦，《广韵》平声，魂韵，都昆切：迫也，亦厚也。

精致 ［tseŋ tʃɿ］ 阴平、阴去。〈形〉。细致周到；干净利落：周家讨嘞个新妇野~，上厅下厅日日扫｜花劳夫妻几口儿，朝暮精精致致供茶献酒供食，伏侍宋江（《水浒传》第三十三回）｜宋四公喫了三两盃酒，只见一个精精致致的后生，走入酒店来（《古今小说》第三十六卷宋四公大闹禁魂张）

静适 ［tsʻeŋ ʃɿ］ 阳去、阳平。〈形〉。环境安静、宜居：老屋哩在岭脚下，较~，留得 [给] 伯婆养老｜赵屋三哩哥住在枫桥头马路边，忒过吵闹，无滴~。

身 ［ʃeŋ］ 阴平。〈量〉。用于服装一类的东西，相当于"套"：今晡一上昼洗嘞四五~衫裤｜康秋生前两日买嘞一~西装，深蓝个，又好看，又合体。

唵 ［oŋ］ 上声。〈动〉。吃，进食：火长，厨子里还有一具鸡髀，拿去~｜屋下 [家里] 还有无可以~个东西？‖唵，《广韵》上声，感韵，乌感切：手进食也。

康健 ［kʻoŋ tçʻiẽ］ 阴平、阳去。〈形〉。健康：公爹八十多岁咧，无甚麽大病，还野~｜［雁儿落］你而今病疾儿都较痊？你而今身体全~？当初咱那埚儿各自别，怎承望这答儿重相见？（《关汉卿集》闺怨佳人拜月亭）

两下半 ［tioŋ ha paŋ］ 上声、阳去、阴去。〈副〉。很快：马木长，真后生哩，一碗饭~食落去嘞｜你坐下来歇一套子 [一会儿]，菜~就炒好嘞。

崠脑 ［toŋ nɔ］ 阴去、上声。〈名〉。山顶：徐大哥爬到山~去斫樵咧｜高山~一蓬茶，两人坐到茶蓬下；哥哥坐到妹身上，当得皇帝坐天下（客家情歌）‖崠，《广韵》去声，送韵，多贡切：山脊。

倾 ［kʻoŋ］ 阴平。〈动〉。倒，覆：竹筒里个豆哩~到钵头里来｜［正旦云］我有甚麽药在那里？都是他要盐醋时，自家~在汤儿里的（《关汉卿集》感天动地窦娥冤）｜（阎婆）取酒~盆里，舀半旋子，在锅里烫热了，~在酒壶里（《水浒传》第二十一回）‖倾，《广韵》平声，清韵，去营切：侧也，伏也，敧也。

连檕 ［liẽ la］ 阳平、阳平。〈动〉。连续；联着：前两日落细雨，昨晡又落大雨，~落嘞好几日个两｜零五年七妹哩过世，零六年长寿老弟，零七年彭石木、董石金又唔在嘞，女 [这] 几年连连檕檕过身嘞四五个亲戚朋友‖连，《广韵》平声，仙韵，力延切：合也，续也。槤，《广韵》入声，葉韵；良涉切；《说文》：理持也。

　　䤐　[ts'iẽ]　阴去。〈动〉。用刀、斧等一点一点往下劈、分：你帮偓女[这]块皱丝樵~开来｜以前，家乡个细人哩都好~甘蔗搞嫽[玩耍]‖䤐，《广韵》去声，艳韵，七艳切：插也，《抢衡》曰：断木为䤐。

　　捐刷　[tçiẽ sue]　阴平、阳平。〈动〉。占小便宜；剥削：二妹哩，你唔敢随便尝小摊贩个点心，~人家｜赖嫂平时好捐捐刷刷，有一回，帮人绑篮子个松紧带，拿走嘞。

附　注

　　① 长汀客话连读变调情况，请参看饶长溶《福建长汀（客家）方言的连读变调》一文（《中国语文》1987 年第 3 期）

（原载罗肇锦、陈秀琪主编
《客语千秋——（台湾）第八届客方言学术研讨会论文集》，
台湾"中央大学"客家语文研究所，
台湾客家语文学会 2010 年版）

民间故事标音

seɿ maˇ t'ioˇ ɿʦoˇ tʃ'əɯˋ tʃ'oŋˊ keˇ kuˋ leˊ
虱 嫲 跳 蚤 臭 虫 个 古 哩*①

seɿ maˇ t'ioˇ ɿʦoˇ tʃ'əɯˋ tʃ'oŋˊ saŋˋ keˇ neŋˇ koŋˇ həɯˋ.
虱 嫲 跳 蚤 臭 虫 三 个 人 讲 口②。

seɿ maˇ maˇ t'ioˇ ɿʦoˇ: ʃeŋˋ tʃ'ũˋ t'eˊ liˊ hoˋ, ŋɔˋ neŋˇ heˊ iaˋ oˊ,
虱 嫲 骂 跳 蚤: 身 穿 铁 篱 壳, 咬 人 係 野 恶③,

teˋ neŋˇ tiˋ aˋ taɿ iˋ tɔˋ, kaŋˋ ŋaiˋ seɿ maˇ iˋ haˋ ʦoˋ. t'ioˇ ɿʦoˇ
得 人 知 啊 吔 一 倒④, 间 催 虱 嫲 一 下 捉⑤。 跳 蚤

maˇ seɿ maˇ: peˋ tɕioˋ niˋ niaˇ, ŋɔˋ neŋˇ heˊ iaˋ p'aˋ, teˋ neŋˇ
骂 虱 嫲: 八 脚 腻 胘,⑥ 咬 人 係 野 怕, 得 人

tiˋ aˋ taɿ iˋ tɔˋ, kaˊ ŋaiˋ t'ioˇ ɿʦoˇ iˋ haˋ maˇ. tʃ'əɯˋ tʃ'oŋˊ vaˋ,
知 啊 吔 一 倒, 间 催 跳 蚤 一 下 骂。 臭 虫 话,

m̩ˊ niɔˋ koŋˋ, m̩ˊ niɔˋ koŋˋ, laiˋ ʦoˋ ŋaiˋ: piaŋˊ ŋaˊ ʦ'aiˋ ʦ'aˋ
唔 要 讲, 唔 要 讲, 来 做 催: 俴 啊 在 蓆

haˋ, teŋˋ neŋˇ ʃueˋ aˋ taɿ iˋ tʃ'oˋ, teŋˋ tɔˋ muˋ tʃuˋ ʦɿˋ keŋˋ
下,⑦ 等 人 睡 啊 吔 一 着, 顿 到 目 珠 子 根

haˋ. seɿ maˇ t'ioˇ ɿʦoˇ vaˋ tʃ'əɯˋ tʃ'oŋˊ: niˋ ʃeŋˋ tʃ'ũˋ hoˋ pɔˋ,
下⑧。 虱 嫲 跳 蚤 话 臭 虫: 你 身 穿 荷 包,

tʃueˋ ts'iɔŋˊ t'eˊ ts'ioˋ, iˋ ʃeŋˋ p'oŋˋ tʃ'əɯˋ, hɔˋ tiˋ ʃuˋ muˋ tʃ'ˋ
嘴 像 铁 锹, 一 身 蜂 臭, 好 滴 甚 么 腔

kɔˋ.
高⑨。

---

* 本民间故事, 1982 年 4 月长汀县汀州镇东门街马许二嫂讲, 饶长溶录音, 于 1987 年整理, 1997 年注释。

译文：

虱子、跳蚤、臭虫的故事

虱子、跳蚤、臭虫三个家伙吵架。虱子骂跳蚤：身上穿着铁篱笆般的外壳，咬起人来非常狠恶，让人一觉察出来，连我虱子一块儿逮着。跳蚤骂虱子：八只脚轮番蠕动多腻歪，咬起人来非常可怕，让人一觉察出来呀，连我跳蚤一下骂。臭虫说，不要吵，不要吵，都来学我，像我一样：早早地藏在那席子底下，等人一睡着呀，你就啃吧，吸吧，撑到眼珠子都动不啦。虱子、跳蚤就一起数落臭虫：你身上穿着扁塌塌荷包那玩意儿，嘴巴尖得像铁锹，满身臭烘烘的，你有什么可自吹自擂的地方！

附　注

① 个 ke˧ 轻声。〈助词〉的。古哩 ku˦ le˧ 上声、轻声。〈名词〉故事。

② 虱嫲 se˦ ma˦ 阳平、阳平。〈名词〉虱子。讲口 kɔŋ˦ həu˦ 上声、上声。〈动词〉吵口、吵架。

③ 係野 he˩ ia˦ 阳去、上声。动词"係"和副词"野"也可以连着说成 ha˧，共同表示"非常""很"的意思。"係野恶"就是"非常恶""很恶"。

④ 得 te˧ 阳平（古入声）。〈介词〉被、让。啊 a˦ 轻声。本字待考。像是助词。位于动词之后、补语之前，表示动作"才刚"完成的"刚然"意义。吋 tai˦ 轻声。本字待考。近似语流中的衬音助词，有时可不用。倒 tɔ˧ 轻声。虚化动词，用作补语，相当于普通话表结果的"着""见"的意思。"得人知啊吋一倒"意思是"一被人知晓了"。

⑤ 间 kaŋ˦ 阴去。这里用作介词：连、连同。一下 ia˦ ha˧ 阳平、轻声。〈副词〉一齐、共同。

⑥ 腻胹 ni˦ nia˦ 阴去、阴去。同音字。本字待考，很像是〈动、形词〉：脚多蠕动，令人腻烦。备考：胹，《广韵》去声，祸韵，乃亚切：腻也。

⑦ 俜 piaŋ˦ 阴去。〈动词〉藏。俜到后厅背去。《说文解字注》人部：俜，僻裹也。[段注：《字统》云：廋也。] 从人，屏声。《广韵》必郢切。

⑧ 顿 teŋ˦ 阴去。同音字，本字待考。〈动词〉足吃。

⑨ 蜂臭 p'oŋ˦ tʃəu˦ 阴平、阴去。蜂，同音字，本字待考。〈形容词〉浊气一涌而起那样的臭：屎窖里蜂臭个。

⑩ 腟 tʃʅ˦ 阴平。〈名词〉女阴。

（原载苏钟生、吴福文主编《第六届国际客家学研讨会论文集》，
燕山出版社 2002 年版）

附　　录

（龙岩）首届客家方言学术研讨会闭幕词

同志们、朋友们：

首届客家方言学术研讨会就要结束了，这几天来，同志们精神抖擞、积极投入，交流了学术心得，增进了友谊，普遍反映会议开得比较成功，达到了预期的目的。

本次会议到会同志 37 位，提供论文 33 篇，其中有谈客家地区客方言的，也有谈闽客方言区夹缝中的客方言的；有专门谈客家方言语音、语汇或者语法的，也有从客方言探讨客家人的宗族、家庭观的，从客方言探讨客家文化或跟百越民族文化的关系的，还有讨论新客家人意识的，形式多样，内容丰富，多角度多层次地展现与会者的研究成果，在一定程度上反映了我国大陆近几年客家方言研究的水平，同时也展现了客家方言研究的新趋向，即不仅研究方言本身，还从方言角度观察历史和文化，或从历史、文化等视角研究方言。

会议一共宣读了 30 篇论文（其余三篇论文作者没有到会）。讨论中，同志们踊跃发言，热烈讨论，互相切磋，求同存异，学术气氛十分浓厚，与会者觉得收获很大。有些同志觉得比较重要的一个收获就是关于如何正确对待客方言内部的一致性和差异性的问题。客家方言纷繁多彩，其实它们内部具有相当独特的相对于汉语其他方言的相当一致的共同点。我们既要努力用科学的方法揭示客家方言内部的一致性规律，也不要忽视它们内部存在的差异性。这些差异往往是系统的相对应的差异，也是有规律可循的，经过特别的分析，大都能得到解释的。

讨论中普遍认识到，近些年来客家方言的研究取得了显著的成绩，但是，用客观形势的要求来衡量，还有不小的差距，任重道远，要有紧迫感，我们要继续深入分析方言事实，稳扎稳打，细致地做好各方言点的描写工作，还要继续逐渐地拓宽研究领域，跟其他学科紧密联系起来，跟整个客家学研究联系起来，为推动客家学研究事业作出新的贡献。

　　总之，我们这次会议，交流了学术心得，检阅了研究成绩，梳理了学者队伍，明确了今后的方向。

　　会议期间，我们成立了有十几位成员组成的工作小组，共同负责会议的组织工作，为了会后便于同志之间的联系，经工作小组讨论，打算成立一个类似联络小组的组织形式，它不是一般的正式学术机构，其中的成员也不是什么"官"，主要是做实事的，为同志们办事的，这个组织定名为客家方言研究中心，挂靠在闽西客家学研究会，这个中心由以下几个理事组成：李逢蕊、饶长溶、罗美珍、黄雪贞、刘纶鑫、陈修、周日健、何耿丰、杨文华、林清书。

　　本次会议的与会者，是天然的本中心的会员，愿意作为会员的，请要张表填报。

　　本次会议成立了一个编辑小组，会后要编辑本次会议的论文集约20万字的篇幅，由《客家纵横》刊出，我们11月底由北京寄出一些同志的论文修改意见，收到意见的同志请抓紧时间修改，于12月31日以前（以邮戳为）寄达。

　　第二次客家方言学术研讨会，倾向于两年后在梅州市举行，研究中心正在考虑能否搞一两个合作项目，比如：客家方言同源词语词典，为客家学事业做些基本建设工作。

　　这次会议能取得这么大的效果，能够开得这么圆满成功，我们要感谢闽西客家学研究会会长李逢蕊先生的倡导，感谢闽西客家学研究会的资助和支持，感谢龙岩地区党政文教领导的重视和关怀，我们还要感谢闽西客家学研究会的诸位同志以及参加筹备工作和会务工作的杨文华、吴福文、熊金丰、林清书、王东和熊梦龙同志，他们夜以继日，不辞辛苦，任劳任怨，为大会做服务工作，我们还要感谢军分区招待所和龙岩市人武部的有关同志，让我在这里代表与会者向他们再次致以深深的谢意和敬意，也让我代表工作小组向到会的每一位同志对大会的支持致以衷心的感谢。

　　让我们在下一次研讨会上重聚！

　　祝同志们、朋友们健康、愉快，一路顺风！

1993年9月25日

（原载《乡音传真情——首届客家方言
学术研讨会论文集》，闽西客家研究会
《客家纵横》（增刊），1994年12月，龙岩）

（增城）第二届客家方言研讨会开幕词

先生们、朋友们、同志们：

今天，第二届客家方言研讨会在广东省增城市开幕了。请允许我代表筹备委员会向出席这次会议的中国大陆、香港、台湾以及泰国、日本的专家、学者表示热烈的欢迎，向光临大会的领导、来宾，向支持这次会议的增城市人民政府以及华南师范大学、暨南大学、常设于香港中文大学的国际客家学会等单位同志、朋友致以衷心的感谢和崇高的敬意！

这次会议，两年多以前预定在广东举行，筹备之初遇到点困难，不过，广东的学者周日健先生等他们挺身而出，肩负重任，表示困难再大也要在广东举办。他们几位客家学者得到了热心客家学术研究事业的增城市人民政府的全力资助和增城市广播电视大学罗兆荣校长、华南师范大学中文系领导的大力支持，还得到暨南大学等单位同仁多方面的帮助，想方设法，克服种种困难，终于完成了会议筹备的任务。他们这种团结互助、勇往直前、艰苦奋斗、开拓事业的积极行动，体现了为学术研究事业无怨无悔的奉献精神，也体现了客家人极其宝贵的开拓进取精神。我们应该秉着这种精神，将这次会议开好，将客家方言乃至客家学研究工作做好。

当前，客家方言的研究，有条件的学者自然要做一些理论探讨工作，而总的来看，恐怕应该仍着重事实的描写。一则理论从事实中来，二则也是主要的，客家方言成规模的研究工作起步较晚，队伍不够壮大，客家地区一些县、市方言点刚开始有学者做些调查记录工作，但内中仍有不少情形若明若暗，不那么确切。大概可以说，客家方言的研究还处在初级开垦的阶段。因此，我们应该发扬勤劳刚毅、开拓进取的客家精神，对客家方言耐心细致地进行发掘，逐点逐题地将描写事实的工作做好；同时也要善于学习必要的科学知识，有效地借鉴一些现代语言学理论和方法。

客家方言的研究，似乎还要更加重视语音、语汇、语法三者的关系。语言是个结构系统，语音、语汇、语法它们存在有机的联系。研究语音，恐怕不能完全撇开语汇、语法，当然，调查一个方言代表点，从手续上说，一般可以先考察该点的语音系统，然后从事语汇、语法工作，但是，如果不管不顾语汇、语法的关联，只单纯做语音工作，那大概很难达到客观、全面的效果。过去有个时期，有的学者比较强调方言之间语音的差异性和独立性，对方言之间语汇、语法的差别有些忽略；近些年来，不少学者已经注意到这方面的倾向，比较强调三者的关联，开始注重方言的语汇、语法研究工作。事实上，作为方言的单位，没有意义、没有语法作用的音节，一般是不存在的。

常见的现象像轻重音、变调、变韵，除此之外，在客家一些地区，诸如名词、AA 式状态形容词后缀的 [-e][le]（桃哩，白白哩），四音节的声调两两重叠 $_cX_cXX^2X^2$（借借喈喈、溏溏荡荡）式构词，"V 啊 C，就 V"（食啊饱就走撇）和 "V₁ 啊 V 去"（一巴掌打啊过来）的助词（或叫附加成分）啊 [a] 等都是语音与语汇、语法紧密关联的事实。所以，如果能够更加注意它们三者的联系，就有可能将客家方言的研究推向一个新的高度。

客家方言的研究，似乎还要更加重视同客家民系的历史、文化等的联系。客家民系形成及发展有其长期的历史、多次辗转的境遇和深厚的文化背景，客方言的研究恐怕应该强化民系形成、发展的时间、空间、族系等因素的联系，注意从演变的角度作动态的观察。吴语一些地面曾经是客家先民流寓之所，赣语多数地面可看作孕育客家民系的温床和芳邻至亲，粤语地面和部分闽语地面是客家人近邻，而百越后裔畲语与客家人、客家话的交融关系已为多数学者论证。以上这些方言、族语，从唐宋以至如今，大概都不同程度地关涉客家方言的形成和发展，在现今客家方言里语音、语汇、语法各个领域似乎都可能寻到有关的迹象。近些年来，有些学者已经揭示了相关的一些事例，但是，恐怕还做得很不够，我们还要加强这种多方位相互联系的探讨，它不仅能深化客家方言的研究，还有助于国内外客家学研究的发展。

上述意见，不妥之处，欢迎指正。

祝会议成为一个交流学术心得、增进团结友谊的乐园！祝会议圆满成功！

饶长溶

1996 年 8 月 21 日

（原载《客家方言研究——第二届客家方言研讨会论文集》，暨南大学出版社 1998 年版）

自家做个饭子喷喷香

——第五届客家方言暨赣方言学术研讨会开幕词

今天，我们大陆、香港、台湾新老同行、朋友相聚南昌，举行第五届客家方言暨首届赣方言学术研讨会，这是我们方言学界又一件盛事。让我代表大学筹备组热诚欢迎诸位，不辞劳顿、长途跋涉莅临会议，并衷心祝贺大会顺利召开。

咱们客家方言研讨会，在有关地区领导大力支持下，众多热心客家学事业的学者、朋友共同爱护、努力培植下，从 1993 年 9 月龙岩第一届、1996 年 8 月增城第二届，到 2002 今年在南昌第五届，前后十年共举行五次客家方言研讨会，每次会议主办、协办者都尽力筹备，与会者认真撰写论文，会上切磋探讨，会后都编辑出版论文集。2000 年梅州第四届研讨会论文集，由暨南大学出版社出版发行，即将跟大家见面了。这是咱们历届与会同行、朋友一起打造的成就，同心协力建树的功业，也是对客家学实打实的贡献！

最后，我对第一、二、三届研讨论文集的文章作了个大体分类统计。三本集子共发表大小文章 99 篇，除去前言、后记，开幕词、闭幕词、贺函等 14 篇，其中通论 7 篇，专项议论 21 篇，共 28 篇；具体调查、描写事实的文章，语音 24 篇，语汇 21 篇，语法 9 篇、客家文化 3 篇，共 57 篇。上举专项议论有一半以上也属于用事实来比较、讨论语音或客家话特征的，如果将这一半文章 10 篇也加合到具体调查、描写事实的文章里，那么总共 85 篇文章里，它们是 67:18，描写事实的文章大约占百分之八十。这个数字恐怕可以反映说明以下两种情况。

第一，这些年来，我们与会学者、同行，注意到了理论的探讨阐发，但更重视事例的调查和分析，以务实为主。这是咱们学术研究总的趋势，表明我们承继了我国语言学界务实创新的优良风气。咱们应该继续坚持和发扬这种可贵的学风。学者、同行们都有深切的体会，真正的理论来自事实。事实是第一性的。重视材料的调查和发掘，发现新现象，揭示新规律，其乐无穷。这种亲身感受和体验，如同自家做个饭菜特别香，特别有意义。

第二，在调查、描写事实的文章里，语音部分 24 篇第一多，语汇部分 21 篇第二多，语法部分位居第三，这也是切合客家方言近些年来研究的发展实际。我们客家方言的研究与吴、闽、粤方言比较，在研讨领域和队伍上似乎都要薄弱些，这是一个方面；另一方面，从研究手续上看，任何一种方言的调查研究似乎大多先从语音着手，然后进入语汇、语法，这好像是不言而喻的事，恐怕合乎一般对方言研究的发展顺序。

不过，从研讨的深入和广泛、从前瞻性来看，恐怕我们在继续做好语音方面调查的同时，是否可以更多地关注语汇、特别是语法方面的描写分析工作。

这一回，咱们在南昌，又是首届赣方言同第五届客家方言研讨会联合举行，表明赣方言研讨会有了很好的开头，是继刘纶鑫主编《客赣方言比较研究》大部头著作的出版又一个大好事，同时也显示客赣方言的关系如何的密切。近些年来，客赣方言是否能截然分成两类，仍然在继续争论，有关客赣方言词语特征（或同异）的讨论也多了起来。诸如此类的问题，要得到更好的研讨和进展，恐怕也不仅要关注语音、语汇方面，还要关注语法方面。

让我们为客家方言和赣方言的研究朝更深更广的方向发展而继续努力，再做新贡献，祝咱们这届大会获得圆满成功！

饶长溶 2002 年 7 月 3 日旦南昌

（原载刘纶鑫主编《客赣方言研究——（南昌）
第五届客方言暨首届赣方言研讨会论文集》，
香港霭明出版社 2004 年版）

回顾与展望

——（北京）第九届客家方言研讨会开幕式上的发言

诸位先生、诸位女士：

金秋时节，果实累累。我以侨居北京的客家人、老学友的身份，欢迎各位新、老朋友相聚北京，参加民族和人类学研究所、民族学学会汉民族分会主办的第九届客家方言研讨会，交流学问，增进友谊。

十几天前，罗美珍电话里要我在大会上也讲几句。讲什么呢？我就翻翻历届论文集回顾一下客家方言研讨会从筹备首届到现在第九届走过的路程。

1993 年夏天吧，我刚从语言研究所退休下来，罗美珍还在民族研究所任职。有一次她找到我，说这几年，吴、粤、闽方言都先后开了研讨会，很是活跃，咱客家方言研讨会还没开，真着急，想尽一点力。说她在福建龙岩教育局的同学杨文华和老朋友龙岩师专校长李逢蕊，热心客家学研究事业，愿意设法资助筹办客家方言研讨会。跟我商量如何办？之后，我征求语言所黄雪贞的意见，我们三个人作为发起人，邀请当时我们能联系到的研究客家方言文化方面的学者，主要是福建、广东、江西以及北京等地的，如郭启熹、邓晓华、罗滔、蓝小玲、庄初升、严修鸿、徐春招、周日健、陈延河、林立芳、陈修、赖绍祥、刘有志、刘纶鑫、谢留文等三四十位，于 1993 年 9 月 23 日在龙岩市举行了首届客家方言学术研讨会，宣读论文约 30 篇。会议期间，经过商讨，成立了一个做联络工作的组织，叫客家方言研究中心，推举李逢蕊（名誉主任）、饶长溶（主任）、罗美珍（副主任）、杨文华、林清书、陈修、黄雪贞、周日健、刘纶鑫、何耿丰等人组成理事会。会上，嘉应大学陈修应承两年后在梅州举办第二届客家方言研讨会。

转眼一年多过去了，1995 年春天吧，听闻广东嘉应大学陈修先生他们一年前已经退休，不能接办研讨会了。这个闷雷般的消息，把我们炸得不轻。说好了两年一次的研讨会办不成了，怎么向诸位学者交代。幸好，到了 1995 年冬天吧，广州华南师范大学周日健挺身而出，表示困难再大，研讨会也还要在广东举办。他联络增城市广播电视大学罗兆荣、暨南大学等单位一些关心客家学研究事业的同仁开始筹备会议。我们南来北往互通信息，担心、巴望，竟然，1996 年 8 月在增城市举办了第二届客家方言研讨会，规模大，效果好，罗兆荣这位艺术家还为研讨会设计、印刷了非常像样的会徽。50 多位学者与会，其中好些学者如李如龙、詹伯慧、谢栋元、罗肇锦、张双庆、刘镇发、傅雨贤、张维耿等是初次参加会议。经李如龙跟刘纶鑫商定，李如龙在闭幕会上宣布：下一届研讨会将在江西赣州开。在这次会议期间还调整了客家方言研究中心的理事，由罗美珍任中心的主任。

　　斗转星移，晴阴交替。1998 年初吧，传来消息，江西那边筹措经费有困难，无力办研讨会。罗美珍、李如龙我们这几个人又着急起来。好在雨过天晴，李如龙出面联系，广东韶关大学校长林立芳，拍着胸脯救急，挑起开会的重担，于 1998 年秋天，在韶关举办了第三届客家方言研讨会，40 多位学者与会。会上，谢栋元教授应承两年以后到梅州开会。

　　2000 年 11 月，由谢栋元、谢永昌出面联系，以梅州市客家联谊会等为主办单位，在梅州顺利举行了第四届客家方言研讨会。会开得很隆重，很出色。50 多人与会，詹伯慧、李如龙、罗美珍、周日健、罗兆荣、罗肇锦、刘纶鑫、林立芳等前几届办会者及各路领军人物都到了会。

　　2002 年 7 月，由刘纶鑫出面筹备举办的第五届客家方言暨首届赣方言学术研讨会在南昌举行，包括香港、澳门和台湾地区 15 名学者在内 50 多位学者宣读了他们的论文。

　　2004 年 12 月，由李如龙、邓晓华等出面联系厦门大学汉语语言学研究中心等单位联合主办的第六届客家方言国际学术研讨会在厦门召开，来自内地、台湾、香港等地区及马来西亚等国家的 50 多位学者（其中台湾学者14 位）参加了会议。

　　2007 年 1 月，由张双庆、刘镇发出面、筹备，香港中文大学吴多泰中国语文研究中心、香港崇正总会等资助和主办的第七届国际客方言研讨会在香港举行。六七十位学者与会。规模大，港味浓。在这里，要着重赞誉詹伯慧教授。他非常关心咱们研讨会，在增城会上、梅州会上，一再表扬筹办会议的同仁坚忍不拔为客家方言研究作出贡献。他这次在提交香港会议的《客家方言之我见》一文里，又再次表扬说，多亏张双庆教授他们的努力，研讨会才开到香港。

　　2008 年 11 月，由罗肇锦出面筹备、台湾中央大学客家学院语文研究所、台湾客家语文学会主办、新加坡国立大学等协办的第八届国际客方言学术研讨会在台湾举行。67 位学者与会（台湾学者最多）。规模宏大，台湾味浓。

　　2010 年 10 月这第九届研讨会在北京举行，是罗美珍多次听了学友诉求，希望到北京开一次会，罗美珍，我们这位退休多年的语言学专家，出类拔萃的客家妹，豪情满怀，独挑重担，在 2006 年香港会上，发出邀请，欢迎众学友来北京开会。她真有本事，非常幸运得到了工作单位领导的全力支持；不过，我也多少感觉到，她在筹备会议过程中，仍然遇到财力、人力、通信设备等诸多方面的困扰，不知经过了多少个难眠之夜，品尝了多少苦辣酸甜的办会滋味，最终才把筹备工作做了下来。

诸位先生，诸位女士：

自从 1993 年福建龙岩第一届会议，到 2010 年的北京第九届，这 17 年就是这样断断续续、跌跌撞撞走过来的。它是各个客家地区历届承办者和众多襄助、支持者以及诸位学者，手拉着手、心连着心栉风沐雨走过来的。在我看来，筹办咱们的研讨会，有点像唐僧一伙，吃了上顿没下顿，到处化缘，遭受七灾八难，前往西天取经一样；究其实，更像学习、继承客家先辈那样，含辛茹苦、辗转流徙、百折不挠、创建家园、代代相传朝前奔。恐怕就是这种艰苦奋斗、团结进取的精神，把始终牵挂研讨会的朋友，如罗美珍、李如龙、周日健、詹伯慧、罗兆荣、林立芳、谢栋元、刘纶鑫、罗肇锦、张双庆、刘镇发、钟荣富以及饶长溶等承系起来，逐步形成了个松散的筹备会议的联络小组，联系海内外学者将一届一届研讨会办了下来。

苦尽甘来，忙碌过后看收获。咱们研讨会虽然历经波折、艰辛，很不容易开了八届，但是，有播种、耕耘，就会有收获。研讨会在众多学者、朋友共同支持、努力下，还是取得了可观的成绩，收到了显著的效果。

首先，研讨会像是块学术研究园地，在这里发表了大量的研究成果。咱们每届会议后，都将论文、著述编辑成论文集出版。八届（包括台湾会前论文集）共发表论文（不含开幕词、闭幕词、序言、后记）312 篇。就内容看，涉及客家方言文化的方方面面，多数文章是探讨某个点或某个地区客家方言语音、语汇或语法的事实及其特点，其中有些文章是对该方言的珍贵的记录，具有重要历史意义。也有相当数量文章是讨论学者们比较感兴趣的热点问题、理论问题。比如：客家方言全浊上声读阴平的问题，严修鸿、谢留文、刘纶鑫等都参与了讨论，让人十分瞩目。比如，客家民系、客家方言的形成、特征问题，罗美珍、李如龙、张卫东、刘镇发、罗肇锦、钟荣富等的相关文章，给读者留下了深刻的印象，其中罗肇锦从第二届增城会议起，多篇文章摆出实证，推出非主流议论，令人思考，影响深远。

其次，咱们研讨会是名副其实的学术研讨平台，交流心得，切磋学问，提高学术水平，有助于扶植、成长学术研究人才，有利于强化学术研究、促进学术向纵深发展。十几年前，当初与会的一些年轻大学生、研究生，现在已是博士、教授、语言学专家，如：大陆的刘纶鑫、庄初升、严修鸿、徐春招、蓝小玲、邓晓华、刘镇发、林清书、温昌衍，台湾的陈秀琪、徐贵荣、江俊龙等。十几年来，咱们一些年长的学者，除了向研讨会提交论文外，各自还发表、出版了不少文章、专著，很多著作已经在社会上传播，经常被称道引用，受到读者欢迎，产生了极大的作用和深远的影响。

最后，咱们研讨会好像是座道桥，可以引领学者通向大我的殿堂。近些年来，我深深感觉到学术研究与滋养人生、升华人生的密切关系。一个研究方言的学者，为了探讨、考证一个问题，可以废寝忘食、不分昼夜、不论处所，他迷恋学问，心无旁骛。因观察、认识客观世界的同时，感动着小我主观世界，提升人生的追求。在我看来，咱们不少的客家方言学者，都已经把所从事的研究当作了毕生的事业，把一切成就都奉献给乡邦，奉献给千秋万代，奉献主导着人生。

先生们，女士们：

至于期望，很简单，我们觉得，最好能有一些中年学者参加到筹备会议联络小组来，继续发扬艰苦奋斗、永不言败的精神，把研讨会一届一届办下去，越办越好。

谢谢大家！

饶长溶

2010 年 10 月 15 日

（原载揣振宇、罗美珍主编《第九届客家方言学术研讨会论文集》，中央民族大学出版社，2013 年版）